Was macht Migration mit Männlichkeit?

Hans Prömper
Mechtild M. Jansen
Andreas Ruffing
Helga Nagel (Hrsg.)

Was macht Migration mit Männlichkeit?

Kontexte und Erfahrungen
zur Bildung und Sozialen Arbeit
mit Migranten

Verlag Barbara Budrich
Opladen & Farmington Hills, MI 2010

Bibliografische Information der Deutschen Nationalbibliothek
Die Deutsche Nationalbibliothek verzeichnet diese Publikation in der Deutschen
Nationalbibliografie; detaillierte bibliografische Daten sind im Internet über
http://dnb.d-nb.de abrufbar.

Gedruckt auf säurefreiem und alterungsbeständigem Papier.

ISBN 978-3-86649-343-8

Umschlaggestaltung: disegno visuelle kommunikation, Wuppertal – www.disenjo.de
Redaktion und Satz: Susanne Albrecht-Rosenkranz, Leverkusen
Druck: paper & tinta, Warschau
Printed in Europe

Inhalt

Praxisberichte

Ausblick

Anhang

Vorwort

Mit der Frage „MännerVielfalt ansprechen" begann 2002 eine fruchtbare und interessante Kooperation zwischen Katholischer Erwachsenenbildung, kirchlicher Arbeitsstelle für Männerseelsore und Männerarbeit in den Deutschen Diözesen, Männerarbeit der EKD und Hessischer Landeszentrale für politische Bildung.

Männer sind (wieder) in den Focus der Öffentlichkeit gerückt und die Bereitschaft, sich differenziert und genderorientiert mit Fragen der Konstruktionen von Männlichkeiten und Männerbildern auseinanderzusetzen, ist – nicht zuletzt auch – der offeneren und problemorientierteren Diskussion in der Geschlechterforschung geschuldet, die differenziert aufgezeigt hat, dass Männer und Frauen viel Gemeinsames, aber auch viel Unterschiedliches aufweisen. Die Frage, worin das begründet ist und wie weit das mit gesellschaftlich konnotiertem „Doing Gender" zusammenhängt, wird interessant und bedenkenswert. Galt lange in der wissenschaftlichen Forschung das Geschlecht als nicht existent, so wurde durch die Frauenforschung diese Neutralität heftig in Frage gestellt und zunächst untersucht, warum die Lebensverhältnisse von Frauen anders sind und inwieweit patriarchale Strukturen dafür verantwortlich sind. Männer dagegen wurden als Gruppe weniger in den Blick genommen, da die vorherrschenden Standards, Gesetze, Strukturen und Regeln von Männern gemacht, „verordnet" wurden und eine Reflexion dieser Standards weniger von Männern hinterfragt wurde. Und dies, obwohl auch Männer unter den Strukturen litten, die ihrer Individualität und ihren Vorstellungen nicht entsprachen. Die Frau wurde als Abweichung von dieser Norm definiert, es hieß: ... unter besonderer Berücksichtigung von Frauen, Mädchen!

Spätestens die Diskussion um Gender Mainstreaming macht deutlich, dass es nicht nur wichtig, sondern vor allem auch sinnvoll ist, nicht nur alle politischen Entscheidungen, sondern auch die Bereiche des gesellschaftlichen Lebens: Familie, Arbeit und Freizeit unter Gender-Gesichtspunkten zu betrachten und zu überprüfen, um Männer und Frauen in ihren gesellschaftlichen und individuellen Lebenslagen zu verstehen. Die Berücksichtigung des

Geschlechts als eine weitere Kategorie in der Forschung führte zu differenzierten Ergebnissen.

Der Geschlechterforschung ist es zu verdanken, dass sich langsam eine Männerforschung herauskristallisierte, die dazu beiträgt, sich von Klischees zu verabschieden und einen differenzierten Blick für die Lebenslagen von Männern zu entwickeln. Es ist erfreulich, dass hier auch viel aus den Ergebnissen der Frauenforschung gelernt wurde.

Wir haben auf den letzten beiden Fachtagen die Frage aufgegriffen: ‚Was macht Migration mit Männlichkeit?‘ und zu dieser Fragestellung das Amt für Multikulturelle Angelegenheiten der Stadt Frankfurt mit ins Boot geholt. Die Beiträge dieser Tagungen werden hier in diesem Band dokumentiert.

Die Frage, wie erleben Männer die Migration, was verändert sich für sie, was müssen sie aufgeben und was lernen sie dazu, ist deshalb für uns von zentraler Bedeutung, weil nicht selten mit der Migration eine Verunsicherung des erworbenen Rollenverhaltens einhergeht. Hinzu kommt, dass gerade Migranten besonderen Projektionen der Mehrheitsgesellschaft ausgeliefert sind, für die es leichter erscheint, sich am Fremden (Mann) abzuarbeiten, als die eigenen Projektionen zu hinterfragen und sich mit der eigenen Verunsicherung auseinanderzusetzen.

Zu lange wurden die Migranten als Gastarbeiter gesehen, die irgendwann wieder heimgehen. Ihre spezifischen und sehr unterschiedlichen Lebenslagen, die gerade bei den ungelernten Gastarbeitern sehr prekär waren, wurden nicht beachtet, genau so wenig wie zur Kenntnis genommen wurde, dass die Migranten ebenso unterschiedlich sind wie die autochthone Bevölkerung. Beide Gruppen gliedern sich in vielfältige Milieus auf und es liegt nahe, dass die Milieuverankerung stärker ist als die ethnische Herkunft. Faktoren wie Bildung, Geschlecht, Religion, sexuelle Orientierung, gesellschaftliche und politische Teilhabe sind viel bedeutendere „Platzanweiser" in dieser Gesellschaft als die Tatsache der Migration.

Für uns, die Herausgeber/innen, ist es daher unerlässlich, einen differenzierten Blick auf die „männlichen Migranten" zu richten, um nicht mit dazu beizutragen, das Klischee Migranten = (gleich) marginalisiert, noch nicht in der Gesellschaft angekommen, zu bedienen. Die interkulturelle Arbeit, die sich seit vielen Jahren mit den unterschiedlichen Lebens- und Gefühlslagen von Migranten beschäftigt, ist oft weiter als der öffentliche Diskurs darüber. Die, die täglich mit ihnen Kontakt haben, wissen, dass Vielfalt und Diversity die entscheidenden Kategorien sind und dass die Muster Männlichkeit oder Migration alleine nichts aussagen und weiter helfen können. Nur bei Berücksichtigung der Vielfalt werden wir die Ressourcen wahrnehmen können, die die einzelnen Menschen mitbringen.

Der Abschied von einer Sichtweise, die vorschnell einsortiert und auf das Aufzählen von Defiziten aus ist, ist mit einem Konzept von „Vielfalt leben" eingeläutet und das ist auch überfällig.

Die Fachtagungen und die Veröffentlichung wurden ermöglicht durch die finanzielle Unterstützung der Kirchlichen Arbeitsstelle für Männerseelsorge und Männerarbeit in den deutschen Männerarbeit Diözesen e.v., der Männerarbeit der Evangelischen Kirche in Deutschland, der Katholischen Erwachsenenbildung – Bildungswerk Frankfurt sowie Diözesanbildungswerk Limburg, dem Amt für multikulturelle Angelegenheiten der Stadt Frankfurt und der Hessischen Landeszentrale für politische Bildung.

Wir wünschen spannende und erkenntnisreiche Lektüre.

Mechtild M. Jansen
Hessische Landeszentrale für
politische Bildung

Helga Nagel
Amt für multikulturelle Angelegenheiten der Stadt Frankfurt am Main

Einleitung
Männlichkeit, Migration und Bildung

Andreas Ruffing

Das Thema Migration spielt in der Männerbildungsarbeit bislang keine nennenswerte Rolle. Schaut man sich die letzten Jahre an, fanden Männer mit Migrationshintergrund in den Angeboten der Träger von Männerbildung weder ausdrückliche Aufmerksamkeit noch besondere Berücksichtigung. Auch die theoretische Reflexion der eigenen Arbeit oder die Formulierung von Zielen und Qualitätsstandards geschah in der Regel ohne Einbeziehung von Migrationserfahrungen als biografisch prägenden Elementen im Leben von Männern. Hier ist zunächst einmal Männerbildungsarbeit kirchlicher Provenienz gemeint, weil ich über diesen Bereich am unmittelbarsten etwas aussagen kann. Wie es im säkularen Feld der Männer(bildungs)arbeit aussah und aussieht, müsste sicherlich nochmals eigens geprüft werden. Meine Vermutung ist jedoch, dass dort ähnliche Beobachtungen zu machen sind wie in der kirchlichen Männerarbeit.

Es ist bezeichnend, dass es bis zum Jahre 2007 dauerte, ehe überhaupt auf einer bundesweiten Tagung der katholischen Männerarbeit das Thema Migration aufgegriffen wurde.[1] Der Titel dieser Veranstaltung „Vom Nebeneinander zum Miteinander. Männerarbeit in einer von Migration geprägten Gesellschaft" zeigt bereits, wie sehr die kirchliche Männerarbeit mit ihren Bildungsangeboten, aber auch mit ihren spirituellen und im engeren Sinne seelsorgerischen Angeboten für Migranten noch am Anfang steht. Einzelne Leuchtturmprojekte, wie das in diesem Band von *Hans Prömper* vorgestellte Bildungsprojekt mit älteren Migranten, ändern an diesem Befund nichts. Bezeichnenderweise ist es ja hier die Katholische Erwachsenenbildung, die als institutioneller kirchlicher Träger auftritt und nicht etwa die Männerarbeit. Immerhin macht das Frankfurter Projekt eindrucksvoll deutlich, welche positiven Resonanzen ein Bildungsangebot, das passgenau auf die Lebenssituation und die Bedürfnisse der Zielgruppe Migranten zugeschnitten ist, bei den Teilnehmern und beim Anbieter gleichermaßen auslösen kann.

„Was macht Migration mit Männlichkeit?" – der Titel des Sammelbandes ist also genau die Ausgangsfrage und beschreibt die Suchbewegung, in der sich die Männerarbeit, sofern sie denn Bildungsprozesse für und mit Mi-

---

1   Die Dokumentation der Tagung findet sich im Internet auf www.kath-maennerarbeit.de unter: Materialien/Mann in der Kirche 2/07.

granten ermöglichen will, sich nach meiner Einschätzung im Moment befindet. Für diesen Prozess liefert der vorliegende Band nicht nur der Männerarbeit im engeren Sinne, sondern gewiss auch der Erwachsenenbildung, der Beratung und der Sozialen Arbeit zentrale theoretische Erkenntnisse und wichtige weiterführende Praxisimpulse.

Dass beides – Migration und Männlichkeit oder besser Männlichkeiten – bislang so wenig in den Fokus professioneller Männerbildung gerückt ist, hat wiederum mit Blick auf die kirchliche Männerarbeit mehrere Ursachen. Da ist zum einen die schlichte Tatsache, dass die dort beschäftigten Männerarbeiter selber fast ausnahmslos Mehrheitsdeutsche sind. Eine auf der eigenen Biografie beruhende Sensitivität für Migrationserfahrungen fehlt daher den meisten unter ihnen. Zu vermuten ist, dass auch deswegen in Planung, Werbung und Durchführung der eigenen Angebote männliche Migranten nicht gezielt in den Blick genommen wurden. Zugespitzt formuliert: Migration spielte deswegen keine Rolle, weil es kein lebensrelevantes Thema der Anbieter war. Der zweite Grund liegt – wie oben schon erwähnt – darin, dass das Thema der Migration in der Vergangenheit weder in offiziellen Dokumenten zum Selbstverständnis und Zielsetzung der eigenen Arbeit noch in Arbeitshilfen und Arbeitsmaterialien in relevanter Weise Eingang gefunden hat.[2] Und schließlich und drittens hat sich die Männerforschung in Deutschland in ihren wissenschaftlichen Diskursen auf Mehrheitsdeutsche konzentriert, sodass es auch von dieser Seite wenige Anstöße gab, in der eigenen Arbeit den Aspekt der Migration zu berücksichtigen. Zu erinnern ist in diesem Zusammenhang daran, dass die erste große, von der Männerarbeit beider Kirchen in Auftrag gegebene empirische Männerstudie „Männer im Aufbruch" (Zulehner/Volz 1998) den Aspekt der Migration noch völlig ausblendete. In der Nachfolgestudie „Männer in Bewegung" (Volz/Zulehner 2009) wurden zwar deutsche Staatsbürger mit Migrationshintergrund befragt, aufgrund der geringen Fallzahlen konnten daraus aber leider keine seriösen und differenzierten Ergebnisse in den Forschungsbericht aufgenommen werden.

Bereits dieses Beispiel zeigt: Nicht nur für die Politik, sondern auch für die Praxis der Männerbildung, für Beratung und Soziale Arbeit ist mehr Forschung zu männlichen Migranten notwendig, um differenziert ihren Lebensalltag und ihre Problemlagen wahrnehmen und daraus entsprechende Konsequenzen für die konkrete Arbeit ziehen zu können. Dies macht *Michael Tunç* in seinem Beitrag deutlich, mit dem der erste, grundlegende Teil des vorliegenden Sammelbandes eröffnet wird. Ein solch differenzierter Blick ist auch deswegen notwendig, um Stereotype und Negativklischees, die über Männer mit Migrationshintergrund existieren, zu entlarven und Einseitigkeiten in der

---

2   Die von den katholischen deutschen Bischöfen im Jahre 2001 verabschiedeten „Richtlinien für die Männerseelsorge und Männerarbeit in den deutschen Diözesen" z.B. aus dem Jahr 2001 lassen das Thema Migration außen vor. Gleiches gilt für zahlreiche Arbeitshilfen und Buchpublikationen, z.B. Rosowski/Ruffing 2002 und Kugler/Hochholzer 2007.

gerade auch medial geschürten Wahrnehmung von männlichen Migranten zu überwinden. *Tunç* plädiert in diesem Zusammenhang eindringlich für mehrdimensionale Einzelfallanalysen von Migration, Männlichkeit und sozialer Lage, die „wechselseitige Beeinflussungen und Überschneidungen zwischen verschiedenen Differenzkategorien wie Klasse, Geschlecht, Ethnizität, Alter, sexuelle Orientierung usw." sichtbar machen. Eine solche intersektionelle Männerforschung hilft im Übrigen, den Blick dafür zu schärfen, dass gerade auch im öffentlichen Diskurs vorschnell ethnisch-kulturell erklärte Phänomene in Wirklichkeit sozialstrukturell bedingt sind. Gerade wenn es um den Zusammenhang von Männlichkeiten, Migration und Gewalt geht, ist dies sehr genau zu beachten, um nicht vorschnell Klischees aufzusitzen.

Trotz aller Kritik an der nach wie vor unzureichenden Forschungslage sieht *Tunç* durchaus Bewegung im Feld. Ein Beispiel dafür sind die Sinus-Migrantenmilieus, die *Angela Icken* im zweiten Beitrag vorstellt. Das Konzept der sozialen Milieus, auf die Gruppe der Migrantinnen und Migranten angewendet, macht zunächst klar, wie heterogen diese Gruppe in Wirklichkeit ist. So wenig es also ‚den Mann' und ‚die Frau' gibt, so wenig gibt es ‚den Migranten' und ‚die Migrantin'. Insgesamt acht Migranten-Milieus mit sehr unterschiedlichen Lebensstilen, Wertvorstellungen und ästhetischen Vorlieben lassen sich identifizieren. Für *Icken* ist dabei das entscheidende und üblichen Einschätzungen widersprechende Ergebnis, dass Menschen des gleichen Milieus trotz unterschiedlichen Migrationshintergrundes mehr verbindet als mit den Menschen gleichen Migrationshintergrundes in anderen Milieus. Hier wird ein roter Faden sichtbar, der sich im Grunde durch alle Beiträge dieses Bandes zieht: Die soziale Lage ist entscheidender als der kulturelle oder religiöse Hintergrund, um bestimmte Phänomene angemessen verstehen und einschätzen zu können. Oder um es kurz und bündig mit *Sven Sauter* in seinem Beitrag zum Bildungsrisiko von Migrantenjungen zu sagen: „Schicht schlägt Kultur" und schlägt ebenso – so ist im Sinne des Autors weiter zu ergänzen – die Biologie. Sein Beitrag wie auch der von *Karl Wolf*, der über seine Arbeit mit straffällig gewordenen Jungen mit Migrationshintergrund berichtet, zeigen in aller auch bedrückenden Deutlichkeit, wie sehr diese Jungen und jungen Männer mit ihren konfliktiven Lebensgeschichten und prekären Lebenslagen in der Gefahr stehen, ins soziale Abseits zu geraten. Wer beide Beiträge liest, versteht besser, warum sie auf Benachteiligungserfahrungen und Misserfolge mit einer betonten, auch gewaltförmigen Inszenierung von Männlichkeit reagieren und dabei tradierte Werte aus dem Herkunftsland wie Ehre, Männlichkeit, Freundschaft etc. überbetonen.

Damit sind wir bei dem Beitrag von *Ahmet Toprak*, der die Männlichkeitskonzepte türkischer Jugendlicher in ihren Konsequenzen für die Arbeit mit Straffälligen erörtert. *Toprak* warnt in diesem Zusammenhang eindringlich davor, aus den Daten der Kriminalitätsstatistik, die einen fast dreimal höheren Anteil an jugendlichen türkischen Gefangenen gemessen am Bevölkerungsanteil in der betreffenden Altersgruppe ausweisen, den Schluss zu ziehen, türkische Jungen und junge Männer seien krimineller als deutsche Jugendliche. Er verweist dabei auf die unterschiedlichen sozialen und wirtschaftlichen Rahmenbedingungen. Nachdenklich hat mich sein wichtiger Hinweis gemacht, dass türkische Jugendliche auch schneller angezeigt, polizeilich intensiver kontrolliert und stärker bestraft werden. Die von *Michael Tunç* beschriebenen Stereotype und Negativklischees scheinen hier – zumindest indirekt – eine Rolle zu spielen.

Bereits beim ersten Fachtag zeigte sich in den Diskussionen, dass zum gesamten Komplex Migration – Männlichkeit – Gewalt hoher Gesprächs- und Klärungsbedarf besteht. Geschuldet ist dies nicht zuletzt der Tatsache, dass der öffentliche Diskurs darüber in weiten Strecken holzschnittartig und klischeebehaftet geführt wird. Die Veranstalter entschlossen sich daher, einen zweiten Fachtag anzuschließen, der sich vertiefend mit dem Zusammenhang von ‚Migration, Männlichkeitskonzepten und Gewalterfahrungen im Dialog zwischen Gewalt- und Migrationsforschung' beschäftigte. Neben *Ahmet Toprak* war es *Kurt Möller,* der in seinem hier abgedruckten Vortrag wesentliche Erkenntnisse vermittelte. Auch *Möller* stellt zu Beginn seines Beitrages unmissverständlich klar, dass nicht in erster Linie der Migrationsstatus „für Verständnis und Erklärung von Gewaltakzeptanz bedeutsam oder gar entscheidend (ist), sondern Geschlechtszugehörigkeit und (mehr noch) Geschlechtsrollenverständnis". Und ebenso konzediert er, dass prekäre soziale Lagen „geschlechtsunabhängig Gewaltbereitschaft und Täterschaft" erhöhen. Zur Erklärung, dass Jungen und Männer eine höhere Gewaltbereitschaft als Mädchen und Frauen haben, greift *Möller* wie *Sven Sauter* auf das von Bob Connell Mitte der 90er Jahre entwickelte Konzept der hegemonialen Männlichkeit zurück, das sich auch an dieser Stelle als Erklärungsansatz bewährt. Der abschließende Grundlagenbeitrag von *Haydar Karatepe* zur Gesundheit und zum Gesundheitsverhalten männlicher Migranten, insbesondere türkischer Herkunft, eröffnet ein weiteres und nicht weniger wichtiges Themenfeld. Wenn der Frankfurter Mediziner dabei auf die komplexen Verknüpfungen von ethnisch-genetischen Dispositionen, Sozial- und Umweltfaktoren sowie prägenden Geschlechterbildern aufmerksam macht, bestätigt sich nochmals eindrücklich: Migrationsforschung in intersektioneller Perspektive ist unerlässlich, um zu angemessenen Urteilen und Handlungskonsequenzen in den unterschiedlichen Praxisfeldern zu gelangen.

Im zweiten Teil des Bandes sind eine Reihe von Praxisberichten zusammengestellt, die zum größten Teil bei beiden Fachtagen vorgestellt wurden, ergänzt durch zwei Interviews mit drei Praktikern zu Fragen der Anti-Gewalt-Arbeit. Was die Bildungsangebote im engeren Sinne betrifft, zeigt sich: Ob es sich nun um die von *Kahraman Gündüzkanat* vorgestellte Interkulturelle Familien- und Erziehungsberatung handelt, den von *Hüseyin Ayvaz* beschriebenen Jugendtreff KOSMOS, das von *Michael Tunç* beschriebene

Konzept einer Interkulturellen Eltern- und Väterbildung in Köln oder das schon erwähnte Projekt der Katholischen Erwachsenenbildung Frankfurt mit älteren Migranten – es geht immer wieder um eine ressourcenorientierte, die Vielfalt der individuellen Lebensgeschichten und Lebenslagen achtende und wertschätzende Arbeit mit Migranten. Der von *Hubert Frank* beschriebene Einblick in das Praxisfeld der Beratung gewalttätiger Männer ist weniger migrationsspezifisch, aber von vergleichbaren Prämissen geleitet.

Welche Konsequenzen sind nun mit dem Blick auf die Bildungsarbeit mit männlichen Migranten zu ziehen? Im abschließenden Beitrag benennt *Hans Prömper* zusammenfassend die Konsequenzen, die sich aus den theoretischen und bildungspraktischen Beiträgen des Sammelbandes ziehen lassen, und formuliert vor diesem Hintergrund insgesamt zwölf Qualitätskriterien für die Bildungsarbeit mit Migranten. Stichworte wie „Berücksichtigung von Vielfalt", „Ressourcenorientierung", „geschlechtsreflektierend", „Anerkennung vermitteln" oder „Interkulturelle Kompetenz" zeigen, in welcher Weise und unter welcher Zielsetzung Standards für diese Arbeit festgelegt werden sollten und können. Die von *Prömper* genannten Kriterien sind ebenso geeignet für die Soziale Arbeit, Beratung und – das sei ausdrücklich als kirchlicher Männerarbeiter angemerkt – für die pastorale Arbeit.

Über diesem Band steht eine Frage. Diese Frage konsequent und nachhaltig in die Reflexion des eigenen Arbeitsfeldes zu integrieren, ist die eine Seite, daraus die notwendigen Konsequenzen in der Praxis, für die Arbeit mit Migranten zu ziehen, die andere Seite. Zu beidem freilich lädt der vorliegende Sammelband mit Nachdruck ein.

Literatur

Kugler, Tilman/Hochholzer, Martin (2007): Werkbuch Männerspiritualität. Impulse – Bausteine – Gottesdienste im Kirchenjahr. Freiburg i. Br.: Herder-Verlag.

Rosowski, Martin/Ruffing, Andreas (2002): Ermutigung zum Mannsein. Ein ökumenisches Praxishandbuch für Männerarbeit. Kassel: Verlag maennerarbeit.

Volz, Rainer/Zulehner, Paul M. (2009): Männer in Bewegung. Zehn Jahre Männerentwicklung in Deutschland. Baden-Baden: Nomos Verlag.

Zulehner, Paul M./Volz, Rainer (1998): Männer im Aufbruch. Wie Deutschlands Männer sich selbst und wie Frauen sie sehen. Ein Forschungsbericht. Ostfildern: Schwabenverlag.

Grundlagen

Männlichkeiten in der Migrationsgesellschaft. Fragen, Probleme und Herausforderungen

Michael Tunç

1. Migranten als „neue Männer und Väter"?

Der mitunter ambivalente Wandel von Männern und Vätern wird zunehmend öffentlich thematisiert, und seit Einführung des neuen Elterngeldes wird intensiv über Väter, Väterarbeit und -politik diskutiert. Es mehren sich die Hinweise darauf, dass auf männlicher Seite langsam Prozesse in Richtung von mehr Gleichstellung und Geschlechterdemokratie in Gang kommen. Die Forschungslage über Männer und Väter verbessert sich zusehends. Untersucht werden viele Einflussfaktoren, mithilfe derer erklärt werden kann, welche verschiedenen männlichen Einstellungen und Verhaltensweisen in Geschlechter-Arrangements sich herausbilden. Die Kritik an Männern nimmt teilweise zur Kenntnis, dass Männlichkeiten und Väterlichkeiten Ergebnis vielfältiger spannungsreicher Dynamiken zwischen traditionellen und modernen Orientierungsmustern sind. Die Aufmerksamkeit für positive Veränderungen und die Komplexität von (Geschlechter-)Verhältnissen beschränkt sich im Mainstream öffentlicher wie wissenschaftlicher Diskurse jedoch auf Mehrheitsdeutsche und fehlt gegenüber Menschen mit Migrationshintergrund.[1] Denn vielfach werden männliche Migranten unterschiedslos als schwierig oder sehr problematisch dargestellt, ihre Männlichkeitskonzepte werden meist einheitlich als machohaft und traditionell gekennzeichnet. Skandalisierende öffentliche Negativdiskurse stellen speziell den muslimischen, türkischstämmigen Mann und Vater als traditionellen Patriarchen dar, der gleichsam zum Prototypen der als „fremd" konstruierten Geschlechterverhältnisse im Migrationskontext avancierte. Solche unterkomplexen Vorstellungen der Männlichkeits- bzw. Väterlichkeitskonzepte von Menschen mit Migrationshintergrund sind problematisch, weil sie von der Mehrheit als allein ethnisch-kulturell determiniert beschrieben werden. Die Kritik an sol-

---

[1] Seit dem Mikrozensus 2005 werden in der amtlichen Statistik als „Menschen mit Migrationshintergrund" verstanden, die 1. nicht auf dem Gebiet der heutigen Bundesrepublik geboren wurden und 1950 oder später zugewandert sind und/oder 2. keine deutsche Staatsangehörigkeit besitzen oder eingebürgert wurden oder 3. bei denen ein Elternteil mindestens eine der in den ersten beiden Punkten genannten Bedingungen erfüllt. Die Gruppe der Menschen mit Migrationshintergrund ist also sehr heterogen, zu ihr Menschen mit deutscher Staatsangehörigkeit (Spätaussiedlerinnen und Spätaussiedler) wie Nicht-Deutsche, eingebürgerte Ausländer und Kinder von Zugewanderten, d.h. die so genannte zweite Generation, zu zählen sind.

chen ethnisierenden Männlichkeitsdiskursen, die in der Öffentlichkeit, Politik und Sozialen Arbeit immer noch dominieren, ist eine zentrale Herausforderung für rassismuskritische Migrations- und Männerforschung. Allerdings werden ethnisierende Geschlechterdiskurse in der Migrationsgesellschaft vermehrt kritisiert und differenzierte Analysen im Themenfeld Gender und Ethnizität vorgelegt (vgl. Gemende/Munsch/Weber-Unger-Rotino 2007; Kühnemund/Potts 2008).

Jede Politik, Forschung und Soziale Arbeit, die sich gezielt an Männer mit Migrationshintergrund wendet, steht vor der Herausforderung, sich mit diesen kursierenden Bildern und Negativklischees über Männer/Väter mit Migrationshintergrund auseinanderzusetzen. Dazu gehört die Aufklärung darüber, inwiefern ethnisierende Diskurse über migrantische Männer systematisch blinde Flecken produzieren und aufrechterhalten, u.a. indem andere Themen ignoriert oder verdeckt werden: Denn es wird selten in den Blick genommen, inwiefern männliche Migranten selbst gefährdet bzw. sozial verletzbar sind, beispielsweise als (potenzielle) Opfer von Ausgrenzung und rassistischer Diskriminierung.

In diesem Sinne ist es dringend nötig, einen differenzierten Blick auf migrantische Männer/Väter, ihren (Familien-)Alltag und ihre Problemlagen zu werfen. Anzuerkennen sind vorhandene positive Veränderungen bei Menschen mit Migrationshintergrund, von denen einige so genannte neue Männer und aktive und liebevolle Väter sein wollen und sind. Dabei sind massive Probleme in Geschlechterverhältnissen in der Migrationsgesellschaft nicht zu beschönigen, deren Ursachen sind aber mehrdimensional und multifaktoriell zu untersuchen. Das umschreibt grob die Aufgabe einer so genannten intersektionellen Männerforschung, die Überschneidungen verschiedener Kategorien sozialer Differenzierung wie Geschlecht, Ethnizität, Klasse und Alter analysieren kann. Damit ist eine neue Programmatik in der Forschung angesprochen, die hier nur ansatzweise skizziert werden kann. Neuere Erkenntnisse wie beispielsweise die Sinus-Migrantenmilieus können zu diesem Perspektivwechsel in der Forschung beitragen: Ähnlich wie bei deutschen Männern und Vätern, die sich verschiedenen Typen zwischen den Polen traditionell und modern zuordnen lassen (vgl. Zulehner/Volz 1998 und Volz/Zulehner 2009), lässt die Vielfalt der Migrantenmilieus vermuten, dass wohl auch bei Menschen mit Migrationshintergrund eine Vielfalt von Männer- und Vätertypen besteht. Empirisch untersucht wurde das bisher jedoch kaum. Die 2002 von Holger Brandes geäußerte Kritik an der unzureichenden Forschungslage gilt auch heute noch weitgehend. Ihm zufolge „ist die Erforschung ethnischer und nationaler Unterschiede von Männlichkeit weiterhin eine Leerstelle in der deutschen Forschung" (Brandes 2002: 25). Da einzelne Studien über Männer der ersten Migrantengeneration vorliegen (vgl. Westphal 2000 und Spohn 2002), fehlen besonders Untersuchungen über Angehörige der zweiten Generation.

2. Migration, Familien und Geschlechterverhältnisse in der Forschung

Die deutschsprachige Männerforschung nimmt zwar vereinzelt Bezug auf ethnische Differenzen (vgl. Meuser 2000; Brandes 2002), der verwendete Kulturbegriff ist aber zu eng und mehrfache Zugehörigkeiten werden ignoriert. Insgesamt ist die Datenlage über Männer und Väter mit Migrationshintergrund völlig unzureichend, so dass sich der Mainstream der Männer- und Väterforschung als ethnozentrisch beschreiben lässt. In der Väterforschung und -politik werden Migranten bislang nicht systematisch berücksichtigt, auch nicht in Veröffentlichungen des Bundesfamilienministeriums wie „Facetten der Vaterschaft. Perspektiven einer innovativen Väterpolitik" (2006).[2] In der Migrationsforschung existiert zwar eine Vielzahl von Studien über Migrantenfamilien, wobei zentrale Themen wie Erziehungsstile und -praktiken, einzelne Generationen oder ethnische Gruppen oft vor allem hinsichtlich der Fragen nach Integration und Akkulturation untersucht wurden. „Familien mit Migrationshintergrund nur unter dem Merkmal ‚Migration' wahrzunehmen, impliziert die Gefahr, darüber die allgemeineren, familiären Merkmale (etwa Familienform, familiale Beziehungen) aus dem Blick zu verlieren" (Hamburger/Hummrich 2007: 123). Problematisch ist aber, dass es an Aufmerksamkeit für geschlechtliche Konstruktionsprozesse mangelt, wenn Untersuchungen über Migranten(-Familien) Väterlichkeit und Männlichkeit thematisieren. Meist werden dabei die Theorien, Methoden und Begriffe der Geschlechter-, Väter- und Männerforschung wenig systematisch und inkonsequent angewendet. In der Migrationsforschung fehlen bislang außerdem meist Vergleichsgruppen mehrheitsdeutscher Männer/Väter. So lässt sich zusammenfassend sagen: Bisher ist es kaum gelungen, Aspekte männlichen wie väterlichen Wandels in vergleichender Perspektive auf Migranten und deutsche Mehrheitsangehörige zu untersuchen.

Verschiedene Studien belegen, dass Familien mit Migrationshintergrund ebenso wie deutsche Familien in erheblichem Maße Prozessen sozialen Wandels unterliegen, die auch das Geschlechterverhältnis betreffen. Beispielsweise existieren bei Menschen mit türkischem Migrationshintergrund keine einheitlichen „traditionellen" oder „modernen" Geschlechterbilder. Vorhandene Unterschiede sind vielmehr auch erklärbar durch das Schicht- bzw. Bildungsniveau sowie den Grad der Verstädterung. Vereinfacht gesagt, lässt sich bei Migrationsfolgegenerationen eine Annäherung an die deutsche Mehrheitsgesellschaft feststellen. Darauf weisen auch demografische Daten hin wie „der generelle Anstieg des Heiratsalters, der Rückgang der Geburtenrate (Wunschkinderzahl: zwei), die wachsenden Scheidungsraten (hier werden

---

2 Vertiefend zur Kritik und den bisherigen Modellen sei verwiesen auf Tunç 2006a, 2007 und 2008.

mehr Anträge von Frauen als von Männern eingereicht) und ähnliche Berufswünsche bei türkischen wie bei deutschen Mädchen. Doch diese Erkenntnisse sagen wenig über innere Einstellungen bei der zweiten Generation zu Geschlechtsidentitäten aus. Es ist festzustellen, dass die zweite und folgende Generation eigene Konzepte entwickelt, die sich sowohl von Altersgleichen der Mehrheitsgesellschaft wie auch von der eigenen Elterngeneration unterscheiden" (Karakaşoğlu 2003: 46). Auch (junge) Menschen mit Migrationshintergrund haben das Problem, Lösungsmodelle für die Vereinbarkeit von Beruf und Familie zu entwerfen; obendrein fehlen ihnen dafür positive Vorbilder.

Yasemin Karakaşoğlu betont zudem, dass die Lebensentwürfe und biografischen Verläufe von Migrantinnen und Migranten vielfältig sind; ihre Familien-, Lebens- und Bewältigungsformen zeigen eine große Pluralität. Hierbei lassen sich zudem migrationsspezifische Bewältigungsmuster ausmachen, die sich aus dem Umgang mit strukturellen Problemen und Herausforderungen der Lebensbedingungen in Deutschland ergeben. Migration bewirkt dabei Veränderungen der Familienstrukturen, auch wenn diese für die Außenwelt nicht immer erkennbar sind (vgl. Karakaşoğlu 2003).

3. Mehrdimensionale Einzelfallanalysen von Migration, Männlichkeit und Klasse

In den Sozialwissenschaften wird schon seit einiger Zeit die Kritik geäußert, dass die Forschung bisher wechselseitige Beeinflussungen und Überschneidungen zwischen verschiedenen Differenzkategorien wie Klasse, Geschlecht, Ethnizität, Alter, sexuelle Orientierung usw. nicht oder nur selten angemessen berücksichtigt oder erfasst. Gudrun-Axeli Knapp (2005) sieht in mehrdimensionalen intersektionellen Analysen ein neues Paradigma aktueller Geschlechterforschung, das eine gesellschafts- und herrschaftskritische Perspektive mit einer anspruchsvollen ungleichheits- und differenztheoretischen Programmatik verbindet. An dieser Stelle kann die Männerforschung viel von der Frauenforschung darüber lernen, wie sich die Überschneidungen von Geschlecht, Ethnizität und Klasse analysieren lassen. Durch kontinuierliche Reflexion erkannt und kritisiert werden muss das bislang weithin praktizierte Vorgehen, einzelne Differenzlinien ganz auszublenden oder die Überschneidungen analytisch voneinander getrennter Kategorien als schlichte Rechenaufgaben von Differenzen – beispielsweise als Addieren oder Multiplizieren von Benachteiligungen – zu konzipieren (vgl. Lutz 2001).

Folgende Fragen illustrieren die Herausforderungen, die mit der Programmatik der Intersektionalität verbunden sind: Sind Differenzen zwischen Männern und Vätern in ihren ethnisch-kulturellen Zugehörigkeiten oder ihrer

Religiosität begründet? Oder sind vielleicht bei allen Unterschieden die Gemeinsamkeiten von Männern und Vätern unterschiedlicher Herkunft größer? Welchen Einfluss hat die soziale Herkunft der Männer und Väter und ist diese mitunter von größerer Bedeutung als der Migrationshintergrund?

Zur Beantwortung solcher Fragen ist eine intersektionelle Perspektive auf soziale Differenzlinien erforderlich, die nicht einer Dimension – wie beispielsweise der Ethnizität – grundsätzlich den Vorrang gegenüber anderen Strukturkategorien wie Geschlecht oder Klasse einräumt. Denn beim Nachdenken und Sprechen über oder Erforschen von männlichen Migranten ist die zentrale Differenzlinie meist Migration, Ethnizität oder Kultur. Sie überlagert in der Regel andere gesellschaftliche Strukturkategorien wie soziale Lage und Geschlecht bzw. Männlichkeit. Zugespitzt kann man sagen, dass ein wenig flexibles Verhältnis der Differenzlinien Geschlecht, Ethnizität und Klasse die Diskussion um deren Überschneidungen und Wechselwirkungen beherrscht. Diskursiv werden Geschlechterverhältnisse eindimensional funktionalisiert und eine ethnische Differenz zwischen „uns" und den „Fremden" konstruiert. Dies dient hauptsächlich der Abgrenzung zwischen Zugewanderten und Mehrheitsgesellschaft (vgl. Huth-Hildebrandt 2002). Hinzu kommt, dass sozialstrukturelle Fragen in der Migrationsforschung teilweise nur randständig behandelt werden, weil Ansätze der Integrations- und Assimilationsforschung dieses wissenschaftliche wie politische Feld dominieren (vgl. Tunç 2006b und 2008).

Was charakterisiert nun Intersektionalitätsanalysen der Männerforschung?

Männer mit Migrationshintergrund profitieren einerseits – vor allem gegenüber Migrantinnen – von ihrer dominanten Position als Mann im Geschlechterverhältnis. Andererseits können Migrantinnen und Migranten von Ausgrenzung und Marginalisierung betroffen sein, die mit ihrer ethnisch-kulturellen Zugehörigkeit zusammenhängt. Wenn also z.B. der Faktor „Migrationshintergrund" als Unterdrückungsform den Faktor „Geschlecht" überlagert, so macht Susanne Spindler deutlich, müsse dies auch für männliche Migranten gelten. Notwendig sei es daher, die Vielfalt sich überkreuzender Benachteiligungsfaktoren und ihre Auswirkungen auf die Stellung der Person in der Gesellschaft systematisch zu betrachten (vgl. Spindler 2006). In diesem Sinne steht die Männerforschung vor der Herausforderung, ambivalente und widersprüchliche Positionierungen der Männer verständlich machen zu müssen. Sie muss offen dafür sein, dass sich kontextabhängig und situationsbedingt andere Differenzkonstellationen ergeben und möglicherweise wechselnde Überlagerungen auftreten.

Vor diesem Hintergrund stelle ich folgende Fragen für Menschen mit türkischem Migrationshintergrund (Tunç 2008): Wie bearbeiten bzw. bewältigen Männer und Väter mit Migrationshintergrund die durch Migrationsbewältigung und Diskriminierungsphänomene verschärften Probleme in den Bereichen Bildung und berufliche Platzierung und wie wirkt sich das auf ihre familiäre Situation, ihre Männlichkeitsentwürfe und Vaterschaftskonzepte aus? Welche Vaterschafts- und Männlichkeitskonzepte entwickeln Migranten der zweiten Generation verschiedener Bildungsmilieus, die sich unterschiedlich stark mehrfach ethnisch zugehörig fühlen?

Zur Beantwortung solcher Fragen sind Erkenntnisse über männliche Migrantenjugendliche ertragreich, solange Studien über erwachsene Männer der zweiten Migrantengeneration fehlen. Die Ergebnisse aus dem Bereich der Jugendforschung lassen sich in biografischer Perspektive für das Männer- und Väterthema fruchtbar machen, denn die Jugendzeit entscheidet über spätere soziale Positionen der Männer. Aktuelle Statistiken zum Wandel der Bildungschancen in Deutschland weisen darauf hin, dass Jungen mit Migrationshintergrund im Bildungssystem besonders benachteiligt sind (vgl. Geißler 2005). Studien über Hauptschulabsolventen belegen die prekäre Arbeitsmarktintegration männlicher Migranten türkischer Herkunft der zweiten Generation und zeigen, dass diese häufiger als die deutsche Vergleichsgruppe von Arbeitslosigkeit betroffen und mehr in unteren Segmenten des Arbeitsmarktes beschäftigt sind, wo sie geringere Einkommen erhalten. Nach Gestring, Janßen und Polat (2006: 205) kann man von starken Einflüssen dieser sozialen Lage auf Geschlechterarrangements der zweiten Generation türkischer Migranten ausgehen: „Neben der türkischen Kultur, in der die Rollenverteilung der Geschlechter eindeutiger geregelt ist als in der deutschen Kultur, spielt hier auch die Klassenzugehörigkeit der Migranten als Erklärung für deren Orientierungen eine Rolle. In den unteren Bildungsschichten wird die klassische Rollenaufteilung seltener in Frage gestellt". Ähnlich argumentiert auch Ahmet Toprak (2005: 169f.), demzufolge neben ethnisch-kulturellen Faktoren auch die sozialstrukturelle Desintegration vieler türkischer Migranten der zweiten Generation für das Festhalten an traditionellen Männlichkeiten verantwortlich ist.

Daran lässt sich erkennen, dass eine größere Aufmerksamkeit für Fragen sozialer Ungleichheit Forschungen im Kontext von Männlichkeiten und Migration davor bewahren kann, sozialstrukturell bedingte Phänomene ethnisch-kulturell zu erklären. Unausweichlich schließt sich allerdings auch die Frage an, wie Geschlechterarrangements von (türkischen) Migranten der zweiten Generation höherer Bildungsmilieus aussehen. Denn ohne einen kontrastiven Vergleich von Menschen in unterschiedlichen sozialen Lagen, beispielsweise zwischen Arbeitern und Akademikern, lassen sich die vielfältigen Wechselwirkungen ethnischer und sozialstruktureller Einflussfaktoren kaum präzise differenzieren. Die Frage, wie sich nun Männlichkeitsbilder und Vaterschaftskonzepte der Migranten zweiter Generation durch Wechselwirkungen ethnisch-kultureller und sozialstruktureller Faktoren herausbilden, können die vorhin bereits erwähnten sogenannten intersektionellen Forschungen beantworten.

4. Es kommt Bewegung ins Forschungsfeld

Angesichts der unzureichenden Forschungslage ist es erfreulich, dass neuere Studien der Migrations- und Geschlechterforschung sich vergleichend mit Männern mit und ohne Migrationshintergrund befassen. Mehr Ähnlichkeiten als Unterschiede entdeckte die Sinus-Studie zu Migranten-Milieus, die im Oktober 2007 veröffentlicht wurde und eine Sonderauswertung zum Thema Gender beinhaltet (vgl. Bundesministerium für Familie, Senioren, Frauen und Jugend 2007). Sie zeigt, dass es bei Menschen mit Migrationshintergrund Ähnlichkeiten gibt mit vergleichbaren mehrheitsdeutschen Milieus des gleichen Bildungsniveaus. So sind sich, bezogen auf ihre Einstellungen zur Gleichstellung, beispielsweise Angehörige des Arbeitermilieus unabhängig von der ethnischen Herkunft ähnlich. Besser gebildete Migrantinnen und Migranten stimmen dem Wert Gleichberechtigung eher zu als weniger Gebildete. Insgesamt ist die zweite Generation der Migrantinnen und Migranten mehrheitlich gleichstellungsorientiert, während der Einfluss der Religion meist überbewertet wird.

Auch Tanja Merkle und Carsten Wippermann haben die Migranten-milieus in ihre Studie „Eltern unter Druck" (2008) aufgenommen und darauf hingewiesen, dass sich Migrantinnen und Migranten in allen mehrheitsdeutschen Elternmilieus finden lassen, vor allem „in den soziokulturell (und altersmäßig) jungen Milieus" (Merkle/Wippermann 2008: 56). Diese Vielfalt der Elternmilieus von Migranten, die auch eine Vielfalt von Vatersein beinhaltet, ist hervorzuheben, weil sie in öffentlichen und fachlichen Diskursen bisher wenig repräsentiert ist und für Politik und Pädagogik stärker handlungsleitend sein sollte.[3]

Eine Studie vom Zentrum für Türkeistudien, die von Andreas Goldberg und Martina Sauer in Nordrhein-Westfalen durchgeführt wurde, zeigt einen Einstellungswandel türkischer Migranten beim Thema Gleichstellung. Goldberg und Sauer kamen zu dem Ergebnis, dass überraschend viele Männer geschlechterdemokratische Einstellungen vertreten, während ein Teil der Frauen an traditionellen Geschlechterverhältnissen festhält. Die Realität entspricht

---

3   Merkle und Wippermann vergleichen allerdings Migranten und Mehrheitsdeutsche in ähnlichen Elternmilieus nicht systematisch miteinander. Die Eltern-Studie hat eine methodische Schieflage: Sie konzentriert sich auf die Lebensphase aktiver Elternschaft mit Kindern im Alter von 0 bis 16 Jahren und müsste die traditionellen Milieus der Menschen mit Migrationshintergrund mit höherer Altersstruktur genauso außen vor lassen wie bei den Mehrheitsdeutschen. Statt sich auf Probleme der ersten Migrantengeneration zu konzentrieren, zum Beispiel auf „Entfremdung und Verlust der eigenen Kinder" (Merkle/Wippermann 2008: 75f.), sollte man sich gezielt mit der zweiten Generation befassen. Denn grundsätzlich sind solche vergleichenden Forschungskonzepte gut geeignet, um den Alltag, die Probleme und Bedürfnisse verschiedener Elternmilieus von Migranten der zweiten Generation verständlich zu machen.

den geäußerten normativen Vorstellungen aber nicht. Denn mehrheitlich sind Frauen für die Familienarbeit zuständig, partnerschaftliche Arbeitsteilung ist wenig verbreitet und so können Frauen ihren Wunsch nach Ausbildung und Erwerbsarbeit häufig nicht verwirklichen. „Andererseits ist dieses Modell sowohl bei Frauen als auch bei Männern zumindest normativ umstritten, je rund die Hälfte unterstützt ein traditionelles bzw. ein modernes Frauenbild" (Goldberg/Sauer 2004: 205).

Ein großer Teil der türkischen Migrantinnen und Migranten sind auch Muslime, daher sind die erwähnten Elternmilieus und Männer/Väter auch vor dem Hintergrund der Vielfalt religiöser Orientierungen zu untersuchen. Dabei sollte man Glauben stärker als Ressource der (muslimischen) Menschen mit Migrationshintergrund anerkennen anstatt ihn, wie bisher sehr oft, lediglich für Probleme und konservative Geschlechterverhältnisse von Muslimen verantwortlich zu machen (vgl. Thiessen 2007).

Positiv zu bewerten sind zwei neuere Studien, die auch Männer mit Migrationshintergrund in ihrer Stichprobe haben: Die Studie „männer leben" der Bundeszentrale für gesundheitliche Aufklärung (BzgA) untersuchte Lebensläufe von Männern u.a. im Hinblick auf Familiengründung sowie Vereinbarkeit von Familie und Beruf. Gleichwohl macht der Vertiefungsbericht (Bundeszentrale für gesundheitliche Aufklärung 2006) keine detaillierten Aussagen über Männer mit Migrationshintergrund und vergleicht auch die männlichen Lebensentwürfe von Mehrheitsdeutschen und Migranten nicht miteinander. Die zweite Männerstudie von Rainer Volz und Paul Zulehner „Männer in Bewegung" (2009) ermittelte zwar Daten über Deutsche mit Migrationshintergrund, vertiefende Ergebnisse über sie liefert sie jedoch nicht. Für zukünftige Projekte liefern diese Forschungen allerdings eine Datenbasis und erste Erfahrungen hinsichtlich der Frage, wie die heterogene Gruppe der Menschen mit Migrationshintergrund, zu der ja beispielsweise Flüchtlinge, ArbeitsmigrantInnen, SpätaussiedlerInnen, Binationale usw. gezählt werden können, in empirischer (speziell quantitativer) Geschlechterforschung operationalisiert werden kann. Die empirische Datenlage verbessert die Studie „Migration und Gender" des Projekts „Der Mikrozensus im Schnittpunkt von Gender und Migration" (Mikromig) der Universität Bremen (Prof. Karakaşoğlu) und des Statistischen Bundesamtes Deutschland (Destatis) (Bandorsky/ Harring/Karakaşoğlu/Kelleter 2009).

Die bisherigen Ausführungen zur Intersektionalität enthalten jedoch nicht nur eine neue wissenschaftliche Perspektive auf die Vielfalt von Geschlechterverhältnissen in der Migrationsgesellschaft. Auch in der Praxis sozialer Arbeit, Pädagogik und interkultureller Männer- und Väterarbeit ist es sehr wichtig, Einzelfälle professionell, kompetent und differenzsensibel zu analysieren und zu bearbeiten.

5. Ressourcenorientierung als neue Perspektive

Bereits erwähnt wurde die Dominanz der Defizit-Diskurse über Männer und Väter mit Migrationshintergrund, die sich auch in Form der Bildsprache äußern. Ein positives Beispiel ist diesbezüglich das Poster „Gleichberechtigung ist keine Frage der Herkunft" der Informationskampagne des Forums Integration der Bundesregierung (2008),[4] das man als innovativ im Themenbereich Geschlechterverhältnisse in unserer Migrationsgesellschaft bezeichnen kann. Mit seiner bildlich vermittelten Botschaft widerspricht es den verbreiteten Stereotypen, denn es zeigt einen Mann mit Migrationshintergrund bei der Hausarbeit in der Küche. Aber solche positiven (Vor-)Bilder sind leider eher die Ausnahme als die Regel. Ambivalent zu bewerten ist demgegenüber beispielsweise die Kampagne des Landes NRW „ihre Freiheit – seine Ehre" (www.ehre.nrw.de), die sich im Engagement gegen Ehrgewalt bzw. gegen Männergewalt vor allem an (türkisch-muslimische) Migrantinnen und Migranten richtet. Obwohl das Engagement gegen männliche Gewalt unerlässlich und wichtig ist, lassen sich über das Thema „Gewalt" männliche Interessen an einer Gleichstellung von Männern und Frauen kaum transportieren. Man sollte aber Männern mit Migrationshintergrund ebenso wie mehrheitsdeutschen Männern zutrauen, dass sie an partnerschaftlichen Modellen von Beziehung und väterlicher Erziehungsverantwortung Interesse haben, selbst wenn es an der konkreten Umsetzung im Alltag oft noch mangelt. In politischen Initiativen und Veröffentlichungen für ein neues Männer- und Väterleitbild fehlen jedoch Menschen mit Migrationshintergrund als positive Vorbilder.

Ergänzend zum defizitorientierten Zugang über das Thema Männergewalt ist deshalb nicht nur in der Forschung, sondern auch in der Praxis der Männer- und Väterarbeit dringend ein ressourcenorientiertes Vorgehen nötig. Will sie Männer/Väter mit Migrationshintergrund ansprechen und für Veränderungs- und Bildungsprozesse motivieren, ist es unumgänglich, an den durchaus vorhandenen Ressourcen und Kompetenzen für ein aktives Vatersein zum Wohl der Kinder und der Familie anzuknüpfen. Im Verlauf von Bildungs- und/oder Beratungsprozessen können dann auch Hindernisse oder Probleme angegangen werden, die einerseits mit traditionellen Männlichkeits- oder Geschlechtervorstellungen und andererseits auch mit anderen (beispielsweise strukturellen) Einflüssen auf den Einzelnen zusammenhängen können.

Es folgen nun einige kurze einführende Bemerkungen über den Theorierahmen der (Migrations-)Pädagogik und Politik.

---

4   Die Fotos der Kampagne sind zu finden unter: http://www.bundesregierung.de/Content/DE/
     Publikation/IB/nationaler-integrationsplan-plakate.html.

6. Politik/Pädagogik für die Einwanderungsgesellschaft – und Pädagogik der Vielfalt

Ulrike Hormel und Albert Scherr integrieren als theoretische Bezugspunkte ihres Konzeptes bzw. in das Kompetenzprofil ihrer „Pädagogik für die Einwanderungsgesellschaft" die Interkulturelle Pädagogik (also interkulturelles Lernen), Antirassismus und Antidiskriminierung auf struktureller, institutioneller und interaktiver Ebene, die Auseinandersetzung mit Rechtsextremismus sowie die Menschenrechtserziehung (vgl. Hormel/Scherr 2004). Solche integrierenden Ansätze sind weiter zu diskutieren und zu ergänzen um die Positionen von Paul Mecheril, der die Anerkennung mehrfacher ethnisch-kultureller Zugehörigkeiten ganz nach oben auf die politische wie pädagogische Agenda setzt (Mecheril 2004). Denn immer mehr Menschen (mit Migrationshintergrund) in Deutschland gestalten stabile mehrfache ethnisch-kulturelle Zugehörigkeiten (vgl. Badawia 2002; Spohn 2006), die aber auch migrationspädagogisch unterstützt werden sollten. Denn nach Mecheril sind ethnische Zugehörigkeitsverhältnisse ein symbolisches Ordnungssystem, das über die binäre Unterscheidung zwischen „Migranten" und einem „Wir" (der nicht migrierten deutschen Mehrheitsgesellschaft) konstruiert wird. Auch in pädagogischen Kontexten kann mittels symbolischer Kämpfe um Anerkennung (von mehrfachen Zugehörigkeiten) dieses System binärer Ordnungsschemata und Unterscheidungspraxen von „Wir" und „Nicht-Wir", von „Eigenem" und „Fremdem" dekonstruiert, verflüssigt oder versetzt werden (vgl. Mecheril 2004: 12).

Ähnlich kritisch reflektiert Annedore Prengel (1995) die Produktion von Normalität und formuliert ihr Konzept der „Pädagogik der Vielfalt". Es enthält einen emanzipatorischen Bildungsanspruch, der über soziale Bewegungen (der Frauen, Homosexuellen, MigrantInnen, Menschen mit Behinderung usw.) und ihren Widerstand gegen Diskriminierungen in die Pädagogik transportiert wurde. Das Ziel einer produktiven Gestaltung von Vielfalt wird allerdings behindert durch die machtvolle Durchsetzung dominanter Normalitätskonstruktionen. Weil davon auch die Pädagogik nicht ausgenommen ist, sollte die pädagogische Beteiligung an normalisierenden Konstruktionsprozessen von Gender und Ethnizität kritisch betrachtet und sollten alternative Konzepte weiter entwickelt werden.

Analog zum Gender-Mainstreaming sollte daher eine Strategie des Ethnicity-Mainstreaming entwickelt und realisiert werden, damit bei allen gesellschaftlichen Vorhaben ethnisch-kulturelle Differenzen mit bedacht und Konstruktionsprozesse reflektiert werden. Wie beim Gender-Mainstreaming muss das Ethnicity-Mainstreaming verbindlich verankert und als gesellschaftliches Steuerungsinstrument auch staatlich legitimiert sein. Da aber Mainstreaming-Konzepte Gleichstellungspolitik nicht ersetzen können, sollte Ethnicity-

Mainstreaming ergänzt werden durch eine Antidiskriminierungs- und Gleichstellungspolitik für Menschen mit Migrationshintergrund sowie eine professionelle Antidiskriminierungsarbeit. Auf der praktischen Seite der intersektionellen Programmatik steht also eine Verbindung einer geschlechtsbezogenen und interkulturellen sowie nicht-rassistischen Bildungsarbeit und Politik der Vielfalt, die sich auszeichnet durch ihre Säulen Mainstreaming,
Gleichstellung, Förderung und Nicht-Diskriminierung. Diese konzeptionellen
Ideen sind weiter zu differenzieren und in die konkrete Praxis vor Ort zu
transferieren. Für Forschung wie Praxis gilt, interkulturelle Kompetenz und
Öffnung als Querschnittsaufgaben (Ethnicity-Mainstreaming und Antidiskriminierung) systematisch mit Genderfragen zu verbinden. Das umfasst auch
eine kritische Diskussion der Konzepte interkultureller Kompetenz, die jetzt
für das Beispiel Väterarbeit diskutiert werden.

7. Aus der Praxis der Väterarbeit

Einen ersten Einblick in die Praxis der Väterarbeit mit Migranten gibt eine
Bestandsaufnahme des Landes NRW, die auch interessante Aussagen zur
Versorgung von Migranten enthält. Diese Bestandsaufnahme ist eine nicht
repräsentative Auswertung von Fragebögen, ermittelt aus den Daten von 167
unterschiedlichen Anbietern, die nach eigenen Angaben jährlich ca. 12.000
Väter erreichen. Unter diesen Wenigen gibt es Väter mit Migrationshintergrund, sie machen insgesamt 13,6 % der teilnehmenden Väter aus. Ihr Anteil
in Tageseinrichtungen für Kinder betrug immerhin 22,7 %, während es in
Familienbildungsstätten nur 5,7 % sind (Verlinden 2004: 137). Offensichtlich
erreichen die Kindertageseinrichtungen die Zielgruppe bereits recht gut, während in Einrichtungen der Familienbildung die Prozesse interkultureller Öffnung noch weiter vorangetrieben werden müssen.

Das (vermutlich) erste interkulturelle Väterprojekt ist das vom Paritäti-
schen Bildungswerk (PBW) NRW koordinierte Projekt „Engagierte Väter –
Optimierung von Konzepten zur Väterbildung mit Migranten". Europaweit
wurden von 2002 bis 2004 sieben nationale Projekte mit Angeboten für Väter
mit Migrationshintergrund entwickelt. Arif Ünal vom Kölner Gesundheits-
zentrum war als Projektpartner in Deutschland tätig. Das herausragende Ziel
des Projektes war es, traditionelle Väter zu erreichen, ihr Interesse an der Erziehung ihrer Kinder zu wecken, ihnen Raum und Zeit zu bieten, sich mit ihrem Erziehungsstil auseinanderzusetzen und Alternativen aufzuzeigen. Darüber
hinaus sollten den Vätern demokratische und gleichberechtigte Beziehungs-
formen nahegebracht werden. In der konkreten Projektpraxis war es nötig, die
teilweise noch auf die Mittelschicht der Mehrheitsdeutschen zugeschnittenen
Konzepte der Väter- und Familienbildung zu modifizieren und sie in die Arbeit

mit Migrantenvätern zu transferieren. Grundprinzip der methodischen Planung und Durchführung der Arbeit mit Migrantenvätern war es, die Bildungsmaßnahmen an die Lebenswirklichkeit der Männer mit Migrationshintergrund anzupassen. Intensiv wurden deshalb vorhandene Netzwerke und Kontakte zu Migrantenorganisationen genutzt, um die Zielgruppe im Sinne des aufsuchenden Ansatzes anzusprechen. Die Veranstaltungen fanden in den Räumen von Migrantenorganisationen statt. Dort wurden den türkischen Migranten und teilweise ihren Partnerinnen Vorträge und Diskussionsrunden angeboten zur Rolle der Väter und zur Auseinandersetzung mit Arbeitsteilung, Erziehung und Kommunikation in der Familie. Die Tatsache, dass der Projektverantwortliche selbst einen türkischen Migrationshintergrund hat und eine Kommunikation in der Muttersprache möglich war, hat sich positiv auf seine Akzeptanz bei der Zielgruppe ausgewirkt. Auch die Rolle von Ünal als „kultureller Vermittler" war für den Projekterfolg verantwortlich; er nahm sozusagen eine Brückenfunktion zwischen den Anbietern und der Zielgruppe wahr. Anerkennung verdient dieses Projekt, weil wichtige Erfahrungen gesammelt werden konnten, wie man Konzepte zur Väterarbeit mit Migranten entwickelt und optimiert (vgl. Paritätisches Bildungswerk NRW 2004).

In Berlin-Kreuzberg arbeitet seit 2003 das Projekt „Baba – Papa. Väter im Gespräch" und unterstützt Väter mit türkischem und arabischem Migrationshintergrund in ihrem aktiven Vatersein. Denn vielen Vätern gelingt es in ihrer sozial benachteiligten Lebenslage kaum noch, einer Funktion als Brotverdiener und Beschützer der Familie gerecht zu werden. Ausgehend von der Erfahrung, dass die Väter sich entweder kaum an der Erziehung beteiligen oder Probleme im Erziehungsalltag haben, hilft das Projekt den Vätern, ein engagierter Vater jenseits der Versorger- und Ernährerrolle zu sein und Erziehungsprobleme zu lösen. Konkret werden den Vätern Einzelberatung und Veranstaltungen angeboten, die ihnen Wissen zu Erziehungsfragen vermitteln und sie zu Gesprächen und Austausch einladen. Verschiedenste Gruppenangebote, teilweise als Vater-Kind-Aktivitäten, ermöglichen neue Erfahrungen und setzen Lernprozesse in Gang, die auch die Freude am Vatersein nahebringen. Geleitet wird die Väterarbeit von den Grundsätzen, dass Angebote niedrigschwellig und mehrsprachig sein sollen und ohne bürokratische Hürden wahrgenommen werden können (vgl. Schäfer/Moradli/Yaşaroğlu 2006).

8. Interkulturelle Öffnung der Männer- und Väterarbeit

Es gibt also durchaus Anzeichen dafür, dass sich das Praxisfeld interkultureller Männer- und Väterarbeit entwickelt. Immer mehr Männer/Väter mit Migrationshintergrund profitieren hiervon. Jedoch dürfen die hier dargestellten positiven Entwicklungen nicht so verstanden werden, dass eine zufriedenstellende Versorgung der Zielgruppe bereits erreicht wäre. Es gibt noch viel zu tun. Anknüpfend an die erwähnten positiven Ansätze sollte Migration als Querschnittsthema verstanden werden: Männer mit Migrationshintergrund sollten in alle Aktivitäten von Männer-/Väterarbeit und -politik einbezogen sein. Alle Initiativen im Bereich Männer/Väter müssen wirksamer mit den Tätigkeiten in den Arbeitsfeldern Migration/Integration verzahnt werden, um so die Professionalisierung des Arbeitsfeldes systematisch voranzutreiben. Um die Zielgruppe Männer/Väter mit Migrationshintergrund zukünftig besser zu versorgen und ihre Partizipation zu ermöglichen, muss sich die Männer-/Väterarbeit daher weiter interkulturell öffnen und die Entwicklung interkultureller Kompetenzen vorantreiben. Denn vorhandene Zugangsbarrieren für Migrantinnen und Migranten sowie Hindernisse auf Seiten der anbietenden Organisationen können nur durch interkulturelle Öffnung und die Entwicklung interkultureller Kompetenz überwunden werden.

In der Fachliteratur werden folgende Qualitätskriterien für die interkulturelle Öffnung genannt:

• ein Konzept interkultureller Arbeit
• multikulturelle Teams
• Fortbildungen zur Vermittlung interkultureller Kompetenzen
• Veränderung der Organisationskultur
• aufsuchende Öffentlichkeitsarbeit, direkte Ansprache durch Mittler
• Partizipation der MigrantInnen, Kooperation mit Migrantenorganisationen
• Abgestimmtheit, Kooperation und Vernetzung mit Migrationsdiensten bzw. Integrationsagenturen, Integrationsräten, interkulturellen Büros, Vereinen und Moscheen etc.

Es wird deutlich, dass solche Qualitätskriterien interkultureller Öffnung mehrere Ebenen der Personal- und Organisationsentwicklung betreffen (vgl. Fischer/Springer/Zacharaki 2005). Mithin bleibt die interkulturelle Öffnung eine zentrale Herausforderung an die Professionalisierung Sozialer Arbeit, sie muss ein Standard jeder Organisationskultur sozialer Einrichtungen sein (vgl. Barwig/Hinz-Rommel 1995). Dennoch kann die Überprüfung dieser Kriterien innerhalb einzelner Institutionen nur der Anfang sein, denn nötig ist eine breit angelegte Palette von Maßnahmen: Wichtig ist die enge Kooperation und Vernetzung, um die Ressourcen möglichst vieler relevanter Akteure aus Politik, Forschung und Praxis zu bündeln. Auch die Konzepte zur Qualifizierung von Eltern mit Migrationshintergrund und für Elternvereine von Migrantinnen und Migranten – auch im Kontext interkultureller Elternarbeit in der Schule (vgl. Gomolla/Fürstenau 2009) – bieten zusätzliche Chancen, Väter mit Migrationshintergrund zu aktivieren und zu unterstützen. Die Politik ist gefordert, diese Prozesse zu unterstützen sowie nachhaltige Strukturen für Forschung und Soziale Arbeit im Kontext von Vaterschaft/Männlichkeiten und Migration zu schaffen bzw. durch ausreichende Finanzierung zu sichern.

9. Fazit

Wie die Geschlechter- und Männerforschung stehen auch Praxisansätze der
Männer- und Väterarbeit immer im Kontext politischer Fragen der Gleichstellung von Männern und Frauen. Initiativen zur Demokratisierung von Geschlechterarrangements in der Migrationsgesellschaft dürfen sich aber nicht
wie bisher fast ausschließlich an Migrantinnen richten, sondern müssen Männer mit Migrationshintergrund vermehrt als Gleichstellungsakteure wahrnehmen und ansprechen. Denn auch immer mehr Migranten wollen neue
Männer und aktive Väter sein. Lösungen für väterliche Vereinbarkeitsprobleme zwischen Beruf und Familie sind für alle Väter – gleich welcher Herkunft – ein unerlässlicher Beitrag dazu, eine Gleichstellung der Geschlechter
zu verwirklichen.

Die Erkenntnis neuerer Geschlechterpolitik gilt auch im Migrationskontext: Trotz vorhandener Grenzen und Konflikte gestalten zunehmend mehr
(auch muslimische) Menschen mit Migrationshintergrund Emanzipationsbündnisse zwischen Männern und Frauen, um gemeinsam traditionelle Geschlechterverhältnisse zu überwinden. Umfassende politische wie fachliche Aktivitäten
zur Forcierung solcher Entwicklungen müssen sich selbstverständlich weiterhin
intensiv mit jenen mehrheitsdeutschen wie migrantischen Männern befassen,
die hierarchische Geschlechterverhältnisse aufrechterhalten. Weil es aber auch
bei Migranten positive Veränderungen gibt, die wahrzunehmen und anzuerkennen sind, sollte man ihnen mehr als bisher ressourcenorientiert begegnen.
Gegenüber veränderungsbereiten (neuen) Männern und Vätern mit und ohne
Migrationshintergrund sollte man verstärkt eine parteiliche Haltung einnehmen
und ihnen mehr unterstützende Angebote machen.

Literatur

Badawia, Tarek (2002): „Der dritte Stuhl". Eine Grounded-Theory-Studie zum kreati-
    ven Umgang bildungserfolgreicher Immigrantenjugendlicher mit kultureller Dif-
    ferenz. Frankfurt a. M.: IKO-Verlag.
Bandorski, Sonja/Harring, Marius/Karakasoglu, Yasemin/Kelleter, Kai. (2009): Der
    Mikrozensus im Schnittpunkt von Geschlecht und Migration. Möglichkeiten und
    Grenzen einer sekundär-analytischen Auswertung des Mikrozensus 2005. Bun-
    desministerium für Familie, Senioren, Frauen und Jugend (Hrsg.). Baden-Baden:
    Nomos-Verlag.
Barwig, Klaus/Hinz-Rommel, Wolfgang (Hrsg.) (1995): Interkulturelle Öffnung sozi-
    aler Dienste. Freiburg: Lambertus-Verlag.
Brandes, Holger (2002): Der männliche Habitus. Band 2: Männerforschung und Män-
    nerpolitik. Opladen: Verlag Leske + Budrich.

Bundesministerium für Familie, Senioren, Frauen und Jugend (2007): Die Bestimmung von Rollenbildern in der Studie „Die Milieus der Menschen mit Migrationshintergrund in Deutschland". URL: http://www.bmfsfj.de/bmfsfj/generator/Kategorien/Presse/pressemitteilungen,did =101644.html.

Bundesministerium für Familie, Senioren, Frauen und Jugend (Hrsg.) (2006): Facetten der Vaterschaft. Perspektiven einer innovativen Väterpolitik. URL: http://www.bmfsfj.de/bmfsfj/generator/BMFSFJ/Service/Publikationen/publikati onsliste,did=70116.html.

Bundeszentrale für gesundheitliche Aufklärung (Hrsg.) (2006): Männer leben. Studie zu Lebensläufen und Familienplanung – Vertiefungsbericht (Forschung und Praxis der Sexualaufklärung und Familienplanung 27). URL: http://www.bzga.de/?uid=b20c64ce82a75b79f834f95e3166af01&id=medien&sid =60&idx=1313.

Fischer, Veronika/Springer, Monika/Zacharaki, Ioanna (2005): Interkulturelle Kompetenz. Fortbildung, Transfer, Organisationsentwicklung. Schwalbach/Ts.: Wochenschau Verlag.

Forum Integration der Bundesregierung (2008): Informationskampagne „… ist keine Frage der Herkunft". URL: http://www.bundesregierung.de/Content/DE/Publikation/IB/nationaler-integrationsplan-plakate.html.

Geißler, Rainer (2005): Die Metamorphose der Arbeitertochter zum Migrantensohn. Wandel der Chancenstruktur im Bildungssystem nach Schicht, Geschlecht, Ethnie und deren Verknüpfungen. In: Berger, Peter A. (Hrsg.): Institutionalisierte Ungleichheiten. Wie das Bildungswesen Chancen blockiert. Weinheim u.a.: Juventa-Verlag. S. 71-100.

Gemende, Marion/Munsch, Chantal/Weber-Unger-Rotino, Steffi (Hrsg.) (2007): Eva ist emanzipiert, Mehmet ist ein Macho. Zuschreibung, Ausgrenzung, Lebensbewältigung und Handlungsansätze im Kontext von Migration und Geschlecht. Weinheim – München: Juventa-Verlag.

Gestring, Norbert/Janßen, Andrea/Polat, Ayça (2006): Prozesse der Integration und Ausgrenzung. Türkische Migranten der zweiten Generation. Wiesbaden: VS Verlag für Sozialwissenschaften.

Goldberg, Andreas/Sauer, Martina (2004): Die Lebenssituation von Frauen und Männern türkischer Herkunft. Ergebnisse der sechsten Mehrthemenbefragung. Essen: Zentrum für Türkeistudien.

Gomolla, Mechthild/Fürstenau, Sara (Hrsg.) (2009): Migration und schulischer Wandel. Elternbeteiligung. Wiesbaden: VS Verlag für Sozialwissenschaften.

Hamburger, Franz/Hummrich, Merle (2007): Familie und Migration. In: Ecarius, Jutta (Hrsg.): Handbuch Familie. Wiesbaden: VS Verlag für Sozialwissenschaften, S. 112-134.

Hormel, Ulrike/Scherr, Albert (2004): Bildung für die Einwanderungsgesellschaft. Perspektiven der Auseinandersetzung mit struktureller, institutioneller und interaktioneller Diskriminierung. Wiesbaden: VS Verlag für Sozialwissenschaften.

Huth-Hildebrandt, Christine (2002): Das Bild von der Migrantin. Auf den Spuren eines Konstrukts. Frankfurt a. M.: Verlag Brandes/Apsel.

Karakaşoğlu, Yasemin (2003): Geschlechtsidentitäten (gender) unter türkischen Migranten und Migrantinnen in der Bundesrepublik. In: Deutsch-Türkischer Dialog der Körber-Stiftung (Hrsg.): Geschlecht und Recht. Hamburg: Edition Körber-Stiftung, S. 34-49.

Knapp, Gudrun-Axeli (2005): „Intersectionality" – ein neues Paradigma feministischer Theorie? Zur transatlantischen Reise von „Race, Class, Gender". In: Feministische Studien. Jg. 23, Heft 1, S. 68-81.

Lutz, Helma (2001): Differenz als Rechenaufgabe. Über die Relevanz der Kategorien Race, Class und Gender. In: Lutz, Helma/Wenning, Norbert (Hrsg.): Unterschiedlich verschieden. Differenz in der Erziehungswissenschaft. Opladen: Verlag Leske + Budrich, S. 215-230.

Mecheril, Paul (2004): Einführung in die Migrationspädagogik. Weinheim: Verlag Beltz Studium.

Merkle, Tanja/Wippermann, Carsten (2008): Eltern unter Druck. Die Studie. In: Henry-Huthmacher, Christine/Borchard, Michael (Hrsg.): Eltern unter Druck. Selbstverständnisse, Befindlichkeiten und Bedürfnisse von Eltern in verschiedenen Lebenswelten. Stuttgart: Verlag Lucius & Lucius, S. 25-241.

Meuser, Michael (2000): Perspektiven einer Soziologie der Männlichkeit. In: Janshen, Doris (Hrsg.): Blickwechsel. Der neue Dialog zwischen Frauen- und Männerforschung. Frankfurt a. M./New York: Campus-Verlag, S. 47-78.

Paritätisches Bildungswerk NRW (Hrsg.) (2004): Committed Fathers. Trainer manual – Working with migrant fathers in family education. German Handbook. URL: http://bildung.paritaet-nrw.org/content/e78/e30/e61/index_ger.html.

Potts, Lydia/Kühnemund, Jan (Hrsg.) (2008): Mann wird man. Geschlechtliche Identitäten im Spannungsfeld von Migration und Islam. Bielefeld: Transcript-Verlag.

Prengel, Annedore (1995): Pädagogik der Vielfalt. Verschiedenheit und Gleichberechtigung in Interkultureller, Feministischer und Integrativer Pädagogik. 2. Auflage. Opladen: Verlag Leske + Budrich.

Schäfer, Eberhard/Moradli, Baljan/Yaşaroğlu, Ercan (2006): „Baba – Papa. Väter im Gespräch" – Ein Konzept für die Arbeit mit Vätern mit türkischem und arabischem Migrationshintergrund in Berlin-Kreuzberg. In: Heinrich-Böll-Stiftung (Hrsg.): Migration und Männlichkeiten (Schriften zur Geschlechterdemokratie 14). Berlin, S. 67-76. URL: http://www.boell.de/alt/downloads/gd/GD-14.pdf.

Spindler, Susanne (2006): Corpus Delicti. Männlichkeit, Rassismus und Kriminalisierung im Alltag von jugendlichen Migranten. Münster: Unrast Verlag.

Spohn, Cornelia (Hrsg.) (2006): zweiheimisch. Bikulturell leben in Deutschland (Schriftenreihe 579). Bonn: Bundeszentrale für politische Bildung.

Thiessen, Barbara (2007): Muslimische Familien in Deutschland. Alltagserfahrungen, Konflikte, Ressourcen. München: DJI Verlag.

Toprak, Ahmet (2005): Das schwache Geschlecht – die türkischen Männer. Zwangsheirat, häusliche Gewalt, Doppelmoral der Ehre. Freiburg im Breisgau: Lambertus Verlag.

Tunç, Michael (2006a): Vaterschaft in der Migrationsgesellschaft im Wandel. Intersektionelle Männerforschung im Sinne Pierre Bourdieus. In: Promotionskolleg „Kinder und Kindheiten im Spannungsfeld gesellschaftlicher Modernisierung" (Hrsg.): Kinderwelten und institutionelle Arrangements. Modernisierung von Kindheit. Wiesbaden: VS-Verlag, S. 37-58.

Tunç, Michael (2006b): Migrationsfolgegenerationen und Männlichkeiten in intersektioneller Perspektive. Forschung, Praxis und Politik. In: Heinrich-Böll-Stiftung (Hrsg.): Migration und Männlichkeiten. Dokumentation einer Fachtagung des Forum Männer in Theorie und Praxis der Geschlechterverhältnisse und der Heinrich-Böll-Stiftung am 9./10. Dezember 2005 in Berlin (Schriften zur Geschlechterdemokratie 14). Berlin, S. 17-31.

Tunç, Michael (2007): Väter mit Migrationshintergrund zwischen Skandalisierung und Vernachlässigung. Umrisse einer Väterarbeit in der Migrationsgesellschaft. In: Zeitschrift für Migration und Soziale Arbeit. Jg. 29, Heft 1, S. 33-39.

Tunç, Michael (2008): „Viele türkische Väter fliehen von zu Hause." Mehrfache ethnische Zugehörigkeiten von Vätern und ihre Orientierungen im Spannungsfeld zwischen hegemonialer und progressiver Männlichkeit. In: Potts, Lydia/Kühnemund, Jan (Hrsg.): Mann wird man. Geschlechtliche Identitäten im Spannungsfeld von Migration und Islam. Bielefeld: transcript-Verlag, S. 105-132.

Verlinden, Martin (2004): Väterarbeit in NRW. Bestandsaufnahme und Perspektiven. Im Auftrag des Ministeriums für Gesundheit, Soziales, Frauen und Familie NRW. Düsseldorf.

Volz, Rainer/Zulehner, Paul M. (2009): Männer in Bewegung. Zehn Jahre Männerentwicklung in Deutschland. Ein Forschungsbericht. Berlin: Nomos.

Westphal, Manuela (2000): Vaterschaft und Erziehung. In: Herwartz-Emden, Leonie (Hrsg.): Einwandererfamilien. Geschlechterverhältnisse, Erziehung und Akkulturation. Osnabrück: Rasch Verlag, S. 121-204.

Zulehner, Paul M./Volz, Rainer (1998): Männer im Aufbruch. Wie Deutschlands Männer sich selbst und wie Frauen sie sehen. Ostfildern: Schwabenverlag.

Die Entwicklung von Sinus-Migrantenmilieus. Ein neuer Diskussions- und Forschungsansatz zum Thema Integration

Angela Icken

In manchen Wochen vermitteln Zeitungsberichte oder auch Berichte in Radio und Fernsehen den Eindruck, dass Migrantinnen ausschließlich Kopftuch tragende Frauen sind, die zwangsverheiratet werden und, wenn sie dem Willen der Väter nicht folgend, umgebracht werden bzw. *männliche* Migranten ihre Töchter zwangsverheiraten oder Sie umbringen, wenn sie ihrem Willen nicht folgen. Das ist nun natürlich sehr zugespitzt und übertrieben formuliert, aber es steckt mehr als ein wenig Wahrheit drin. Hinter dem Begriff ‚Migration' verbergen sich sehr unterschiedliche Lebenswirklichkeiten. Dies wird in der Öffentlichkeit häufig übersehen und so ist das Bild von ‚*dem* Migranten' oder ‚*der* Migrantin' sehr einseitig.

Die Migrationsgeschichte einer jeden Person ist eine spezifische. Es macht einen Unterschied, ob Menschen freiwillig oder unfreiwillig, als deutschstämmige Spätaussiedler oder als Angehörige anderer Nationen, aus einem verwandten oder aus einem sehr fernen Kulturkreis, allein oder mit der ganzen Familie kommen. Die Grundgesamtheit der Menschen mit Migrationshintergrund ist nach der Definition des Statistischen Bundesamtes sehr komplex. Nach den Daten des Statistischen Bundesamtes (Mikrozensus 2008) leben in Deutschland 15,6 Millionen Menschen mit Migrationshintergrund. Bei 82,1 Millionen Einwohnern Deutschlands entspricht dies einem Anteil von 19 % der Wohnbevölkerung.

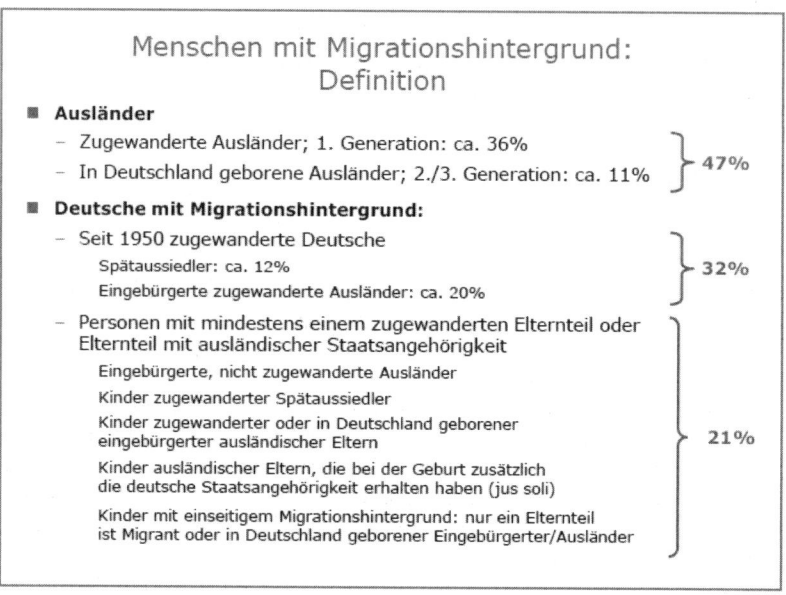

Menschen mit Migrationshintergrund: Definition

■ **Ausländer**
- Zugewanderte Ausländer; 1. Generation: ca. 36%
- In Deutschland geborene Ausländer; 2./3. Generation: ca. 11% } **47%**

■ **Deutsche mit Migrationshintergrund:**
- Seit 1950 zugewanderte Deutsche
  Spätaussiedler: ca. 12%
  Eingebürgerte zugewanderte Ausländer: ca. 20% } **32%**

- Personen mit mindestens einem zugewanderten Elternteil oder Elternteil mit ausländischer Staatsangehörigkeit
  Eingebürgerte, nicht zugewanderte Ausländer
  Kinder zugewanderter Spätaussiedler
  Kinder zugewanderter oder in Deutschland geborener eingebürgerter ausländischer Eltern
  Kinder ausländischer Eltern, die bei der Geburt zusätzlich die deutsche Staatsangehörigkeit erhalten haben (jus soli)
  Kinder mit einseitigem Migrationshintergrund: nur ein Elternteil ist Migrant oder in Deutschland geborener Eingebürgerter/Ausländer } **21%**

Quelle: Lebenswelten von Migranten, unveröffentlichtes Manuskript

Menschen mit Migrationshintergrund (Ausländer und Eingebürgerte) in Deutschland	
Ex-Sowjetunion	21 %
Türkei	19 %
Südeuropa (Italien, Spanien, Portugal, Griechenland)	12 %
Polen	11 %
Ex-Jugoslawien	10 %
Land in Asien	9 %
Andere EU-Länder	6 %
Andere osteuropäische Länder	6 %
Land in Amerika	3 %
Land in Afrika	3 %
Andere Länder	1 %

Quelle: Quantifizierung der Migranten-Milieus, Sinus Sociovision Heidelberg, 2008

Und um die Gretchenfrage zu stellen: Wie halten sie es mit der Religion? Der Eindruck, dass der überwiegende Anteil der Frauen und Männer mit Migrationshintergrund muslimischen Glaubens sind, täuscht:

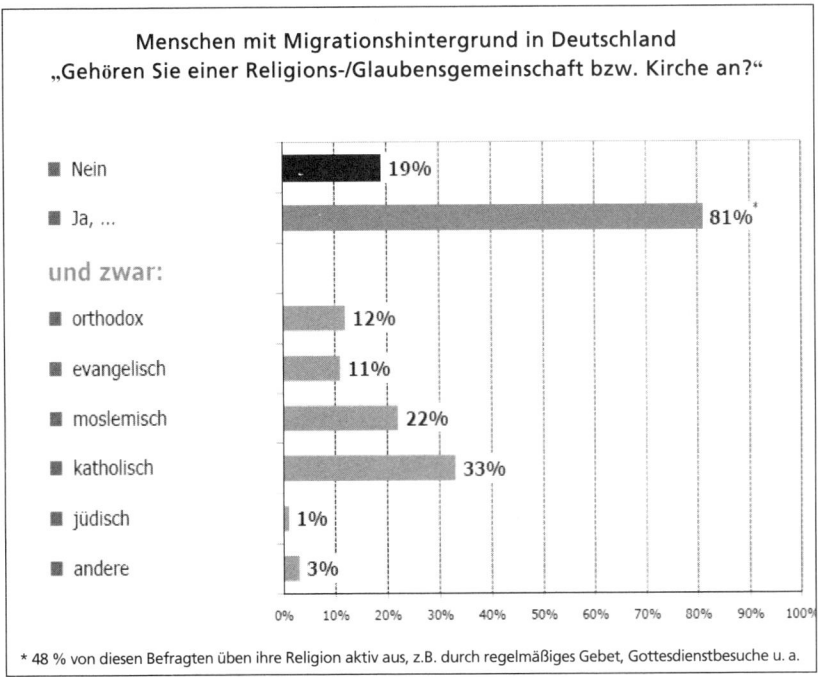

Menschen mit Migrationshintergrund in Deutschland
„Gehören Sie einer Religions-/Glaubensgemeinschaft bzw. Kirche an?"

* 48 % von diesen Befragten üben ihre Religion aktiv aus, z.B. durch regelmäßiges Gebet, Gottesdienstbesuche u. a.

Quelle: Quantifizierung der Migranten-Milieus, Sinus Sociovision Heidelberg, 2008

Unter (integrations)politischen interessieren Überlegungen wie: Wie leben Migrantinnen und Migranten in Deutschland? Wieweit sind sie in die deutsche Gesellschaft integriert? Welche Geschlechterrollen-Leitbilder haben sie und wie beeinflussen diese ihr Leben und die Zukunft ihrer Kinder?

Diese Fragen haben bei den Arbeiten im Zusammenhang mit dem Integrationsgipfel und der Erarbeitung des Nationalen Integrationsplans alle Beteiligten sehr beschäftigt. Sie mussten bei vielen Gelegenheiten feststellen, dass die Informationen fehlen, sowohl statistische Daten als auch Basiswissen. Die Heterogenität der Zielgruppe ‚Migrantinnen und Migranten' wurde von allen geahnt und die Frage war doch, wie kann man mehr über diese Vielfalt erfahren, wie setzen wir sie in politische Maßnahmen um.

In gleichstellungspolitischen Zusammenhängen hat das Bundesministerium für Familie, Senioren, Frauen und Jugend in den vergangenen Jahren sehr erfolgreich mit SINUS Sociovision in Heidelberg zusammengearbeitet und dabei festgestellt, dass Gleichstellung nicht in allen sozialen Milieus der deutschen Gesellschaft gleichermaßen angekommen ist (Vgl. Bundesministerium für Familie, Senioren, Frauen und Jugend 2008).

Die Beschäftigung und Auseinandersetzung mit den Möglichkeiten der SINUS Milieus hat bei uns zu der Überlegung geführt, auch für die Migrantinnen und Migranten in Deutschland weitere Studien zu entwickeln. Dies erfolgte im Rahmen einer Multi-Client-Untersuchung, an der sich folgende Institutionen beteiligten:

- die Malteser Werke,
- die Staatskanzlei NRW,
- das Statistische Amt der Landeshauptstadt München,
- der Südwestrundfunk,
- der Bundesverband für Wohneigentum und Stadtentwicklung e.V.

Das Bundesministerium für Familie, Senioren, Frauen und Jugend (BMFSFJ) hatte ein besonderes Interesse an Fragen der Gleichstellung von Migrantinnen und Migranten, an Geschlechterrollen und Rollenbilder, die integrationshemmend wirken können.

Was ist das besondere am Milieuansatz? Eine theoretische Annäherung

In der Lebensstil- und Ungleichheitsforschung wurde in den 80er Jahren der Milieubegriff spezifiziert und eine Unterscheidung zwischen sozialer Lage, Lebenszielen und Lebensstilen getroffen, die Handlungsmuster zur Erreichung von Lebenszielen beschreiben. Der Milieu-Begriff geht davon aus, dass der Lebensstil von Menschen nicht nur aufgrund äußerer Umstände, sondern auch von inneren Werthaltungen geprägt wird.

Der Begriff ,soziales Milieu' bezieht sich damit auf Gruppen von Individuen mit ähnlichen Lebenszielen und Lebensstilen und umfasst Mentalität und Gesinnung der Personen. Durch die zunehmende Pluralisierung der Gesellschaften und die Individualisierung der Lebensstile wird die vormals enge Verknüpfung zwischen sozialer Lage und Milieus entkoppelt, auch wenn soziale Milieus weiterhin nach Status und Einkommen hierarchisch eingeordnet werden können.

Das Konzept der sozialen Milieus wurde in der Wahlforschung und in der Marktforschung aufgegriffen und weiterentwickelt. Hier werden unterschiedliche, empirisch gewonnene Milieutypologien verwendet und mit Einstellungen in Verbindung gebracht, die bestimmte Konsumorientierungen und Wahlverhalten hervorbringen. Die Milieuanalyse zielt auf den ganzen Menschen, versucht also nicht, wie z.B. die herkömmliche Gesellschaftsanalyse, ein einziges oder einige wenige objektive Merkmale (z.B. Schichtzugehörigkeit, Berufsgruppe) typisierend zu verdichten.

Die deutsche Gesellschaft ist abgebildet in zehn Milieus, die in ihrer Zusammensetzung jährlich aktualisiert werden.

Gesellschaftliche Leitmilieus

- Sinus B1   (Etablierte)   10% ➤ Das selbstbewusste Establishment: Erfolgs-Ethik, Machbarkeitsdenken und ausgeprägte Exklusivitätsansprüche

- Sinus B12 (Postmaterielle)   10% ➤ Das aufgeklärte Nach-68er-Milieu: Liberale Grundhaltung, postmaterielle Werte und intellektuelle Interessen

- Sinus C12 (Moderne Performer)   10 % ➤ Die junge, unkonventionelle Leistungselite: intensives Leben – beruflich und privat, Multi-Optionalität, Flexibilität und Multimedia-Begeisterung

Traditionelle Milieus

- Sinus A12 (Konservative)   5% ➤ Das alte deutsche Bildungsbürgertum: konservative Kulturkritik, humanistisch geprägte Pflichtauffassung und gepflegte Umgangsformen

- Sinus A23 (Traditionsverwurzelte) 14% ➤ Die Sicherheit und Ordnung liebende Kriegsgeneration: verwurzelt in der kleinbürgerlichen Welt bzw. in der traditionellen Arbeiterkultur

- Sinus AB2 (DDR-Nostalgische)   5% ➤ Die resignierten Wende-Verlierer: Festhalten an preußischen Tugenden und altsozialistischen Vorstellungen von Gerechtigkeit und Solidarität

Mainstream-Milieus

- Sinus B2   (Bürgerliche Mitte)   15% ➤ Der statusorientierte moderne Mainstream: Streben nach beruflicher und sozialer Etablierung, nach gesicherten und harmonischen Verhältnissen

- Sinus B3   (Konsum-Materialisten) 12% ➤ Die stark materialistisch geprägte Unterschicht: Anschluss halten an die Konsum-Standards der breiten Mitte als Kompensationsversuch sozialer Benachteiligungen

Hedonistische Milieus

- Sinus C2   (Experimentalisten)   8% ➤ Die extrem individualistische neue Bohème: Ungehinderte Spontaneität, Leben in Widersprüchen, Selbstverständnis als Lifestyle-Avantgarde

- Sinus BC3 (Hedonisten)   11% ➤ Die Spaß-orientierte moderne Unterschicht / untere Mittelschicht: Verweigerung von Konventionen und Verhaltenserwartungen der Leistungsgesellschaft

Quelle: Wege zur Gleichstellung heute und morgen, Sinus Milieustudie, Berlin, 2008

Vor dem Hintergrund der Erfahrungen des Bundesministeriums für Familie, Senioren, Frauen und Jugend mit der Validität und der Tiefenschärfe der Ergebnisse der Untersuchungen auf der Grundlage des Milieuansatzes wurde angestrebt, solche Milieus auch für die Migrantenpopulation zu entwickeln.

(Migranten-)Milieus fassen also Menschen zusammen, die sich in Lebensauffassung und Lebensweise ähneln, d.h.

* sie haben ähnliche Grundorientierungen und Werte,
* sie haben einen ähnlichen Lebensstil und Geschmack,
* sie befinden sich in einer ähnlichen sozialen Lage.

Dieser Ansatz der Milieubildung für die Lebenswelten von Migranten ist innovativ, weil wir nicht mehr die Herkunftsethnie als Kategorie in den Mittelpunkt stellen. Aber die Milieubildung führt dazu, dass wir die Frauen und Männer mit Migrationshintergrund besser verstehen. Wir erfahren ihre Motive und Einstellungen. Und wir gewinnen einen Einblick in ihr Wertesystem – wir lernen, sie besser zu verstehen.

Zu den Ergebnissen

Die Menschen mit Migrationshintergrund in Deutschland sind – anders als oft in der Öffentlichkeit wahrgenommen – keine soziokulturell homogene Gruppe. Vielmehr zeigt sich eine vielfältige und differenzierte Milieulandschaft. Insgesamt acht Migranten-Milieus mit jeweils ganz unterschiedlichen Lebensauffassungen und Lebensweisen konnten identifiziert werden.

Die Migranten-Milieus unterscheiden sich weniger nach ethnischer Herkunft und sozialer Lage als nach ihren Wertvorstellungen, Lebensstilen und ästhetischen Vorlieben. Dabei finden sich gemeinsame lebensweltliche Muster bei Migranten aus unterschiedlichen Herkunftskulturen.

Wichtig ist: Menschen des gleichen Milieus mit unterschiedlichem Migrationshintergrund verbindet mehr miteinander als mit dem Rest ihrer Landsleute aus anderen Milieus. Faktoren wie ethnische Zugehörigkeit, Religion und Zuwanderungsgeschichte beeinflussen die Alltagskultur, sind letzten Endes aber nicht milieuprägend und identitätsstiftend.

Diese Feststellung als solche war bei der Präsentation der Ergebnisse revolutionär, widersprach sie doch der Einschätzung, dass die ethnische Herkunft, in der öffentlichen Wahrnehmung betrifft dies vor allem die Türkei, und die Religion, in der öffentlichen Wahrnehmung war und ist das der Islam, die Menschen mit Migrationshintergrund verbindet. Der Einfluss religiöser Traditionen wird in der deutschen Gesellschaft oft überschätzt. Die große Mehrheit der befragten Migranten und Migrantinnen will sich in die Aufnahmege-sellschaft einfügen, legt hierbei jedoch Wert darauf, ihre kulturellen Wurzeln nicht zu vergessen.

Das heißt: Um der Lebenswirklichkeit von Migrantinnen und Migranten gerecht zu werden, müssen Ethnie, Geschlecht und Milieu konsequent mit-einander verschränkt betrachtet werden. Eine Reduktion auf nur eine Kom-ponente führt zu Unschärfen mit dem Risiko der Pauschalierung, der Stereo-typenbildung und Stigmatisierung. Durch eine Geschlechterdifferenzierung werden Rollenbilder und Geschlechtsidentitäten – aber auch Ungleichstellun-gen – sichtbar.

Viele, vor allem jüngere Befragte der zweiten und dritten Generation, haben ein bi-kulturelles Selbstbewusstsein und sehen Migrationshintergrund und Mehrsprachigkeit als Bereicherung – für sich selbst und für die Gesell-schaft.

Der Integrationsgrad ist insbesondere bildungs- und herkunftsabhängig: Je höher das Bildungsniveau und je urbaner die Herkunftsregion, desto leich-ter und besser gelingt eine Integration in die Aufnahmegesellschaft. Prozen-tual betrachtet finden sich in der Migrantenpopulation mehr gut ausgebildete Frauen und Männer als in der autochthonen deutschen Bevölkerung.

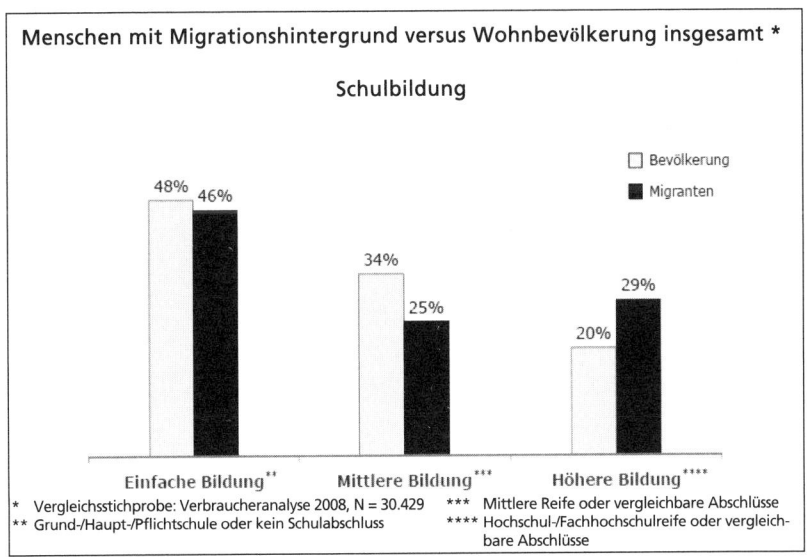

Quelle: Quantifizierung der Migranten-Milieus, Sinus Sociovision Heidelberg, 2008

Besondere Aufmerksamkeit verdient im Kontext Bildung das intellektuell-kosmopolitische Milieu. Während alle anderen Migrantenmilieus fast exakt

je zur Hälfte mit Frauen und Männern besetzt sind, überwiegen im intellektuell-kosmopolitischen Milieu mit 60 zu 40 Prozent Frauen. Dies bestätigt die
Aussage von Boos-Nünning und Karakasoglu, dass junge Frauen mit Migrationshintergrund deutlich bildungsaspirierter sind als junge Männer mit Migrationshintergrund und sie Bildung als Vehikel zum gesellschaftlichen Aufstieg für sich nutzen (Vgl. Boos-Nünning/Karakasoglu 2005).

Gleiches gilt auch für die Einstellung zur Gleichstellung der Geschlechter bei Migrantinnen und Migranten. Die Milieus, in denen Gleichberechtigung als gesellschaftlicher Wert Fuß gefasst hat, decken sich teilweise mit
den Milieus der deutschen Gesellschaft, in denen die Gleichberechtigung
verankert ist. D.h., es handelt sich auch hier um gut ausgebildete Migrantinnen und Migranten. Deutlich wird aber auch, dass in dem überwiegenden Teil
der Migranten-Milieus traditionelle Rollenbilder vorherrschen.

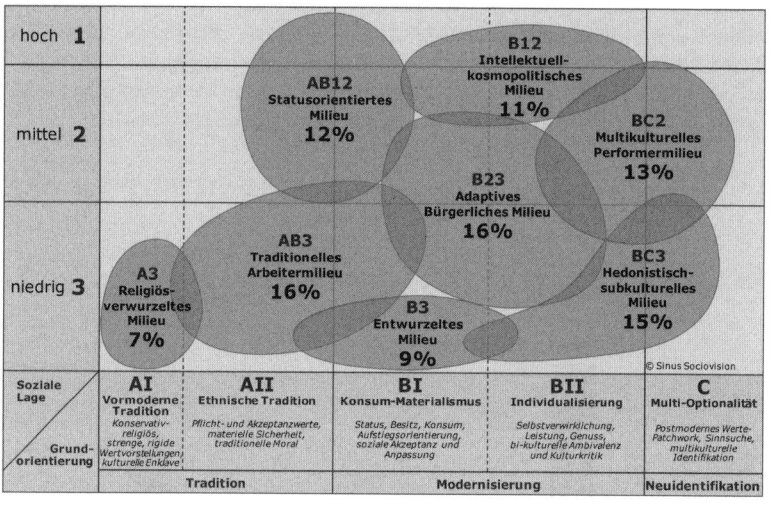

Quelle: ,Lebenswelten von Migranten', Sinus Sociovision, 2007

Rollenbilder in Migrantenmilieus

Die verschiedenen Milieus und die darin vorherrschenden Rollenbilder unterscheiden sich zum Teil erheblich.

Sinus A3 *(Religiös-verwurzeltes Milieu)*

Es handelt sich um ein archaisches, bäuerlich geprägtes Milieu, verhaftet in den sozialen und religiösen Traditionen der Herkunftsregion. Hier herrschen eine traditionell patriarchalische Rollen- und Aufgabenteilung mit „Außenminister" und „Innenministerin" und eine ungebrochene Identifikation mit den klassischen Geschlechtsrollenstereotypen vor.

Sinus A23 *(Traditionelles Gastarbeitermilieu)*

Dies ist das traditionelle ‚Blue Collar-Milieu' der Arbeitsmigranten und -migrantinnen, das den Traum einer Rückkehr in die Heimat aufgegeben hat. Traditionelle Vorstellungen von der männlichen und weiblichen Rolle dominieren hier: Eine Frau findet ihre Erfüllung in erster Linie in der Familie und sucht im Mann jemanden, den sie respektieren kann.

Sinus B2 *(Statusorientiertes Milieu)*

Hier handelt es sich um Menschen eines klassisch aufstiegsorientierten Milieus, das – aus kleinen Verhältnissen kommend – für sich und seine Kinder etwas Besseres erreichen will. Die Rollenbilder sind traditionell geprägt. Der Mann ist der Beschützer und Entscheider und die Frau ist Hausfrau und Mutter. Vor allem dieses weibliche Rollenbild wird von den Frauen der 2. Generation zunehmend modifiziert.

Sinus B3 *(Entwurzeltes Flüchtlingsmilieu)*

Dieses Milieu ist ein sozial und kulturell entwurzeltes (traumatisiertes) Flüchtlingsmilieu – die Menschen sind stark materialistisch geprägt. Sie sind häufig überfordert durch den fortgeschrittenen Rollenwandel in Deutschland und verteidigen die alten Rollenklischees: Der Mann ist Herr im Haus, die Frau hat sich unterzuordnen (und tut das in aller Regel auch).

Sinus B12 *(Intellektuell-kosmopolitisches Milieu)*

Es ist ein aufgeklärtes, nach Selbstverwirklichung strebendes Bildungsmilieu mit einer weltoffen-toleranten Grundhaltung und vielfältigen intellektuellen Interessen. Emanzipation, Gleichstellung und Rollenflexibilität gelten als Norm, aber Männer und Frauen sind nach Auffassung der Menschen dieses Milieus unterschiedlich geprägt; es herrscht viel Unsicherheit und daher muss

„Beziehungsarbeit" in großem Umfang geleistet werden. Nach meiner Einschätzung gehört diesem Milieu die Zukunft in unserer Gesellschaft.

Sinus B23 (Adaptives Integrationsmilieu)

Dies ist die pragmatische moderne Mitte der Migrantenpopulation, die nach sozialer Integration und einem harmonischen Leben in gesicherten Verhältnissen strebt. Überwiegend sind die Erziehung im Herkunftsland sowie traditionell geprägte Rollenbilder anzutreffen. Diese stehen im Konflikt zu den in Deutschland übernommenen Einstellungen und Normen.

Sinus BC2 (Multikulturelles Performermilieu)

Dieses junge, flexible und leistungsorientierte Milieu hat ein bi- bzw. multikulturelles Selbstbewusstsein, es strebt nach Autonomie, beruflichem Erfolg und intensivem Leben.

Trotz Ablehnung einer Typisierung auf der Einstellungsebene („das kann man nicht verallgemeinern") dominieren – von der Herkunftskultur geprägte – traditionelle und moderne Rollenstereotypen.

Sinus BC3 (Hedonistisch-subkulturelles Milieu)

In diesem Milieu ist die unangepasste zweite Generation mit defizitärer Identität und Perspektive vertreten, die in erster Linie Spaß haben will und sich den Erwartungen der Mehrheitsgesellschaft verweigert. Hier sind starke Rollenkonflikte anzutreffen.

Einstellung zur Gleichstellung in den Migrantenmilieus

In den Migrantenmilieus sind die Unterschiede zwischen Frauen und Männern in ihrer Einschätzung wichtiger politischer Handlungsfelder nicht groß. Einzig das Thema Gleichstellung halten 20 % mehr Frauen (78 %) als Männer (58 %) für eine wichtige politische Aufgabe. Für ‚sehr wichtig' halten 32 % der Migrantinnen das Thema Gleichstellung für die Politik, jedoch nur 16 % der Männer. Stärker als die Geschlechterperspektive differenziert das neu entwickelte Modell der Migrantenmilieus. Bei der Frage der Gleichstellung von Frauen und Männern, der Gleichbehandlung benachteiligter Gruppen sowie nach den gleichen Chancen (unabhängig von Alter, Geschlecht,

Das Lebensmodell – Wunsch und Wirklichkeit

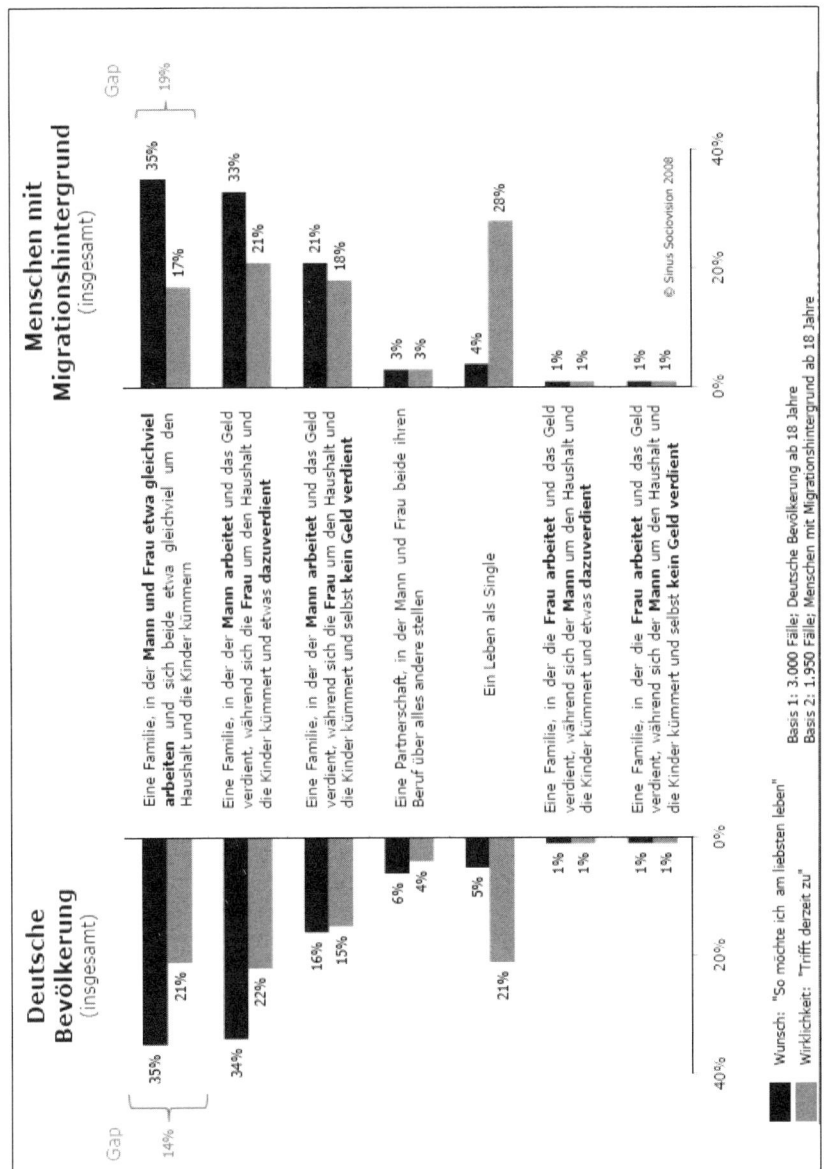

Quelle: Quantifizierung der Migranten-Milieus, Sinus Sociovision Heidelberg, 2008

Herkunft, Hautfarbe) ist das Intellektuell-kosmopolitische Milieu die fordernde Avantgarde, gefolgt vom kosmopolitischen Milieu. Im Intellektuell-kosmopolitischen Milieu halten 90 % der Frauen und 81 % der Männer die Gleichstellung der Frauen und Männer für eine wichtige politische Aufgabe. Im Statusorientierten Milieu sind es 88 % der Frauen und 69 % der Männer. Gegen die Gleichstellung und Gleichbehandlung von Frauen gibt es – erwartungsgemäß – die größten Widerstände im Religiös-verwurzelten Milieu. Dort halten 75 % die Gleichstellung von Frauen und Männern für unwichtig (80 % der Männer und 69 % der Frauen).

Für die SINUS Milieus der deutschen Gesellschaft wissen wir: Gleichstellung ist eine sozial erwünschte Norm geworden, die zumindest auf einer abstrakten Ebene befürwortet wird. Dies können wir für die Migrantenmilieus vorerst noch nicht sagen – hierzu fehlen uns noch genauere Analysen.

Im Hinblick auf das Lebensmodell, d.h. auf die Art zu leben, unterscheiden sich deutsche und Migranten nur unwesentlich, ein Indiz für die Akzeptanz eines gleichstellungsorientierten Lebensstils in Deutschland

Gewalt und Fundamentalismus spielen in den Migrantenmilieus keine Rolle

Brisanzthemen wie Gewalt, Parallelgesellschaft oder religiöser Fundamentalismus haben in den Interviews keine große Rolle gespielt. Höchstens insofern als die Befragten damit nichts zu tun haben wollen. Erfahrungen von Diskriminierung und Ausgrenzung waren nur für wenige Befragte belastend.

Eine Selbststilisierung als benachteiligt und chancenlos ist lediglich typisch für das Hedonistisch-subkulturelle Milieu. Dieses unterscheidet sich kaum von ähnlichen Sichtweisen bei den jungen Leuten in Deutschland ohne Migrationshintergrund, die in schwierigen sozialen Schichten oder Milieus leben. Allerdings sind hier besonders junge Männer mit türkischem Migrationshintergrund zu finden. Insbesondere sie haben innere und äußere Barrieren, in die gehobenen Milieus der Mitte hineinzuwachsen. Das manifestiert sich z.B. in einer relativ schlechten Schulbildung, in schlechten Ausbildungs- und Berufseinstiegschancen, in Berufsfeldern mit geringem Sozialprestige und in der Regel mit einer diskontinuierlichen Berufsbiografie.

Diese Ergebnisse helfen zu verdeutlichen, dass es sich z.B. bei der Jugendkriminalität nicht – bzw. nicht nur – um ein Phänomen der Jugendlichen mit Migrationshintergrund handelt, sondern vielmehr um ein Problem aller sozial benachteiligten Jugendlichen. Ähnliches lässt sich für den Bereich der Bildungsbenachteiligung nachweisen.

Häufig beklagt wurde allerdings – quer durch die Migranten-Milieus – eine mangelnde Integrationsbereitschaft auf Seiten der Mehrheitsgesellschaft und ein ausgesprochen geringes Interesse an den neuen Mitbürgern. Ein hehrer Wunsch ist es daher, mit Hilfe der Migranten-Milieus Vorurteil und Klischees in der Bevölkerung entgegen zu treten, das Bild von Migrantinnen und Migranten in der Öffentlichkeit zurecht zu rücken und die öffentliche Diskussion zu versachlichen, um ein Klima der Akzeptanz der Integration von Migrantinnen und Migranten zu schaffen.

Literatur

Boos-Nünning, Ursula/Karakasoglu, Yasemin (2005): Viele Welten leben. Zur Lebenssituation von Mädchen und jungen Frauen mit Migrationshintergrund. Münster u.a.: Waxmann-Verlag.

Bundesministerium für Familie, Senioren, Frauen und Jugend (2007) (Hrsg): Lebenswelten von Migranten, Sinus Sociovision, Berlin, www.bmfsfj.de/Forschungsnetz (unveröff.).

Bundesministerium für Familie, Senioren, Frauen und Jugend (2008) (Hrsg.): Wege zu Gleichstellung heute und morgen, . Sozialwissenschaftliche Untersuchung vor dem Hintergrund der Sinus-Milieus 2007. Berlin 2008. URL: http://www.bmfsfj.de/BMFSFJ/Service/Publikationen/publikationsliste,did=108134.html

Flaig, Bodo (2007): Einführung Bodo Flaig, Sinus Sociovision Heidelberg, zur Vorstellung der Sinus Milieustudie. Bundesministerium für Familie, Senioren Frauen und Jugend (2007) (Hrsg.): ‚Lebenswelten von Migranten' (unveröff.).

Hoofe, Gerd (2007): Einführung des Staatssekretärs Gerd Hoofe zur Vorstellung der Sinus Milieustudie. Bundesministerium für Familie, Senioren Frauen und Jugend (2007) (Hrsg.): ‚Lebenswelten von Migranten'. (unveröff.)

Sinus Sociovision (2008): Quantifizierung der Migranten-Milieus. Heidelberg. (unveröff.)

Männlichkeit, Migration und Gewalt[1]

Kurt Möller

Wer professionell mit männlichen Kindern, Jugendlichen und Erwachsenen – egal ob mit oder ohne Migrationshintergrund – arbeitet, oder wer Recherchen und Forschungen zu ihren Orientierungen und Verhaltensweisen anstellt, stößt zumeist alsbald auf eine Problematik, die wie kaum eine andere von zentraler Bedeutung für das Leben von großen und kleinen Kerlen ist: Gewalt. Selbst der Laie meint zu wissen: Gewalt ist vornehmlich eine Angelegenheit, die das männliche Geschlecht betrifft – verschärft, soweit die ihm Angehörigen minderjährig oder noch im jüngeren Erwachsenenalter sind. Nicht selten gar schwingt ein gewisser Fatalismus in den Klageliedern über die vermutete Unveränderlichkeit der Verbindung von Maskulinität und Violenz mit.

Schauen wir uns im Folgenden zunächst an, inwieweit dieser Eindruck richtig ist und wie er sich differenzieren lässt! Dazu werfen wir in einem ersten Schritt einen Blick auf einschlägige Phänomene, ihre Entwicklungen und zentrale Einflussfaktoren, die sie prägen. Nachdem wir uns auf diese Weise unseres Themas detaillierter versichert haben, lässt sich in einem zweiten Schritt die Frage nach den Ursachen der festzustellenden Erscheinungen stellen. Insbesondere gilt es hierbei zu erörtern, welche wissenschaftlichen Erklärungsansätze für das Verhältnis von Männlichsein und Gewalt bestehen, mit welchen Reichweiten sie jeweils aufwarten können und wie der Umstand, u. U. einen Migrationshintergrund aufzuweisen, Täterschaften prägt.[2] In ei-

---

1 Überarbeitete und erweiterte Fassung des Artikels „Jungen und Gewalt" in: Matzner, Michael/Tischner, Wolfgang (Hrsg.): Handbuch Jungen-Pädagogik. Weinheim und Basel: Beltz, S. 274-289.

2 Die hier eingeschlagene Verfahrensweise, dass vom Zusammenhang von Männlichkeit und Gewalt ausgegangen und dann gleichsam nachgeordnet der Migrationsaspekt thematisiert wird, statt umgekehrt zunächst den Konnex von Migrationserfahrung bzw. Aufenthaltsstatus und Gewalt darzulegen und dann erst den Gesichtspunkt der Männlichkeit einzuführen, reflektiert die Erkenntnis, dass zwar auf der phänomenalen Ebene der Problematik die Variablen Migrantsein und Täterschaft anscheinend eine vergleichsweise enge Verbindung eingehen können, analytisch betrachtet die diesbezüglich aufscheinenden Korrelationen allerdings wenig bis gar nichts hergeben. Im Klartext (und wie noch aufgewiesen wird): Nicht in erster Linie der Migrantenstatus ist für Verständnis und Erklärung von Gewaltakzeptanz bedeutsam oder gar entscheidend, sondern Geschlechtzugehörigkeit und (mehr noch) Geschlechtsrollenverständnis; wobei Letzteres allerdings wiederum durch eigene oder familiäre Migrationserfahrung in bemerkenswerter Weise geformt werden kann.

nem abschließenden dritten Schritt sind schließlich Konsequenzen für professionelle Pädagogik und Soziale Arbeit zu ziehen, wobei aus Platzgründen nur
gerafft Eckpunkte ihrer strategischen Ausrichtung zu benennen sind.

Männlichkeit und Gewalt – zentrale Phänomene, Entwicklungen und Einflussfaktoren

Die Gewaltverwicklungen von Angehörigen des männlichen Geschlechts lassen sich wissenschaftlich zum einen über Hellfeld-Daten und zum anderen
über Dunkelfeldforschungen einholen.[3] Dabei sind jeweils quantitative und
qualitative Aspekte von Belang. Zudem ist zu berücksichtigen, dass neben
der Täterseite, die im öffentlichen Diskurs über Männer- bzw. Jungengewalt
hauptsächlich fokussiert wird, auch das Opfersein und -werden thematisiert
wird.

   Befunde zum Hellfeld können zunächst auf die alljährlich erscheinende
Polizeiliche Kriminalstatistik (PKS) Bezug nehmen. Danach zeigt sich nicht
nur eine deutliche Dominanz männlicher Täterschaft im Gesamtfeld von
Kriminalität – gut 3/4 aller Delikte werden von Jungen bzw. Männern ausge-
führt (vgl. Bundeskriminalamt 2007: 72) –, sondern mit 87,2 % der Täterschaft (im Jahr 2006) auch ein noch stärkerer Überhang männlicher Tatver-
dächtiger im Bereich von Gewaltkriminalität (vgl. ebd.: 228). Dabei ist die
Tatverdächtigenbelastung des männlichen Geschlechts im Vergleich zum
weiblichen, also die Zahl der Tatverdächtigen pro 100.000 Einwohner, bei
den Gewaltdelikten schon in der Kindheit über viermal, besonders in der späten Jugendphase aber über sechsmal (16- bis 18jährige) bis rund zehnmal so
hoch (18- bis 21jährige Heranwachsende und 21-25jährige Jungerwachsene;
vgl. ebd.: 229). Speziell bei Raub ist sie sogar noch deutlich stärker erhöht
(vgl. Bundesministerium des Innern/Bundesministerium der Justiz 2006:
367). Auch wenn etwa seit Mitte der 90er Jahre bzgl. der Gewaltkriminalität
die Anstiegsraten der weiblichen Jugendlichen und Heranwachsenden (mit
150 % bzw. 131 % zwischen 1993 und 2005) mehr als doppelt so hoch sind
wie die der männlichen (mit 74 % bzw. 63 %), schmilzt der maskuline Vor-
sprung in den Tatverdächtigenbelastungszahlen nicht ab, sondern steigt sogar
innerhalb dieses Zeitraums aufgrund der geringen absoluten Ausgangsbasis
der auf das weibliche Geschlecht bezogenen Daten um mehr als 50 % bzw.
mehr als 100 % (vgl. ebd.: 384f.). Allerdings ist auch zu beachten, dass die

---

3   Das im Folgenden benutzte Gewaltverständnis beschränkt sich auf die Definition von Ge-
    walt als Akzeptanz (genauer: Bereitschaft zu, Befürwortung von oder Ausübung von) ille-
    gitimer physischer oder psychischer Schädigung einer oder mehrerer anderer Personen (zu
    weiteren Aspekten von Gewalt vgl. Möller 2001: 140ff.).

Opfergefährdung der männlichen Jugendlichen die ihrer Altersgenossinnen in diesen Altersgruppen gerade bei den jugendtypischen Gewaltdelikten Raub und Körperverletzung deutlich übertrifft. Selbst wenn dieser Überhang insgesamt nicht so deutlich ausfällt wie auf der Täterseite, wird damit deutlich, dass ein Großteil der Gewalthandlungen von männlichen Jugendlichen sich unter Geschlechtsgenossen abspielt (vgl. auch Heinz 2003), so dass Gewalttätigkeit nicht allein als männliche Durchsetzungsoption, sondern aus Jungensicht – und im späteren biografischen Verlauf ebenso aus Männersicht – auch als Quelle von erlittenem Leid zu betrachten ist.

Nun sind die statistischen Daten der PKS jedoch von eingeschränktem Aussagewert. Sie bilden eher das Anzeigeverhalten bzw. die Ermittlungstätigkeit der Polizei ab, als dass sie Aussagen über die Kriminalitäts- bzw. Gewaltrealität treffen können, denn nur etwa jeder fünfte Jugendliche zwischen 14 und 18 Jahren, der einer Straftat verdächtigt wird, wird tatsächlich verurteilt und nur ein geringer Anteil – ungeachtet der Unterschiede bzgl. der Schwere des Delikts und der Kriminalitätsintensität des Täters durchschnittlich rund ein Viertel – von (Gewalt)delinquenz wird polizeibekannt (vgl. ebd.: 365ff.). Hinzu kommt: Bestimmte Einflussfaktoren auf delinquentes und speziell gewalsames Verhalten werden im Blick auf die PKS überbewertet. Dies gilt etwa für den Grad der Polizeiauffälligkeit männlicher Migranten. Er hängt deutlich auch von der besonderen Aufmerksamkeit der Ordnungsbehörden ihnen gegenüber und einer erhöhten Anzeigebereitschaft in der Bevölkerung gegenüber ‚Fremden' ab (vgl. z.B. Mansel 2007).

Es ist also zwingend geboten, auch Dunkelfeldforschung zu Rate zu ziehen. In Hinsicht auf selbstberichtete Täterschaft von Gewalt zeigt sich hier in der Zusammenschau einzelner Studien zumindest für die Zeit ab dem letzten Drittel der 90er Jahre insgesamt ein Rückgang (vgl. z.B. Wilmers u.a. 2002; Dünkel/Geng 2003; Fuchs u. a. 2005; Bornewasser/Weitemeier 2004; Boers/Reinecke 2004; Pfeiffer/Wetzels 2006; Baier u.a. 2006; mit leichten Abstrichen auch: Boers/Walburg/Reinecke 2006). Das gilt auch für das Ausmaß von Gewalt befürwortenden Einstellungen (vgl. Pfeiffer/Wetzels 2006), ja sogar für die noch stärker männlich dominierte selbstberichtete Mehrfachtäterschaft sowie für den Brutalitätsgrad der Gewalttaten (vgl. Bundesministerium des Innern/Bundesministerium der Justiz 2006: 354). Dementsprechend gehen auch die Opfererfahrungen zahlenmäßig zurück, während jedoch die Quoten der Anzeigen durch (jugendliche) Gewaltopfer steigen (vgl. ebd. und zu ähnlichen Tendenzen bei den ‚Raufunfällen' an Schulen: Bundesverband der Unfallkassen 2005).

Unter ethnischen Aspekten ist allerdings zu registrieren, dass der Rückgang von Gewalthandeln allgemein und der der Mehrfachtäterschaft bei den Nichtdeutschen weniger deutlich ausfällt bzw. sogar eher eine Konstanz der Gewaltbelastung in den letzten Jahren (hier: zwischen 1998 und 2005) vorherrscht (vgl. Baier/Pfeiffer/Windzio 2006) – und dies gerade in der nachwachsenden Generation mit Migrationshintergrund. Dieser Fakt ist umso bemerkenswerter, als die Gewaltbelastung migrantischer Jugendlicher je nach ethnischer Zugehörigkeit um rund 50-100 % (vgl. ebd.: 246), zumindest aber nach Studien, die einen ‚weicheren' Gewaltbegriff zugrunde legen, um rund 33 % (vgl. Babka von Gostomski 2003) höher ausfällt als die der gleichaltrigen autochthonen Deutschen (vgl. aber zu Studien, die eher geringere oder nahezu gleiche Belastungen in bestimmten Regionen feststellen auch z.B. Boers 2006). Demnach haben migrantische Jugendliche auch ein bis zu dreifach höheres Risiko, zu Mehrfachtätern zu werden. Bestehen diese migrationsspezifischen Risikobelastungen relativ unabhängig von der Geschlechtszugehörigkeit, so sind die Täterraten der männlichen Jugendlichen gleichwohl deutlich höher und übertreffen die der Mädchen um das Dreieinhalb- (Deutsche) bzw. Vier- (Türken) bis fast Siebenfache (jugoslawisch/albanische Jungen) (vgl. Baier/Pfeiffer/Windzio 2006).

Dabei ist auch ein Faktor in Rechnung zu stellen, der – wie bei Deutschen – einen besonderen Risikofaktor für den Aufbau von physischer Gewaltakzeptanz darstellt, unter der migrantischen Population aber aufgrund erheblicher Integrationsprobleme des deutschen Schulsystems besonders weit verbreitet ist: Bildungsmangel bzw. Betroffensein von schlechter Bildungsqualität (vgl. kurz zusammenfassend: Klewin/Tillmann 2006; auch: Helsper et al. 2006; Bundesverband der Unfallkassen 2005). Jungen sind inzwischen bekanntlich im Geschlechtervergleich überproportional von Nachteilen auf allen Etappen der Bildungssozialisation betroffen (vgl. z.B. Diefenbach 2007).

Altersspezifisch weisen deutsche wie internationale Dunkelfelddaten schon seit Jahrzehnten auf eine Gewaltspitze zwischen 12 und 15 Jahren hin. Einige Hinweise liegen aber auf eine ‚Verjüngung' vor (vgl. z.B. Fuchs et al. 2005), in jedem Fall aber auf Vorläuferfaktoren antisozialen Verhaltens bereits in der Kindheitsphase, die vor allem für Jungen die Wahrscheinlichkeit von Gewaltverhalten im Jugendalter, aber auch die seiner Verfestigung, deutlich erhöhen (vgl. Patterson et al. 1998; Roth 2003; Scheithauer 2003; Essau/ Conradt 2004). Andererseits ist die Stärkerbelastung des männlichen Geschlechts gerade in der späten Jugend- und frühen Erwachsenenphase besonders stark (vgl. auch PKS). In jedem Fall ist unstrittig, dass das Aufwachsen in sozialstrukturellen und beziehungsmäßigen Multiproblem-Konstellationen – mithin in Konstellationen, in denen bestimmte Bevölkerungsteile mit Migrationshintergrund überproportional häufig leben – geschlechtsunabhängig Gewaltbereitschaft und Täterschaft deutlich erhöht. Sind die Ursachen für den Männlichkeitsüberhang bei Gewalt und dabei das herausragende Belastetsein von Personen aus Migrationsmilieus vielleicht also in Zuspitzungen von entsprechenden Benachteiligungserfahrungen zu suchen?

Männlichkeit und Gewalt – theoretische und empirische Erklärungsansätze

„Alles eine Frage der Gene!", „Die Hormone sind schuld." – so oder ähnlich äußern sich diejenigen, die biologischen Faktoren die entscheidende Rolle bei der Verursachung von Gewaltsamkeit zuweisen. Der offensichtliche Mangel solcher Ursachenattributionen: Sie können die inter-individuellen Variationen des Verhältnisses zur Gewalt ebenso wenig erklären wie die historischen Schwankungen und kulturellen Spezifika im Gewaltniveau von Gesellschaften. Sie blenden ferner die differierende Wahrscheinlichkeit aus, mit der Menschen in unterschiedlichen Lebenslagen und Situationen gewaltorientiert werden. Dass sie pädagogischen Fatalismus auszulösen drohen und zur Schuldentlastung von Tätern herangezogen werden könnten, könnte noch hingenommen werden, wenn sie gut belegt wären und nicht das Manko aufwiesen, die Hintergründe, Prozesse und Folgen männlicher Lebensweisen zu ignorieren oder gering zu schätzen.

Letzteres gilt auch für individualwissenschaftliche Argumentationen, die die Verantwortlichkeiten für Gewalt nicht nur unter anderem, sondern prioritär in den jeweiligen individuellen personalen Dispositionen ihrer Akteure, neben den korporalen vor allem in ihren psychischen Gegebenheiten wie etwa Risikobereitschaft, Aktivitätsdrang, Erregbarkeit und Impulsivität (vgl. zum Einfluss solcher Momente zusammenfassend z.B. Wahl 2007), verorten und Violenz damit pathologisieren.

So wenig wie mithin biologistische oder psychologistische Sichtweisen angemessen sind, kann eine soziologistische Perspektive befriedigen, die Jungen und Männer nur als Produkte ihrer Lebensumstände auffasst und die Abläufe des Jungeseins und Mannwerdens nicht als Prozesse begreift, in denen leibliche Subjekte in aktiver Auseinandersetzung mit der Umwelt ihre Persönlichkeitsentwicklung betreiben (vgl. Hurrelmann 2004). Eine sozialwissenschaftliche, speziell auch eine erziehungswissenschaftliche Analyse muss also auf die Eigenarten männlicher Sozialisation bezogen sein; dies allein schon deshalb, weil in Feldern des praktischen professionellen Umgangs mit (männlichen) Kindern, Jugendlichen und Erwachsenen, also insbesondere innerhalb von Pädagogik und Sozialer Arbeit, Erkenntnisse über die Verhinderbarkeit und Beseitigung von Risikokonstellationen bzw. akuten Gewaltsituationen sowie Wissensbestände über die Herstellbarkeit sozialer Verhältnisse von (relativer) Gewaltfreiheit benötigt werden.

Fragen wir also nach den Anfälligkeitsfaktoren, die männlicher Sozialisation und männlichen Aktions- und Lebensweisen für Gewalt innewohnen und versuchen wir den Zusammenhang von Männlichkeit und Gewalt einerseits von der Seite sozialisationstheoretisch inspirierter Jungen- und Männerforschung, anderseits mit Bezug auf die Gewaltforschung theoretisch zu erschließen!

Innerhalb des männlichkeitsspezifischen sozialwissenschaftlichen Gender-Diskurses hat seit der zweiten Hälfte der 80er Jahre auch in Deutschland das Conellsche Konzept hegemonialer Männlichkeit (vgl. vor allem Connell 1998; 1999) besondere Prominenz gewonnen. In vier Punkten lassen sich seine für den hier betrachteten Zusammenhang relevantesten Aussagen zusammenfassen:

1. Die Geschlechterbilder und -verhältnisse unserer Gesellschaft sind nicht entscheidend durch das patriarchale Verhalten einzelner Männer oder durch fixe, für die Individuen folgepflichtige geschlechtsspezifische Rollenzuschnitte gekennzeichnet, sondern werden durch Strukturen männlicher Hegemonie geprägt, die für ein Machtgefälle zwischen Männern und Frauen sorgen. Darin haben die Männer grundsätzlich die Suprematie inne, weil sie über die Traditionen geschlechtlicher Arbeitsteilung im Verhältnis zum anderen Geschlecht Machtbeziehungen und emotionale Bindungsstrukturen durchsetzen und sie über symbolisch-kulturelle Repräsentationen der jeweiligen Geschlechtlichkeit befestigen. Insofern soziale Strukturen nicht a priori existieren, sondern Produkte menschlicher Lebenstätigkeit sind, ist also männliche Hegemonie sozial konstruiert und damit auch historisch und kulturell bedingt.

2. Die historische Bedingtheit männlicher Hegemonie zeigt sich nicht zuletzt in ihrer Wandlungsfähigkeit. In modernisierten Gesellschaften werden die ihr eigenen Strukturen der (Re-)Konstruktion männlicher Vorherrschaft weniger durch die Demonstration und Durchsetzung interpersonaler Dominanz mittels Körperkraft und physischer Gewaltanwendung als durch die bevorzugte Zuweisung von institutionell ausgewiesenem Wissen, analytisch-intellektueller Kompetenz, Cleverness und Expertenschaft an Männer gekennzeichnet.

3. Nicht alle Angehörigen des männlichen Geschlechts tragen die Strukturen männlicher Hegemonie mit. Neben den Produzenten und Repräsentanten hegemonialer Männlichkeit, die vor allem über Heterosexualität, (Schein-) Rationalitätsorientierung und Entscheidungsmacht in Institutionen und Strukturen stabilisiert wird, lassen sich mindestens drei weitere Formen von Männlichkeiten unterscheiden:
   - komplizenhafte Männlichkeiten, die diejenigen charakterisieren, die zwar nicht proaktiv an den Strukturen hegemonialer Männlichkeit mitbauen, im unscheinbaren Gefolge ihrer Bauherren aber durchaus Profite aus der „patriarchalen Dividende" ziehen,
   - untergeordnete Männlichkeiten, zu denen Homosexuelle und die jungen Noch-Nicht-Männer zu zählen sind, also männliche Kinder und Jugendliche,
   - marginalisierte Männlichkeiten, die sich aufgrund der Diskriminierung z.B. durch Kriterien wie „Klasse", „Ethnie" oder „Rasse" an den Rändern hegemonialer Strukturen wiederfinden oder aus ihnen ausgegrenzt sind.

4. Insoweit Strukturen und nicht vorgebliche oder tatsächliche biologische Merkmale der Subjekte maskuline Hegemonie tragen, kann die letztgenannte auch von Angehörigen des weiblichen Geschlechts aufrechterhalten werden, so dass auch Frauen durchaus gegenüber bestimmten Jungen und Männern dominieren können – im Regelfall gegenüber solchen, die Typen untergeordneter oder marginalisierter Männlichkeiten zugeordnet werden können. Dies betrifft dann etwa auch das Machtgefälle zwischen einer autochthonen weißen Managerin und dem eingewanderten dunkelhäutigen Arbeiter, der beispielsweise in der Fertigung beschäftigt und ihren Anweisungen und den von ihr zur Geltung gebrachten betriebswirtschaftlichen Rationalitäten unterstellt ist. Die Bindung maskuliner Hegemonie an das biologische Geschlecht ist also nicht zwingend; auch nicht für Angehörige des männlichen Geschlechts, obwohl noch so ausgedehnte und tiefgehende selbstkritische Geschlechtsreflexion die Physis des männlichen Körpers nicht zu wandeln vermag. Mehr noch: Im Prozess des „doing gender" des Subjekts wird Männlichkeit entlang des Maßstabs hegemonialer Maskulinität entwickelt, weil er von anderen Männern wie von Frauen, speziell aber auch von den sozialisationsrelevanten Agenturen zugrunde gelegt wird. Als „Habitus" schreiben sich Bestandteile von ihm nicht nur in die soziale, sondern auch die psychische und korporale Repräsentanz des Sozialisanden quasi als „zweite Natur" ein, so dass sie Wahrnehmungs-, Orientierungs-, Bewertungs- und Ausdrucksformen ihren „Konditionierungs"-Stempel aufdrücken (vgl. auch Bourdieu 1982); dies so, dass der im obigen Beispiel genannte eingewanderte Arbeiter außerhalb des Areals des Betriebes „seiner" Managerin mit diesem Habitus entgegentritt – u. U. auf eine von ihr als bedrohlich wahrgenommene Weise.

Die maskulinen Gravuren, die der angedeutete Habitualisierungsprozess hinterlässt, sind als Gründe dafür deutbar, dass trotz aller Pluralisierungen von Männlichkeiten keine grenzenlose Multioptionalität zu konstatieren ist. Vielmehr sind kulturübergreifende Männlichkeitsmuster auszumachen, wie sie etwa Gilmore (vgl. 1991) aus einem kulturanthropologischen Vergleich von Gesellschaften gänzlich unterschiedlichen Zuschnitts – vom ‚Naturvolk' bis zur westlich kapitalistischen Gesellschaft – herausdestilliert hat. Demnach wird Männlichkeit sozial aufgrund der Orientierung der Subjekte an den drei Funktionen von

- (Er-)Zeugen,
- Be- bzw. Versorgen und
- Beschützen

zugewiesen. Um Männlichkeit attestiert zu bekommen, muss danach also heterosexuelle Potenz, die Fähigkeit, die materielle Versorgung der eigenen Person wie der der eigenen sozialen Einheit zugeordneten sorgebedürftigen

Personen sicherzustellen und die Bereitschaft und Fähigkeit zur Verteidigung des eigenen Sozialraums nachgewiesen werden. Im Prozess des Mann-Werdens sehen sich männliche Kinder und Jugendliche demzufolge entsprechenden Herausforderungen ausgesetzt. Spätestens in der Jugendphase, die als der Lebensabschnitt der Identitätsbildung schlechthin gilt, wird männliche Identität damit in dem Maße subjektiv zum Bewältigungsproblem wie ein Zugewinn an mehr persönlicher Autonomie und der Übergang zu einer eigenständigen sozialen Verortung und Lebensführung im Erwachsenenalter als an Männlichkeitsbeweise gekoppelt wahrgenommen wird. Diese zu erbringen, stößt in wachsendem Maße auf Hindernisse:

Schon längst gilt die Anzahl der eigenen Kinder in modernen Gesellschaften nicht mehr als Ausweis von Virilität. Erst recht wird Zeugungsfähigkeit entwertet, seitdem künstliche Befruchtung den natürlichen Zeugungsvorgang ersetzen kann. Sie wird nun stärker symbolisch durch die Demonstration heterosexueller Potenz herausgestellt, wobei jedoch im Vordergrund zunehmend nicht einmal das Vermögen steht, Nachwuchs zu produzieren, sondern sich selbst und potenziellen Partnerinnen jene Lust zu verschaffen, die mit dem Sexualakt verbunden ist. Eine ganze Industrie lebt inzwischen von einer entsprechenden Nachfrage. Sie verwehrt zwar Kindern und Jugendlichen mehr oder weniger erfolgreich aus Gründen des Jugendschutzes den Zugang zu ihren Produkten, vermag aber Sexualitätsvorstellungen auch in den Köpfen von Jungen soweit zu prägen, dass die mit ihnen verbundenen sexuellen Mythen eine für sie nicht unerhebliche Orientierungskraft entfalten können.

Verschärfend kommt gegenwärtig hinzu, dass die durch Technisierung und Digitalisierung von Alltags- und Arbeitsvollzügen geschaffene Figur des ‚abstract worker' als Inbegriff von moderner Erwachsenenautonomie im gesellschaftlichen Leistungsbereich der Arbeit immer weniger geschlechtsspezifisch konturiert ist (vgl. auch Böhnisch 2004: vor allem 85). Versorgungskompetenz durch die traditionelle Rolle des männlichen (Allein-)Ernährers zu demonstrieren, wird damit anachronistisch und als Vorbild für junge Männer entwertet. Fähigkeiten des Umgangs mit Technik bleiben indes weiterhin wichtige Bezugspunkte für Männer und Jungen.

Im Zuge des trotz mancher Rückschläge anhaltenden „Prozesses der Zivilisation" (vgl. Elias 1976) und des Ausbaus des staatlichen Gewaltmonopols werden Aufgaben der Verteidigung des jeweils als das ‚eigene' definierten Territoriums und sozialen Umfelds zunehmend staatlichen Organisationen (Militär, Polizei) bzw. speziell ausgebildeten Sicherheitskräften überlassen. Persönliche Wehrhaftigkeit erweist sich dann immer weniger durch den Einsatz biophysischer Mittel. In der Folge sehen sich männliche Kinder, Jugendliche und Erwachsene bei ihrem Interesse, Selbstverteidigungsfähigkeiten und Beschützerkompetenzen unter Beweis zu stellen, eher auf symbolische Arenen – wie (Kampf-)Sport und mediale Inszenierungen – und Kämpfe zur Revierverteidigung verwiesen.

Die erfahrene Anforderung, den vermeintlichen oder wirklich entgegengebrachten Männlichkeitserwartungen zu entsprechen, könnte nun theoretisch entweder als illegitimes und anachronistisches Ansinnen zurückgewiesen werden, zumal sie in einer Welt von ‚gender-diffusion' und modernisierten Geschlechterverhältnissen dysfunktional erscheint; oder sie wird akzeptiert, muss sich dann aber mit den o. e. Veränderungen auseinandersetzen, die ihre Erfüllungsversuche in der Gegenwart betreffen. Dass junge Menschen generell, vor allem aber unter anzugebenden Umständen, eher die zweite Alternative verfolgen, hängt offenbar sowohl mit der Langlebigkeit tradierter Männlichkeitsbilder als auch – diese mitproduzierend – mit der Wirksamkeit der oben beschriebenen Habitualisierungen zusammen.

Aus der Perspektive der kritischen Jungen- und Männerforschung lässt sich also in Hinsicht auf das Problem ‚Männlichkeit und Gewalt' zusammenfassend festhalten:

Die vergleichsweise hohe Gewaltakzeptanz des männlichen Geschlechts ist im Kontext sozialer Strukturen zu deuten, deren Kennzeichen männliche Hegemonie ist. Diese schafft und reproduziert zum einen geschlechtshierarchische Machtverhältnisse, zum anderen aber auch Wertigkeits-Differenzierungen zwischen verschiedenen Männlichkeiten. Während ihr konventioneller Absicherungsmodus die u.U. violent ausagierte interpersonale Dominanz ist bzw. war, wird im Zuge sozio-ökonomischer Modernisierungen Gewaltanwendung im Sinne ‚privat' ausgetragener interpersonaler Konfrontationen tendenziell überflüssig und durch Durchsetzungsformen von scheinbar geschlechtsneutralem Anstrich ersetzt, vor allem durch Wissen, analytisch-intellektuelle Leistung, Verhandlungsgeschick etc. Der maskuline Habitus als „Zweite Natur" des Mannes zeigt sich jedoch wegen seiner in Körperausdruck und Tiefenschichten der Psyche tief einsozialisierten Schemata nicht im gleichen Maße wandlungsfähig und ‚hinkt' daher der sozio-ökonomischen Entwicklung ‚hinterher'.

Mindestens zwei Folgen ergeben sich daraus: Dort, wo unverändert und unreflektiert solche konventionellen Männlichkeiten sozial tradiert werden, für die wesentliche Identitätsbezüge aus interpersonaler Dominanz resultieren, bleibt der Zusammenhang von Gewalt und Männlichkeit für die Ausbildung von Maskulinität unbefragt konstitutiv. In den weniger zahlreichen (Sozialisations-)Zusammenhängen, in denen männliche Geschlechtsstereotype der Reflexion zugänglich (gemacht) werden oder da, wo diese im Lebensvollzug einfach ihre Dysfunktionalität für eine gelingende Problembewältigung, Persönlichkeitsentwicklung und soziale Lokalisierung der eigenen Person anzeigen oder erweisen, kann entweder ein selbstreflexives Hinterfragen der mit ihnen verbundenen Orientierungen und Verhaltensweisen erfolgen und ein – wie auch immer geartetes – Neuarrangement angestrebt werden oder in antimodernistischer Manier gleichsam ‚trotzig' ein Rückgriff auf überkommene Männlichkeitsmuster vollzogen werden. Die Formen dieses

Rückgriffs sind vielfältig. Sie reichen vom nur symbolischen Gebrauch überlieferter Maskulinitätsvorlagen (z.b. Fahrzeug-Tuning, Konsum von Gewalt-
filmen und Pornografie) über gelegentliche Rückzüge in ein real existieren-
des Reservat „echter Kerle" (z.b. Kraftsport, Stammtische mit Männerwit-
zen) bis hin zum Versuch, dem weiterhin Geltung zu schaffen, was als unver-
zichtbare Ordnung der Geschlechter angesehen wird (z.b. im rechtsextremen
Kontext und in den Kämpfen um die männliche „Ehre" oder die (vermeintli-
che) der eigenen Familie).

Die im Vergleich zu erwachsenen Männern durchschnittlich erhöhte
Gewaltakzeptanz männlicher Jugendlicher und Heranwachsender ohne und
mit Migrationshintergrund kann aus dieser Sichtweise auf eine lebensalters-
spezifische Brisanz der männlichen Identitätsbildung zurückgeführt werden.
Sie kann genderhistorisch betrachtet verschiedene Hintergründe besitzen. Jeweils im konkreten Fall ist zu prüfen, ob sie eher aus der hartnäckigen Wei-
terexistenz des überlieferten Männlichkeitsmusters violenzgeschwängerter interpersonaler Dominanz resultiert oder als Reaktion auf die Wahrnehmung
von Pluralisierungen von Männlichkeit und auf die Geringschätzung von ge-
schlechterdemokratischen Errungenschaften zurückzuführen ist. Im zuletzt
genannten Fall ist anzunehmen, dass im jeweils subjektiv zur Verfügung stehenden Handlungsspielraum die Akzeptanz von Gewalt im Prozess der Bildung männlicher Identität auch deshalb den Vorzug erhält, weil Alternativen
mit äquivalenten Funktionen nicht erkennbar oder in Reichweite sind.

Die sozialwissenschaftliche Gewaltforschung hat mittlerweile eine kaum
überschaubare Anzahl von unterschiedlichen Theorien und allgemeinen Erklärungsansätzen hervorgebracht. Sie zu diskutieren, ist hier nicht angebracht
(vgl. aber z.b. Möller 2001). Begrenzen wir uns auf ihre Resultate zum Zusammenhang von Männlichkeit und Gewalt, so müssen wir feststellen, dass
dieser Zusammenhang zwar regelmäßig empirisch konstatiert wird, erheblich
seltener aber einer Erklärung für würdig befunden wird. Erst in jüngerer Zeit
wird das scheinbar Selbstverständliche – und vielleicht deshalb nicht für er-
klärungsbedürftig Empfundene – detaillierter analysiert. Wo dies geschieht,
begnügt man sich nicht mit Hinweisen auf die physiologische Natur des
Mannes, sondern hebt in erster Linie auf geschlechtsspezifische Sozialisati-
onsbedingungen, ab. Soweit dabei noch – bedingt durch eine langjährige
Trennung der beiden Fachdebatten – Überlegungen aus dem oben aus-
schnittsweise wiedergegebenen männlichkeitstheoretischen Diskurs ausge-
spart bleiben, werden hauptsächlich erlebte Erziehungsmittel, Umgangsweisen mit Emotionen, Lebenslagen und Lebensstile, mediale Vorlieben sowie
spezifische Aspirationen und Normpräferenzen in Anrechnung gebracht.
Zumindest selektiv und kursorisch soll der Gehalt solcher Verweise im Folgenden geprüft werden.

Im Hinblick auf Erziehungserfahrungen wird zum einen auf den empirisch erwiesenen starken Konnex zwischen erlebter Erziehungsgewalt in der

Familie und eigenem Gewalthandeln sowie zum anderen auf die höhere Betroffenheit von Söhnen durch elterliche Gewalt hingewiesen (vgl. z.B. Dornes 2000; Fuchs et al. 2005; Pfeiffer et al. 2006). Da sich diese – wie auch die Beobachtung elterlicher Partnergewalt – bei migrantischen Jugendlichen noch verbreiteter und zugespitzter präsentiert (vgl. Enzmann/Brettfeld/Wetzels 2003), kann mit demselben Argument deren Höherbelastung bei der Gewaltakzeptanz erklärt werden. Eine empirische Überprüfung lässt gleichwohl erkennen, dass damit keine erschöpfende Ursachenklärung geliefert werden kann (vgl. Baier/Pfeiffer/Windzio 2006).

Eine Reihe von Studien (vgl. z.B. ihre Zusammenfassung bei Wahl 2007) führt Belege dafür an, dass ein schlechtes Emotionsmanagement die Wahrscheinlichkeit von Gewaltanwendung im individuellen Fall erhöht. Insbesondere unzureichende Affekt- und Impulskontrolle, aber auch eine fehlende oder eingeschränkte Fähigkeit, die eigenen Bedürfnisse und die Bedürfnisse anderer wahrzunehmen und zwischen ihnen zu vermitteln, Gefühlslagen einschätzen und Gefühlsausdrücke angemessen vornehmen und verstehen zu können, bilden Gefährdungspunkte. Mehr als bei Mädchen zeigen sich bei Jungen solche Defizite – deutlich gehäuft schon in der Kindheit von (späteren) Gewalttätern (vgl. z.B. Dornes 1997; Kassis 2003). Ihnen geht damit jene Autonomie ab, die aus dem Vermögen resultiert, Zugang zu den eigenen Bedürfnissen und Emotionen zu haben (vgl. Gruen 1992), Affekte kontrollieren, Empathie zeigen (vgl. Lösel/Bliesener 2003) und weitere relativ gewaltprotektive personale und soziale Kompetenzen wie z.B. verbale Konfliktregulierung, Reflexivität und Verantwortungsübernahme entwickeln zu können (vgl. auch Möller/Schuhmacher 2007). Als alleinige Erklärung kann aber auch dieser Zusammenhang nicht dienen.

Lebenslagenspezifische Besonderheiten sind darin zu erblicken, dass Jungen mehr als Mädchen gewaltbelastete Räume und Situationen frequentieren. Hinzuweisen ist etwa darauf, dass Jungen überproportional an Sonder- und Hauptschulen vertreten sind und damit an Bildungseinrichtungen lernen, deren Gewaltniveau überdurchschnittlich ist. Außerdem verbringen sie schon in der Kindheit wegen der größeren Freiheiten, die die Eltern ihnen im Regelfall lassen, mehr Zeit außerhäusig als Mädchen. Dadurch kommen sie stärker auch auf fremdem Terrain mit Gleichaltrigen in Kontakt mit der Folge, hier eher Freundschaften schließen, aber auch konfliktreiche Auseinandersetzungen austragen zu können/müssen. Auch in der Jugendphase befinden sie sich nolens volens eher als Mädchen innerhalb von Gelegenheitsstrukturen (z.B. auf der Straße oder in Parks), die, auch aufgrund ihrer relativen Kontrollferne von Erziehungs- und offiziellen Sozialisationsinstanzen, gewaltförmige Konfrontationen ermöglichen. Dies gilt verschärft auch gerade für Kinder und Jugendliche mit Migrationshintergrund, die bildungsmäßig eklatant benachteiligt sind, nicht zuletzt aus der Empfindung von Integrationsvorenthalt heraus teilweise Selbstethnisierung betreiben und sich dann in migrantisch geprägten

Peergroups aufhalten und wegen der oft beengten Wohnverhältnisse ihrer Familien die Freizeit häufiger außerhalb der Wohnung verbringen.

Hinzu kommt, dass sich Jungen und junge Männer generell etwas öfter als Mädchen innerhalb von Peergroups im öffentlichen Raum aufhalten und diese Gruppen im Allgemeinen eine für sie höhere Bedeutsamkeit und dabei auch einen erheblichen normierenden Einfluss auf das Männlichkeitsverständnis haben. Vor allem aber sind Jungen eher Mitglieder solcher lebensweltlichen Cliquen, die einen vergeltungsorientierten Konfliktaustragungsstil pflegen. Sie sind dabei auch eher selbst aktive Träger dieses Stils. Entsprechend häufiger und intensiver befinden sie sich in Konflikt- und Eskalationssituationen (vgl. z.b. Baier/Wetzels 2006). Immerhin sind gut die Hälfte aller Gewaltakte unter Jugendlichen Gruppentaten (vgl. z.b. Wilmers et al. 2002). Dass letztlich diese zwischen den Geschlechtern ungleiche Verteilung von Gelegenheitsstrukturen für die stärkere Gewaltakzeptanz von Jungen verantwortlich zu machen wäre, kann jedoch schon deshalb nicht behauptet werden, weil unklar ist, ob die sozialräumliche bzw. soziale Konstellation, in der der einzelne Jugendliche sich befindet, seine Gewalt bewirkt, ob umgekehrt er aufgrund einer schon vorhandenen Gewaltakzeptanz solche Konstellationen produziert bzw. aufsucht oder ob – was allerdings zu vermuten steht – beides sich wechselseitig bedingt (vgl. auch Thornberry et al. 2004). Dessen ungeachtet offenbaren multivariate Analysen: Keine Variable erklärt Jungengewalt stärker als die Zugehörigkeit zu einer gewaltbereiten bzw. -tätigen Freundesgruppe (vgl. Baier/Wetzels 2006). Diese wiederum liegt aus den angedeuteten Gründen besonders häufig bei Jugendlichen mit Migrationshintergrund vor.

Lebensstile von Männern und Jungen sind nicht nur im Allgemeinen riskanter als die ihrer Altersgenossinnen und schließen daher auch eher das Risiko ein, Gewaltopfer (oder -täter bzw. gleichzeitig beides) zu werden. Ungefähr ab der Jugendphase sind sie auch in einem deutlich größeren Ausmaß als bei Mädchen von Drogen- und speziell Alkoholkonsum geprägt (vgl. Bundeszentrale für gesundheitliche Aufklärung 2004). Häufiger auch fällt dieser bei ihnen – vor allem im Gruppenzusammenhang – alles andere als moderat aus (vgl. ebd.). Sie setzen sich damit Risiken aus, die die Wahrscheinlichkeit von Gewalthandlungen deutlich steigern. So geht fast jeder dritten polizeilich registrierten Gewalttat in Deutschland Alkoholkonsum, genauer Trunkenheit, voraus und stehen nach einer aktuellen Schweizer Studie ein Viertel bis die Hälfte der Gewaltakte von Jungen auch unterhalb dieser Aufmerksamkeitsschwelle in Verbindung mit Alkoholkonsum (Kuntsche/Gmel/Annaheim 2006). Gleichwohl kann der vergleichsweise hohe Alkoholkonsum selbstredend nicht erschöpfend den männlichen Überhang in den Daten zur Gewaltakzeptanz erklären. Zum einen ist er allenfalls als ein Auslöser, nicht aber als Ursache zu begreifen; zum anderen ist selbst die Zahl der nicht im Kontext von Alkoholgebrauch stehenden Gewaltverwicklungen von Jungen und

Männern höher als die der Gewaltakte von Mädchen und Frauen und zumindest bei den islamisch geprägten Tätern aus den Migrationsmilieus spielt er keine große Rolle. Bekanntlich differieren mediale Präferenzen geschlechtsspezifisch. Dies betrifft u.a. besonders deutlich den Konsum von Gewalt beinhaltenden oder gar verherrlichenden Filmen und Computerspielen. In der Tat scheinen entsprechende Nutzungsgewohnheiten, vor allem in Verbindung mit dem Teilen rigider Ehrenkodizes und Männlichkeitsnormen (vgl. weiter unten) sowie der Zugehörigkeit zu gewalttätigen Freundesgruppen, einen Teil an Gewaltakzeptanz erklären zu können (vgl. z.B. Pfeiffer et al. 2006), insbesondere auch bei den diesbezüglich besonders auffallenden migrantischen jungen Leuten. Auch hier stellt sich freilich – wenn man so will – die Frage nach Henne und Ei: Produzieren gewaltorientierte Medien Gewalt in der Realität? Oder nutzen gewaltorientierte Jugendliche verstärkt gewaltorientierte Medien?

Vor allem aus der Perspektive anerkennungstheoretisch verorteter Analysen lässt sich anführen, dass mit der Erosion traditioneller Männlichkeit(en) Bezugspunkte für den Erhalt von Anerkennung verblassen oder sich auflösen, die gerade für männliche Wesen identitäre Sicherheiten geboten haben: z.B. die Relevanz von Körperkraft im Arbeitsbereich und die Zentrierung auf Erwerbsarbeit. Die technischen und sozialen Wandlungsprozesse auf dem Arbeitsmarkt ziehen bezüglich darauf ausgerichteter Aspirationen Einbußen nach sich, die besonders die männlichen Unterschichten treffen. Die Violenz der ,Proll-Kulturen' (z.B. von Skinheads oder randalierenden Fußballfans) erscheint so als eine kompensatorische Suche nach Anerkennung, mittels derer Selbstwirksamkeit und Selbstwertsicherung, ja umfassender noch: Kontrolle, szeneinterne Integration und (Durchsetzungs-)Kompetenz, erfahren werden kann, die anderenorts, nämlich in den Bereichen sozialer Akzeptanz, nicht mehr oder kaum noch spürbar wird (vgl. Möller/Schuhmacher 2007a, b). Dies kann unabhängig von der Erbringung sonstiger abstrakter Leistungen nur durch körperliche Kraft und Geschicklichkeit funktionieren und bietet somit unmittelbar sinnlich wahrnehmbare Erlebnisse von positiver Valenz.

Hohe Konsensfähigkeit und Plausibilität hat in der aktuellen Forschung über die sogenannte Jugendgewalt der Verweis auf die „Kultur der Ehre". Gemeint ist damit ein bei vor allem männlichen Jugendlichen verbreitetes normatives Konzept, für das Männlichkeitsideale von Stärke, Macht und rigoroser Durchsetzungsfähigkeit zentral sind, das persönliche Wehrhaftigkeit unter Einschluss von Gewalthandeln propagiert (vgl. z.B. kurz: Pfeiffer/Windzio/Baier 2006; auch Toprak 2007) und dessen Vertreten im individuellen Fall die Wahrscheinlichkeit von Gewaltausübung deutlich erhöht. Empirisch lässt sich deutlich aufweisen, dass Zustimmungen zu derartigen Gewalt legitimierende Männlichkeitsnormen bei (vor allem männlichen) migrantischen Jugendlichen viel stärker verbreitet sind als bei deutschen – so finden sie sich bei rund 25 % der türkischen, aber nur knapp 4 % der deutschen Jungen (vgl. Baier/Pfeiffer/

Windzio 2006: 258) -, so dass sich der Zusammenhang zwischen solchen Normen und Gewaltakzeptanz in dieser Population einerseits auch viel breitenwirksamer zeigen kann, andererseits die wechselseitigen Verpflichtungsstrukturen in Peer-Zusammenhängen weitaus bedingungsloser bestimmt (vgl. Toprak 2007). Dass es nicht der Migrantenstatus ist, der die z.T. registrierte Höherbelastung migrantischer Jugendlicher erklärt, sondern dass neben Faktoren, wie besondere Betroffenheit von sozialer und bildungsmäßiger Benachteiligung, erhöhte Integrations- und Anerkennungsdefiziten etc. (vgl. Möller/Heitmeyer 2004) gerade dieses Männlichkeitskonzept als Erklärung heranzuziehen ist, zeigt eine genauere Analyse der jugendlichen männlichen Mehrfachtäter mit Hauptschulsozialisation. Für die Anteile von Deutschen und Nicht-Deutschen an ihnen gilt: Wenn „die Zustimmung zu Männlichkeitsnormen einbezogen wird, gibt es keinen signifikanten Unterschied mehr zwischen Deutschen und Migranten" (Baier/Pfeiffer/Windzio 2006: 259).

Fassen wir die Deutungen der sozialwissenschaftlichen Gewaltforschung kurz zusammen, so ist die im Geschlechtervergleich durchschnittlich höhere und intensivere Gewaltbelastung von Jungen und Männern darauf zurückzuführen, dass diese im allgemeinen stärker als ihre Altersgenossinnen Risikofaktoren für die Entwicklung und Stabilisierung von Gewaltakzeptanz als individuelle Dispositionen aufweisen, als Lebensbereiche aufsuchen oder als Gelegenheitsstrukturen ausgesetzt sind. Festzuhalten bleibt, dass, sofern diese Risikofaktoren auch im Leben von Mädchen und Frauen eine Rolle spielen, sie in ähnlicher Weise gewaltsteigernd wirken, auch wenn sie teils in andere Formen münden (vgl. z.B. Eisner/Ribeaud 2003; zusammenfassend auch: Bundesministerium des Innern/Bundesministerium der Justiz 2006: 386).

Die Erklärungsangebote aus den beiden Bereichen der Männlichkeits- und Gewaltforschung lassen sich innerhalb eines lebensgestaltungstheoretischen Rahmens integrieren (vgl. Möller/Schuhmacher 2007a: 461ff.; Möller 2007a). Er lässt erst deutlich werden, in welchem grundlegenden Bedürfnis- und Sinnzusammenhang von Lebensvollzügen Gewalt eingebettet ist. Demnach stellt sich Gewaltakzeptanz vorrangig nicht nur als ein letztlich misslingender Versuch des Subjekts dar, seine Probleme zu bewältigen. Sie ist darüber hinaus gerade im Zusammenhang ihrer scheinbar selbstverständlichen, normalisiert erscheinenden Anwendung bei männlichen Jugendlichen Indiz für anderweitig unerfüllt gebliebene Interessen an Lebensgestaltung. Sie betreffen in erster Linie die Anliegen,

• Kontrolle über das eigene Leben zu gewinnen und zu behalten,
• die systemische und soziale Integration der eigenen Person zu realisieren und dabei
• sich als personal und sozial kompetent zu erweisen.

Männliche Minderjährige haben innerhalb entsprechender Lebensgestaltungsprozesse in doppelter Weise mit Schwierigkeiten zu kämpfen: Zum Ersten sind sie jenen Verunsicherungen ausgesetzt, die das Kindes- bzw. Jugendalter geschlechterübergreifend für den Aufbau und Nachweis der Eigenständigkeit der Person beinhaltet; zum Zweiten durchlaufen sie Prozesse männlicher Sozialisation, in denen sich Gewaltrisiken in der oben dargestellten Weise häufen. Letztere machen sich auf allen Ebenen von Lebensgestaltungsvollzügen bemerkbar, auch im Erwachsenenalter.

In Bezug auf Aspekte von Lebenskontrolle legt männliche Sozialisation das Erleben und den Ausweis von Orientierungsvermögen in Gestalt positiver Bezugnahme auf Gewalt legitimierende Männlichkeitsnormen nahe. Sie bietet Identitätsangebote, die die Konsistenz, Kohärenz und Kontinuität des Selbsterlebens an vermeintlichen oder tatsächlichen Merkmalen maskuliner Exklusivität – und dazu zählt eben Gewaltanwendung – festmachen. Sie suggeriert, Handlungssicherheit und Selbstwirksamkeit über demonstrative physische Präsenz und Durchsetzungsfähigkeit gewinnen und entsprechend Einfluss nehmen zu können. Empirisch gut belegbar steigt die Wahrscheinlichkeit, entsprechende Optionen maskuliner Sozialisation zu nutzen, in dem Maße wie Kontrolldefizite in anderen Bereichen wahrgenommen, befürchtet und/oder erlitten werden.

Das Bedürfnis nach Integration kann als Medium seiner Befriedigung Gewalt nutzen. Es lässt sich dann entweder durch ein ungebrochenes Anknüpfen an konventionelle Bezüge männlicher Einbindung befriedigen – und ist in diesem Falle den damit verbundenen Gewalttraditionen ausgesetzt – oder nimmt als Reaktion auf erlebte Verunsicherungen überlieferter Männlichkeitsbilder Rückbezug auf eben diese. In jedem Fall wird persönliche Integrität mittels personaler Wehrhaftigkeit gesichert. Selbstwertbestätigungen werden daraus wie aus offensiver operierenden violenten Durchsetzungsstrategien bezogen. Moralische Grundregeln folgen dann entweder den überkommenen Normen maskulin-proletarischer Gewaltmoral bzw. den Wehrhaftigkeitserfordernissen von (Herkunfts-)Gesellschaften, in denen ein nur unzureichend durchsetzungsfähiges staatliches Gewaltmonopol dazu verleiten lässt, das ‚Gesetz in die eigene Hand zu nehmen‘ oder werden weitgehend fallengelassen, wenn Zugehörigkeit, Anerkennung, sozialer Rückhalt und Teilhabe in der Sphäre partikularistischer Integration (z.B. in gewaltorientierte Peer-Zusammenhänge) auch ohne sie gesichert erscheinen. In jedem Fall hat Gewalt als Mittel der Integration dort gute Voraussetzungen, wo Integrationsofferten und -erfahrungen anderer Art nicht vorhanden oder Mangelware sind. Bekanntlich betreffen solche Defizite besonders stark die Population mit Migrationshintergrund.

Personale und soziale Kompetenzen über sexuelle Potenzprotzereien und Gewaltanwendung auszuweisen, mithin etwa virile Körperkraft und Geschicklichkeit im Kampf um interpersonale Dominanz einzusetzen und die eigene soziale Position im partikularen sozialen Kontext, also etwa in der Peergroup, dadurch deutlich zu machen, bspw. auch Kameradschaft und

Kumpelhaftigkeit durch Kampfbereitschaft für gemeinsame Belange oder die Verteidigung eines Freundes zu beweisen, zeigt ein Verständnis von personaler und sozialer Kompetenz, das nachweislich gewaltprotektiven individuellen Fähigkeiten entgegensteht: Reflexivität, Perspektivenwechsel, Empathie, verbale Konfliktfähigkeit, Verantwortungsübernahme, Affektkontrolle u.a.m. Entsprechend ist es Hinweis auf einen Mangel an Entwicklungen in diesen Kompetenzbereichen.

Gewaltakzeptanz bei Jungen und Männern ist aus dieser Perspektive letztlich als ein per geschlechtsspezifischer Sozialisation nahegelegter Lösungsversuch verhinderter oder eingeschränkter Realisierungschancen von Lebenskontrollerfahrungen, Integration und Kompetenzentwicklung zu verstehen, der durch biophysische Prozesse und durch gesellschaftliche Funktionszuweisungen an die Jugendphase (mit Abstrichen auch an die Kindheitsphase) seine altersspezifische Kontur erhält. Lebensgestaltungshindernisse variieren dabei unter männlichen Kindern, Jugendlichen und Erwachsenen als Risikofaktoren erheblich unter persönlichkeits-, lebenslage-, milieu-, lebensstil-, und kulturspezifischen sowie weiteren Gesichtspunkten. Nicht zuletzt die entsprechend unterschiedlichen Gewaltbelastungen von Personen mit und ohne Migrationshintergrund sind auf dieser Folie zu erklären.

Männlichkeit, Migration und Gewalt – Ein Dutzend Schlussfolgerungen für professionelle Pädagogik und Soziale Arbeit

Männlichkeits- und migrationsspezifische Ansätze der Intervention und Prävention von Gewalt sind bislang kaum entwickelt. Nicht nur aus Platzgründen, sondern auch, weil diesbezügliche konzeptionell bedeutsame Ansatzpunkte nur sehr vereinzelt vorliegen, lassen sich die Konsequenzen der oben angestellten Analyse für öffentliche Pädagogik und Soziale Arbeit in ihren wichtigsten Kernpunkten vorerst selektiv und thesenartig wie folgt umreißen:

1. Da das Vorkommen von Gewalt wesentlich historisch, kulturell und sozial bedingt ist und auch die individuellen Dispositionen ihrer Akteure mittels Sozialisation geprägt werden, ist eine Bekämpfung von Gewalt durch gesellschaftliche Strategien wie Pädagogik und Soziale Arbeit nicht aussichtslos.

2. Der wenigstens partielle Abbau der gesellschaftlich vorhandenen Gewaltakzeptanz lässt sich (auch und vor allem) mit diesen Professionen ursachenbezogen nicht Erfolg versprechend ohne geschlechtsreflektierende Bearbeitungsmodi bewerkstelligen.

3. Die Reflexion muss in besonderer Weise die geschlechtsspezifischen Anfälligkeitskonstellationen von Jungen und Männern betreffen, weil diese

stark überproportional Gewaltbefürwortung, Gewaltbereitschaft und Gewalthandeln zeigen.

4. Insofern der Zusammenhang von Männlichkeit und Gewaltakzeptanz im Kontext männlicher Hegemonialstrukturen verankert ist, ist seine gründliche Bearbeitung ohne eine Transformation dieser Strukturen in Richtung auf Geschlechterdemokratie nicht denkbar. Dies schließt nicht ein, die Berechtigung des Interesses an Entwicklung einer geschlechtsspezifischen männlichen Identität prinzipiell in Frage stellen zu müssen.

5. In Hinsicht auf die Reduktion jenes Gewaltsektors, der als der Kernbereich von illegitimer personaler Gewaltakzeptanz gilt, also der physischen Gewaltsamkeit, ist in erster Linie die Problematisierung und Reflexion des Hegemonialmuster interpersonaler Dominanz anzustreben. Dies gilt in erster Linie für ihre Ausdrucksformen in den gesellschaftlich überlieferten männlichen Funktionsbereichen des Erzeugens, Be-/Versorgens und Beschützens.

6. Die Deutung der diesem Muster folgenden Orientierungen und Praktiken von Adressaten im Rahmen des Lebensgestaltungstheorems vorzunehmen, bietet den Vorteil, Violenz nicht in moralisierender Perspektive, sondern funktional als (problematischen, weil sich selbst und/oder andere schädigenden) Befriedigungsversuch von Lebensgestaltungsbedürfnissen wahrzunehmen und ihre Existenz im Kontext von Kontroll-, Integrations- und Kompetenz(entwicklungs)defiziten zu betrachten.

7. Pädagogische und Soziale Arbeit an maskulinen Hegemonialstrukturen, insbesondere auch am Orientierungs- und Verhaltensmuster interpersonaler Dominanz, benötigt gleichermaßen Arbeitsweisen persönlicher Auseinandersetzung mit deren Trägern, Duldern und Opfern wie infrastrukturelle Maßnahmen.

8. In der unmittelbaren pädagogischen bzw. sozialarbeiterischen „face-to-face"-Beziehung zu den gewaltakzeptierenden Adressaten kann ein situativ-interventives Einschreiten auf das Setzen von Grenzen entlang der Autorität menschenrechtlicher Übereinkünfte nicht verzichten, sollte sich die langfristige Arbeit darüber hinaus jedoch präventiv an der Leitlinie der Vermittlung funktionaler Äquivalente ausrichten; d.h. es sollten attraktionsgleichwertige Bewältigungs- und Gestaltungsalternativen für die Kontroll-, Integrations- und Kompetenzansprüche, die mit dem Androhen und Ausagieren von Gewalt verbunden werden, offeriert werden.

9. Obwohl Strukturen pädagogisch/sozialarbeiterisch nur mittelbar beeinflussbar sind, kann eine ursachenbezogene Strategie nicht davon absehen, Veränderungen jener sozialen Konstellationen einzuklagen bzw. – wo möglich – zu initiieren, die Gewaltrisiken (für Jungen) darstellen: familiäre Gewaltstrukturen, schulische Benachteiligungen, problematische Mediennutzungsweisen etc.

10. Zunehmend fraglich wird, ob der zentrale strategische Ort geschlechtsreflektierender Arbeit die Jungengruppe sein muss. Womöglich wählt man sich hiermit eines der ungünstigsten professionellen „settings" für Zugänge zu Einzelnen, weil sie im Alltag die Reproduktionsstätte genau jener Männlichkeitsmuster ist, die Gewalt begünstigen. Ressourcenorientiertes Vorgehen wird dadurch hier erheblich erschwert. Nahezu völlig ungenutzt bleibt pädagogisch/sozialarbeiterisch demgegenüber die jugendtypische Partnerschaftsbeziehung im Sinne des ‚Miteinandergehens' (vgl. Möller 2007b), innerhalb derer Männlichkeit weitaus stärker prosoziale Formen annehmen kann, ja zum Erhalt der Beziehung annehmen muss, und daher funktionale Äquivalente für Gewalt im Prozesse männlicher Identitätsbildung zur Geltung bringt.

11. Die Gewalt von Migranten und ihrer Nachkömmlinge in ihrer sozialen Auffälligkeit zu ignorieren oder gar unter dem Mantel einer heuchlerischen und eben nur vermeintlichen Ausländerfreundlichkeit zu verschleiern, kommt letztlich einem Nicht-ernst-nehmen der Problemlagen ihrer Träger gleich und zieht auf absehbare Weise damit kontraproduktive Effekte nach sich. Wie aufgezeigt, liegen ihre Ursachenzusammenhänge in einer Anfälligkeit, die – vom Grundsatz her nicht anders als bei Autochthonen – nicht in individuellen Dispositionen oder gar ‚rassischen' Bezügen wurzelt, sondern in politisch-sozialen Lebensbedingungen und z.T. auch ethnisch-kulturellen Bewältigungsmustern der in ihnen auftretenden Konflikte angelegt ist.

12. Wenn prinzipiell die Punkte 1 bis 10 für Autochthone wie für Personen mit Migrationshintergrund gelten und sie jeweils nur spezifische Ausprägungen für die eine oder andere Gruppierung erfordern – dies etwa derart, dass die krassen bildungsspezifischen Benachteiligungen von Migranten und ihre Anerkennungsdefizite im öffentlichen Raum mit besonderer Dringlichkeit abzubauen sind –, so kann nicht davon abgesehen werden, dass Gewalt legitimierende Männlichkeitsnormen unter (vor allem bestimmten) Gruppierungen von Migranten vergleichsweise sehr weit verbreitet sind. Sie fußen dabei auf unmittelbaren oder kulturell tradierten Erfahrungen – etwa mit dem Nicht- oder Kaum-Funktionieren des staatlichen Gewaltmonopols in zahlreichen Herkunftsländern –, die einer spezifischen Bearbeitung bedürfen. Hier scheinen geschlechtsreflektierende Ansätze vonnöten zu sein, die mehr als schlichte Blaupausen der Arbeit mit autochthonen Jungen und Männern darstellen können.

Literatur

Babka von Gostomski, Christian. (2003): Gewalt als Reaktion auf Anerkennungsdefizite? In: Kölner Zeitschrift für Soziologie und Sozialpsychologie 2, S. 253-277.

Baier, Dirk/Pfeiffer, Christian/Windzio, Michael (2006): Jugendliche mit Migrationshintergrund als Opfer und Täter. In: Heitmeyer, Wilhelm/Schröttle, Monika (Hrsg.): Gewalt. Beschreibungen, Analysen, Prävention. Bonn: Bundeszentrale für politische Bildung, S. 240-268.

Baier, Dirk/Wetzels, Peter (2006): Freizeitverhalten, Cliquenzugehörigkeit und Gewaltkriminalität: Ergebnisse und Folgerungen aus Schülerbefragungen. In: Dessecker, Axel (Hrsg.): Jugendarbeitslosigkeit und Kriminalität. Wiesbaden: Kriminologische Zentralstelle , S. 69-97.

Böhnisch, Lothar (2004): Männliche Sozialisation. Eine Einführung. Weinheim und München: Juventa Verlag.

Boers, Klaus/Reinecke, Jost (2004): Informationen zur 3. Schülerbefragung in Duisburg 2004. Arbeitsbericht. November 2004

Boers, Klaus/Walburg, Christian/Reinecke, Jost (2006): Jugendkriminalität – keine Zunahme im Dunkelfeld, kaum Unterschiede zwischen Einheimischen und Migranten. Befunde aus Duisburger und Münsteraner Längsschnittstudien. In: Monatsschrift für Kriminologie und Strafrechtsreform, 2, S. 63-87.

Bourdieu, Pierre (1982): Die feinen Unterschiede. Frankfurt a. M.: Suhrkamp Verlag.

Bornewasser, Manfred/Weitemeier, Ingmar (2004): Wie sicher sind unsere Schulen? Ergebnisse einer Wiederholungsbefragung von Schülern in Mecklenburg-Vorpommern. Rampe: LKA Mecklenburg-Vorpommern.

Bundeskriminalamt (2007): Polizeiliche Kriminalstatistik 2006. Wiesbaden: BKA

Bundesministerium des Innern/Bundesministerium der Justiz (2006): Zweiter Periodischer Sicherheitsbericht. Berlin.

Bundesverband der Unfallkassen (Hrsg.) (2005): Gewalt an Schulen. München. URL: www.unfallkassen.de/files/510/Gewalt_an_Schulen.pdf?PHPSESSID=c550 (Stand: 14.01.2008)

Bundeszentrale für gesundheitliche Aufklärung (2004): Die Drogenaffinität Jugendlicher in der Bundesrepublik Deutschland. Eine Wiederholungsbefragung der Bundeszentrale für Gesundheitliche Aufklärung. Köln: BzgA

Connell, Robert W. (1998): Männer in der Welt. Männlichkeit und Globalisierung. In: Widersprüche, 67, S. 91-105.

Connell, Robert W. (1999): Der gemachte Mann. Konstruktion und Krise von Männlichkeiten. Opladen: Verlag Leske + Budrich.

Diefenbach, Heike (2007): Die schulische Bildung von Jungen und jungen Männern in Deutschland. In: Hollstein, Walter/Matzner, Michael (Hrsg.): Soziale Arbeit mit Jungen und Männern. München: Ernst Reinhardt Verlag, S. 101-115.

Dornes, Martin (1997): Die frühe Kindheit. Entwicklungspsychologie der ersten Lebensjahre. Frankfurt a.M.: Fischer Verlag.

Dornes, Martin (2000): Vernachlässigung und Misshandlung aus der Sicht der Bindungstheorie. In: Egle, Ulrich T./Hoffmann Sven O./Joraschky, Peter (Hrsg.): Sexueller Missbrauch, Misshandlung und Vernachlässigung. Stuttgart: Schattauer Verlag.

Dünkel, Frieder/Geng, Bernd (2003): Gewalterfahrungen, gesellschaftliche Orientierungen und Risikofaktoren bei Jugendlichen in der Hansestadt Greifswald 1998-2002. In: Dies. (Hrsg.): Jugendgewalt und Kriminalprävention. Mönchengladbach. Bad Godesberg: Forum Verlag, S. 1-55.

Eisner, Manuel/Ribeaud, Denis (2003): Erklärung von Jugendgewalt. Eine Übersicht über zentrale Forschungsbefunde. In: Raithel, Jürgen/Mansel, Jürgen (Hrsg.): Kriminalität und Gewalt im Jugendalter. Hell- und Dunkelfeldbefunde im Vergleich. Weinheim/München: Juventa Verlag, S. 182-206.

Elias, Norbert (1976): Über den Prozeß der Zivilisation. 2 Bde. Frankfurt a.M.: Suhrkamp Verlag.

Enzmann, Dirk/Brettfeld, Katrin/Wetzels, Peter (2003): Männlichkeitsnormen und die Kultur der Ehre. In: Oberwittler, Dietrich/Karstedt, Susanne (Hrsg.): Soziologie der Kriminalität. Sonderheft 43 der Kölner Zeitschrift für Soziologie und Sozialpsychologie, S. 264-287.

Essau, Cecilia A./Conradt, Judith (2004): Aggression bei Kindern und Jugendlichen. Stuttgart: UTB Verlag.

Fuchs, Marek et al. (2005): Gewalt an Schulen 1994-1999-2004. Wiesbaden: VS-Verlag.

Gilmore, David D. (1991): Mythos Mann. Rollen, Rituale, Leitbilder. München/Zürich: Verlag Artemis und Winkler.

Gruen, Arno (1992): Der Verrat am Selbst. Die Angst vor Autonomie bei Mann und Frau. München: DTV Verlag.

Heinz, Wolfgang: Jugendkriminalität in Deutschland. Kriminalstatistische und kriminologische Befunde. Konstanz 2003 (Universität Konstanz) URL: www.uni-konstanz.der/rtf/kik/Jugendkriminalitaet-2003-7-e.pdf (Stand: 14.01.2008)

Helsper, Werner et al. (2006): Unpolitische Jugend. Eine Studie zum Verhältnis von Schule, Anerkennung und Politik. Wiesbaden: VS-Verlag

Hurrelmann, Klaus (2004): Lebensphase Jugend. Eine Einführung in die sozialwissenschaftliche Jugendforschung. 7., vollständig überarbeitete Auflage. Weinheim und München: Juventa Verlag.

Kassis, Wassilis (2003): Wie kommt die Gewalt in die Jungen? Soziale und personale Faktoren der Gewaltentwicklung bei männlichen Jugendlichen im Schulkontext. Bern: Haupt Verlag.

Klewin, Gabriele/Tillmann, Klaus-Jürgen (2006): Gewaltformen in der Schule – ein vielschichtiges Problem. In: Heitmeyer, Wilhelm/Schröttle, Monika (Hrsg.): Gewalt. Beschreibungen, Analysen, Prävention. Bonn: Bundeszentrale für politische Bildung, S. 191-208.

Kuntsche, Emmanuel N./Gmel, Gerhard/Annaheim, Béatrice (2006): Alkohol und Gewalt im Jugendalter. Gewaltformen aus Täter- und Opferperspektive, Konsummuster und Trinkmotive – Eine Sekundäranalyse der ESPAD-Schülerbefragung. Abschlussbericht. Lausanne: Schweizerische Fachstelle für Alkohol- und andere Drogenprobleme.

Lösel, Friedrich/Bliesener, Thomas (2003): Aggression und Delinquenz unter den Jugendlichen. Untersuchungen von kognitiven und sozialen Bedingungen. Neuwied: Luchterhand Verlag.

Mansel, Jürgen (2007): Kriminelle Ausländer? Fremdenfeindlichkeit, Anzeigeverhalten und Kontrollpolitik in den Bundesländern. In: Heitmeyer, Wilhelm (Hrsg.): Deutsche Zustände. Folge 5. Frankfurt a. M.: Suhrkamp Verlag, S. 169-191.

Möller, Kurt (2001): Coole Hauer und brave Engelein. Gewaltakzeptanz und Gewalt-distanzierung im Verlauf des frühen Jugendalters. Opladen: Verlag Leske + Budrich.

Möller, Kurt (2007a): Soziale Arbeit gegen Menschenfeindlichkeit. Lebensgestaltung über funktionale Äquivalenzen und Kompetenzentwicklung. In: Heitmeyer, Wilhelm (Hrsg.): Deutsche Zustände. Folge 5. Frankfurt a. M.: Suhrkamp Verlag, S. 294-311

Möller, Kurt (2007b): Das erste Mal – kommt immer wieder. Miteinandergehen als Entwicklungsplattform. In: Projektgruppe Herzenssache: Schmetterlinge im Bauch. Wenn Jugendliche sich verlieben... Berlin: Archiv der Jugendkulturen, S. 7-18

Möller, Kurt/Schuhmacher, Nils (2007a): Rechte Glatzen. Rechtsextreme Orientie-rungs- und Szenezusammenhänge – Einstiegs-, Verbleibs- und Ausstiegsprozesse von Skinheads. Wiesbaden: VS-Verlag.

Möller, Kurt/Schuhmacher, Nils (2007b): „...nur ein Suchen nach Anerkennung". Prozesse des Aufbaus rechtsextremer Haltungen im Kontext sozialer Erfahrun-gen. In: Soziale Probleme 1, 2007, S. 66-89.

Möller, Renate/Heitmeyer, Wilhelm (2004): Anerkennungsdefizite und Vorurteile. Ergebnisse einer Langzeituntersuchung mit Jugendlichen unterschiedlicher ethni-scher Herkunft. In: Zeitschrift für Erziehungswissenschaft 4, S. 497-517.

Patterson, Gerald R. et al. (1998): Variables that Initiate and Maintain an Early-Onset Trajectory für Juvenile Offending. In: Development and Psychopathology 10, S. 531-547.

Pfeiffer, Christian et al. (2006): Gewalterfahrungen und Medienkonsum im Leben von Kindern und Jugendlichen in Dortmund. Zentrale Ergebnisse einer Repräsenta-tivbefragung von Schülern und Schülerinnen vierter und neunter Klassen in Dortmund und zehn anderen westdeutschen Städten und Landkreisen. Hannover: Kriminologisches Forschungsinstitut.

Pfeiffer, Christian/Wetzels, Peter (2006): Kriminalitätsentwicklung und Kriminalpoli-tik: Das Beispiel Jugendgewalt: In: Feltes, Thomas/Pfeiffer, Christian/Stein-hilper, Gernot (Hrsg.): Kriminalpolitik und ihre wissenschaftlichen Grundlagen. Festschrift für Hans-Dieter Schwind. Heidelberg: C.F. Müller, S. 1095-1127.

Pfeiffer, Christian/Windzio, Michael/Baier, Dirk (2006): Elf Vorschläge zur Gewalt-vorbeugung und sozialen Integration. In: Heitmeyer, Wilhelm/Schröttle, Monika (Hrsg.): Gewalt. Beschreibungen, Analysen, Prävention. Bonn: Bundeszentrale für politische Bildung, S. 276-290.

Roth, Gerhard(2003): Fühlen, Denken, Handeln. Wie das Gehirn unser Verhalten steuert. Frankfurt a. M.: Suhrkamp Verlag.

Scheithauer, Herbert (2003): Aggressives Verhalten von Jungen und Mädchen. Göt-tingen: Hogrefe Verlag.

Thornberry, Terence P./Huizinga, David/Loeber, Rolf (2004): The Causes and Corre-lates Studies: Findings and Policy Implications. In: Juvenile Justice, 9, S. 3-19.

Toprak, Ahmet (2007): Migration und Männlichkeit. Das Selbst- und Fremdbild der türkischen Männer in Deutschland. In: Munsch, Chantal/Gemende, Marion/We-ber-Unger Rotino, Steffi (Hrsg.): Eva ist emanzipiert, Mehmet ist ein Macho. Zu-schreibung, Ausgrenzung, Lebensbewältigung und Handlungsansätze im Kontext von Migration und Geschlecht. Weinheim und München: Juventa Verlag, S. 122-135.

Wahl, Klaus (2007): Vertragen oder schlagen? Biografien jugendlicher Gewalttäter als Schlüssel für eine Erziehung zu Toleranz in Familie, Kindergarten und Schule. Berlin/Düsseldorf/Mannheim: Cornelsen Scriptor Verlag.

Wilmers, Nicola et al. (2002): Jugendliche in Deutschland zur Jahrtausendwende: Gefährlich oder gefährdet? Ergebnisse wiederholter, repräsentativer Dunkelfelduntersuchungen zu Gewalt und Kriminalität im Leben junger Menschen 1998-2000. Baden-Baden: Nomos Verlag.

Männlichkeitskonzepte türkischer Jugendlicher und ihre Bedeutung für die Soziale Arbeit mit Straffälligen[1]

Ahmet Toprak

1. Einführung

Gewalt und Delinquenz von Jugendlichen ausländischer, insbesondere türkischer Herkunft ist in den letzten Jahren ein sehr aktuelles Thema geworden. Insbesondere Politiker, Staatsanwälte und Medien warnen davor, dass die Ausländerkriminalität kontinuierlich zunimmt und verlangen ein härteres Durchgreifen, damit die Strafen abschreckend auf andere Jugendliche wirken. Auch in einigen wissenschaftlichen Abhandlungen wird darauf verwiesen, dass die Jugendkriminalität bei türkischen Jugendlichen sehr verbreitet ist, ohne die komplexen Ursachen dafür genauer zu beschreiben. Nach Pfeiffer und Wetzels ist die Gewalterfahrung im Elternhaus ein Risikofaktor für deviantes Verhalten bei männlichen türkischen Jugendlichen. Die beiden Wissenschaftler gehen davon aus, dass Eltern, die ihre Kinder schwer körperlich strafen, damit deren soziale Kompetenz und ihre Erfolgschancen in Schule und Beruf reduzieren (vgl. Pfeiffer/Wetzels 2000: 112).

Die gesellschaftlichen und institutionellen Diskriminierungserfahrungen, die auf das Leben der Migranten türkischer Herkunft Einfluss haben, finden dagegen wenig Beachtung. Dass u.a. auch die Benachteiligung von Migranten bei der Vergabe von Kindergartenplätzen (vgl. Bundesministerium für Familie, Senioren, Frauen und Jugend. Zehnter Kinder- und Jugendbericht) und die Tatsache, dass Einwandererkinder viel öfter als ihre deutschen Altersgenossen an eine Hauptschule empfohlen werden (vgl. Attia/Marburger 2000), die Berufs- und Ausbildungschancen verschlechtern, wird in diesen Erklärungsansätzen für Straffälligkeit nicht berücksichtigt. Da die Erläuterung der sozialen und wirtschaftlichen Rahmenbedingungen der Zielgruppe den Rahmen dieses Beitrages sprengen würde, wird der Schwerpunkt des Beitrages auf die Männlichkeitskonzepte, mit denen viele türkischstämmige Jugendliche operieren, gelegt. Gerade der Rückzug der türkischen Jugendlichen auf die („kulturellen") Männlichkeitskonzepte stellt die Praktiker vor große Herausforderungen. Bevor die klassischen Männlichkeitskonzepte, wie Ehre, Männlichkeit, Freundschaft oder Dominanz erläutert werden, soll die

---

1   Ursprünglich veröffentlicht in: Kawamura-Reindl, Gabriele/Halbhuber-Gassner, Lydia/ Wichmann, Cornelius (Hrsg.): Gender-Mainstreaming in der Sozialen Arbeit mit Straffälligen. Freiburg 2007, S. 157-176.

Einstellung der Zielgruppe zu legalen und illegalen Drogen sowie Gewaltkriminalität zusammenfassend erörtert werden. Denn sowohl der Konsum
von Alkohol als auch die Anwendung von Gewalt wird mit ausgeprägter
Männlichkeit umschrieben. Die Ausführungen zu traditionellen Männlichkeitskonzepten beziehen sich ausschließlich auf straffällig gewordene türkische Jugendliche und repräsentieren nur diese Zielgruppe. Im zweiten großen
Abschnitt des Aufsatzes wird die konfrontative Methode in Form des Anti-
Aggressivitäts-Trainings als eine mögliche Vorgehensweise vorgestellt. Im
letzten Abschnitt werden die Konsequenzen der Männlichkeitskonzepte im
Kontext der Straffälligenhilfe diskutiert.

2. Einstellung der türkischen Jugendlichen zu legalen und illegalen Drogen

Die Einstellung der türkischen Jugendlichen zu legalen Drogen (Zigaretten-
und Alkoholkonsum) und illegalen Drogen (Cannabis und Opiate) ist sehr
unterschiedlich. Beim Konsum der legalen Drogen kann eine deutliche
geschlechtspezifische Ausrichtung beobachtet werden. Wenn die Jungen in
der Öffentlichkeit rauchen oder Alkohol trinken, wird das als ein männliches
und in der öffentlichen Wahrnehmung akzeptables Verhalten geduldet und
nicht reglementiert. Anders ausgedrückt: Rauchen wird bei türkischen Jungen
als männerspezifische Verhaltensnorm gesellschaftlich akzeptiert und anerkannt. Bei Mädchen wird das öffentliche Rauchen bzw. Konsumieren von
Alkohol reglementiert und widerspricht dem Rollenverständnis eines ehrenhaften und zurückhaltenden Mädchens. Genauere Daten, inwieweit die türkischen Jugendlichen rauchen bzw. regelmäßig Alkohol trinken, existieren
nicht. Es muss allerdings davon ausgegangen werden, dass die Dunkelziffer
bei den Mädchen viel höher liegen muss als bei den Jungen.

Einigermaßen auf Daten gestützte Aussagen können über den Konsum
der illegalen Drogen gemacht werden, weil sie einerseits straffällige Relevanz haben und andererseits die Drogeneinrichtungen, die sich auf illegale
Drogen spezialisiert haben, von Migranten aufgesucht werden. Der Kontakt
von Migranten-Jugendlichen zu Drogenhilfeeinrichtungen ist mit 85 %
männlich dominiert. Bei der kleinen Gruppe der weiblichen Drogenabhängi-
gen gibt es allerdings eine besonders ausgeprägte Problemdichte, wie z.B.
HIV oder Wohnungslosigkeit (vgl. Cerci: unter www.kinderaerzte-lippe.de
zuletzt abgerufen am 16.05.2007). Diese Daten können auch von der Jugendgerichtshilfe der Arbeiterwohlfahrt München aus dem Jahre 2004 belegt werden: 89 % der Drogendelikte (Führen und Verkauf von illegalen Drogen sowie Beschaffungskriminalität), die auf die türkischen Jugendlichen entfallen,
sind von Jungen begangen worden (die internen Daten der Arbeiterwohlfahrt

München). Darüber hinaus ist festzuhalten: „Die MigrantInnen weisen nach einer Expertise, die eine Stichprobe von 5800 Jugendlichen mit einem Durchschnittsalter von 19 Jahren umfasste, ein geringeres Maß an Risikoverhalten als die deutschen Jugendlichen auf" (Cerci, ebd.). Da es bei den unter dem Schutz der Familie gehaltenen Mädchen zu weitaus weniger Kontakten mit der Außenwelt kommt als bei ihren männlichen Gleichaltrigen, ist die Möglichkeit der Drogenbeschaffung und des Konsums für sie deutlich eingeschränkt. Für die Mädchen bietet die traditionell und auf das Rollenverhalten ausgerichtete Familie eine ambivalente Schutzfunktion. Die Dunkelziffer der Drogenabhängigkeit kann bei beiden Geschlechtern höher sein als angenommen, weil die türkischen Familienhierarchien, traditionsbedingte Aspekte – wie Ansehen der Familie und Ehre oder Respekt vor Älteren – es verhindern, dass die Drogenabhängigkeit der Kinder öffentlich gemacht wird (vgl. ebd.). Eine Drogenabhängigkeit des Kindes wird der Familie als Schwäche ausgelegt, weil die Eltern, vor allem der Vater nicht in der Lage war, das Kind davon abzuhalten. Deshalb sind auch eher die Mütter über die Drogenabhängigkeit ihrer Kinder informiert als die Väter.

3. Einstellung der türkischen Jugendlichen zur (Gewalt-)Kriminalität

Ein Blick auf die Kriminalitätsstatistik zeigt eindeutig, dass die Jungen auffälliger sind als die Mädchen. Der Anteil der jugendlichen türkischen Gefangenen liegt fast dreimal so hoch wie ihr Bevölkerungsanteil in der entsprechenden Altersgruppe. Die einheimischen Deutschen stellen dagegen nur jeden zweiten Gefangenen bei einem Bevölkerungsanteil in der Altersgruppe von 78 % (vgl. Pfeiffer/Wetzels 2000: 107f.). Die Konsequenz zu ziehen, dass die türkischen Jugendlichen krimineller seien als die deutschen Jugendlichen, wäre fatal, weil die türkischen Jugendlichen andere soziale und wirtschaftliche Rahmenbedingungen haben als die deutschen Jugendlichen. Außerdem werden die türkischen Jugendliche schneller angezeigt, von der Polizei intensiver kontrolliert bzw. überprüft und von der Justiz härter bestraft. Der überwiegende Anteil der inhaftierten türkischen Jugendlichen ist männlichen Geschlechts. Dies spiegelt sich in der Statistik der Jugendgerichtshilfe der Arbeiterwohlfahrt in München nieder: Im Kalenderjahr 2004 sind bei der Jugendgerichtshilfe der Arbeiterwohlfahrt München 412 Fälle eingegangen, die auf türkische Jugendliche zurückzuführen sind. Lediglich 91 Fälle (22 %) gingen auf das Konto von Mädchen. Der überwiegende Teil der weiblichen Straftaten beinhaltet den einfachen Diebstahl bzw. den Betrug. Mit Gewalttaten oder Drogendelikten fallen die Mädchen nicht intensiv auf. Bei Jungen fällt im Kalenderjahr 2004 stark ins Auge, dass knapp die Hälfte der Straftaten (170 von 321) Gewaltdelikte – Körperverletzung, Raub, Raubüberfall oder Vandalismus – beinhalten. Als Vergleich ist festzuhalten: Bei deutschen Jugendlichen liegt der Anteil der Gewaltdelikte bei 25 % (vgl. die internen Daten Jugendgerichtshilfe der Landeshauptstadt München). Sind die türkischen Jungen gewalttätiger oder werden sie anders geprägt als die deutschen Jungen?

4. Traditionelle Männlichkeitskonzepte gewalttätiger Jugendlicher

Verläuft die soziale Integration und Partizipation der türkischen Jugendlichen in das gesellschaftliche Leben nicht positiv, spielen andere Faktoren eine entscheidende Rolle. Die Jugendlichen identifizieren sich beispielsweise nicht mehr über die erfolgreiche Schul- und Berufsausbildung, sondern legen Wert auf ein ausgeprägtes Männerbild. Die Untersuchungen des Autors in den letzten Jahren belegen eindeutig, dass z.B. gut ausgebildete junge Männer, die auch in der Gesellschaft einen hoch angesehenen Status haben, keinen Wert auf Jungfräulichkeit der zukünftigen Ehefrau legen (vgl. Toprak 2002: 202). Die gewalttätigen oder nicht integrierten Jugendlichen hingegen, die keine Schul- und Berufsausbildung haben, als Hilfsarbeiter tätig sind und in der türkischen Community keinen hohen Stellenwert haben, betonen ihre ausgeprägte Männlichkeit und wollen unbedingt eine Frau heiraten, die ihre Jungfräulichkeit bis zur Ehe bewahrt hat (vgl. Toprak 2007). Ausgeprägte Männlichkeit, bezogen auf Solidarität und Loyalität innerhalb des Freundeskreises, und bedingungslose Verteidigung der weiblichen Familienmitglieder werden rigide gehandhabt und spielen vor allem im Lebenskonzept der gewaltbereiten und gewalttätigen Jugendlichen eine zentrale Rolle. Im Folgenden sollen die herkömmlichen Männlichkeitsbilder der türkischen Jugendlichen näher beleuchtet werden.

4.1 Solidarität und Loyalität gegenüber dem Freund

Zu den komplexen Ursachen für eine erhöhte Strafanfälligkeit männlicher türkischer Jugendlicher in der dritten Migranten-Generation gehört auch der Werte- und Normenkodex, mit dem türkische Jungen aufwachsen und über den sie ihre Identität definieren. Der Autor konnte in den Anti-Aggressivitäts-Trainings mit straffälligen Jugendlichen feststellen, dass türkischstämmige Jugendliche aufgrund ihres Ehrbegriffes zu Straftaten bereit sind. Dazu gehört ihr bedingungsloses Verständnis von Freundschaft. Sie setzen sich auch auf die Gefahr hin, dass sie verletzt werden, für den Freund ein. Diese bedingungslose Solidarität heißt auch, dem Freund, ohne die Situation zu hinterfragen, Hilfe zu leisten. Sie ist eine tief verankerte Verhaltensnorm, über die nicht nachgedacht und die auch nicht in Frage gestellt wird. Wenn das geschähe, wäre nicht nur die Freundschaft, sondern auch die Ehre und Männlichkeit des Jugendlichen in Frage gestellt. „Ehre" und „Männlichkeit" sind Begriffe, die türkische Jugendliche in den Anti-Aggressivitäts-Trainings immer wieder artikulieren.

Um ihre Denkweise besser verständlich zu machen, sollen im Folgenden diese zentralen Begriffe kurz erläutert werden.

Ein (ehrenhafter) Mann steht zu seinem Wort. Diese These bekräftigt ein Sprichwort aus dem Türkischen („erek adam sözünü tutar" = „ein Mann hält sein Wort"). Er muss klar und offen zu seinem Wort stehen, und er darf niemals mit „vielleicht" oder „kann sein" ausweichen, weil diese Antworten „nur" von einer Frau zu erwarten sind. Darüber hinaus muss ein ehrenhafter Mann in der Lage und willens sein zu kämpfen, wenn er dazu herausgefordert wird. Die Eigenschaften eines ehrenhaften Mannes sind Virilität, Stärke und Härte. Er muss in der Lage sein, auf jede Herausforderung und Beleidigung, die seine Ehre betrifft, zu reagieren und darf sich nicht versöhnlich zeigen.

Der andere wichtige Begriff ist „Männlichkeit". Traditionell werden türkische Jungen zu körperlicher und geistiger Stärke, Dominanz und selbstbewusstem Auftreten – im Hinblick auf die Übernahme von männlichen Rollenmustern – erzogen. Wenn ein Jugendlicher diese Eigenschaften nicht zeigt, wird er als Frau und Schwächling bezeichnet. Wenn ein Mann zu homosexuellen Männern Kontakt aufnimmt und hier die Rolle des Passiven übernimmt, wird er als schwach und unmännlich bezeichnet, weil er in diesem Fall die Frauenrolle übernommen hat, die sich mit der traditionellen Männerrolle nicht vereinbart.

Die wichtigsten Begriffe im Kontext der Männlichkeit – Stärke, Dominanz, selbstbewusstes Auftreten sowie Homosexualität – sollen im Folgenden genauer betrachtet werden.

4.1.1 Stärke

Das wichtigste Indiz für eine ausgeprägte Männlichkeit ist die geistige und körperliche Stärke eines Mannes. Bereits im Kindesalter werden die Jungen zum Ringen, Boxen und anderen Kampfsportarten ermutigt und darin gefördert, während dies bei den Mädchen kategorisch abgelehnt wird. Wenn sich die Jungen beim Spielen verletzen und dabei weinend zur Mutter gehen, werden sie unter Umständen bestraft, da das Weinen die weibliche Rolle, die Schwäche, impliziert. (Auch bei den Teilnehmern des Anti-Aggressivitäts-Trainings fällt sehr stark ins Auge, dass sie Kampfsport trainieren und körperlich sehr gut gebaut sind.) Darüber hinaus wird oft von Jugendlichen zum Ausdruck gebracht, dass Schläge zum Erziehungsauftrag der Eltern gehören, damit aus dem Jungen ein richtiger Mann wird.

4.1.2 Homosexualität

Die Bezeichnung „schwul" ist sowohl im Türkischen als auch im Deutschen in bestimmten Kontexten negativ besetzt. Aber bei türkischen Männern – in unserem Kontext – gibt es zwei unterschiedliche Bewertungen von Homosexualität. Die aktive Rolle beim Geschlechtsverkehr wird mit den Begriffen Stärke, Dominanz, Potenz und Männlichkeit in Verbindung gebracht. Die passive Rolle wird dagegen mit den Begriffen Schwuchtel, Frau und Schwächling abgewertet und ist verpönt. Bei den Jugendlichen wird man nur dann als „schwul" bezeichnet, wenn man die Rolle des Schwächeren übernimmt, weil diese in der Regel die Frauenrolle impliziert und nicht in das beschriebene Männerbild passt.

4.1.3 Dominanz und selbstbewusstes Auftreten

Türkische Jungen treten im Gegensatz zu Mädchen sehr dominant und selbstbewusst auf. Sie werden zu diesem Verhalten erzogen und ermuntert. Ein Junge muss in der Lage sein, zu entscheiden, was für die später zu gründende Familie das „Richtige" und „Vorteilhafte" ist. Dies kann er u.a. dadurch unter Beweis stellen, indem er seine Position selbstbewusst verteidigt und auf Meinungen, die von außen an ihn herangetragen werden, keine Rücksicht nimmt. Dies könnte ihm sonst als Schwäche ausgelegt werden, was von „Frauen zu erwarten ist".

Dominanz und selbstbewusstes Auftreten werden jedoch nur in bestimmten Grenzen gefördert. Wenn die jungen Männer mit 18 Jahren oder später den Wunsch äußern, das Elternhaus zu verlassen, ohne dass sie geheiratet haben, wird dies von den Eltern in der Regel missbilligt und nicht erlaubt.

Die Ausführungen machen deutlich, dass der Zusammenhalt, hier Loyalität, in der Gruppe bzw. unter Freunden eine große und ganz zentrale Rolle spielt und dem Begriff der Freundschaft eine entscheidende Bedeutung zugesprochen wird. Freunde tun alles füreinander: Es wird geteilt, was man hat, wie z.B. Geld, Essen, Kleidung. Massenschlägereien können deshalb zu Stande kommen, weil der Freund nicht allein gelassen werden darf. Der Wert der Freundschaft spielt auch in der Gruppendynamik eine zentrale Rolle. Aus einer Dreier-Gruppe kann ganz schnell eine Großgruppe werden, wenn diese drei Jugendlichen Freunde haben, die sich mit ihnen solidarisieren.

Die Freundschaft wird verletzt,

- wenn die Mutter und andere weibliche Familienmitglieder (Freundin, Frau, Schwester, Ehefrau des Bruders etc.) beschimpft, beleidigt oder angeschaut werden,
- wenn die Männlichkeit oder die Potenz angezweifelt werden und
- wenn man als „schwul" beschimpft wird.

4.2 Bedingungslose Verteidigung der weiblichen Familienmitglieder

Der Grund für die bedingungslose Verteidigung der weiblichen Familienmitglieder begründet sich vom Wert der Ehre her. Jugendliche in Deutschland mit wenig Selbstwertgefühl und geringem sozialen Ansehen betonen diesen Wert rigider – wie auch beim Thema „Solidarität und Loyalität gegenüber dem Freund" festgestellt – als Jugendliche und Heranwachsende, die den sozialen Aufstieg vollzogen haben bzw. vollziehen werden. In den folgenden Zeilen wird zunächst der Wert der Ehre im Allgemeinen beschrieben, um später den Bogen hin zu Jugendlichen zu spannen, die Gewalt anwenden bzw. wenig Selbstbewusstsein zeigen.

Der Begriff der Ehre (im Türkischen *namus*) im traditionellen Kontext klärt die Beziehung zwischen Mann und Frau sowie die Grenzen nach innen und außen. Ein Mann gilt als ehrlos, wenn seine Frau oder Freundin beleidigt oder belästigt wird und er nicht extrem und empfindlich darauf reagiert. Derjenige Mann gilt als ehrenhaft, der seine Frau verteidigen kann, Stärke und Selbstbewusstsein zeigt und die äußere Sicherheit seiner Familie garantiert. Eine Frau, die einen Ehebruch begeht, befleckt damit nicht nur die eigene Ehre, sondern auch die ihres Gatten, weil der Mann nicht genug Mann war, sie davon abzuhalten. Werner Schiffauer beschreibt die Bereiche des Innen und Außen wie folgt: „Dem Wert der Ehre (namus) unterliegt die Vorstellung einer klaren Grenze, die Innen, den Bereich der Familie, vom Außen, der – männlichen – Öffentlichkeit des Dorfes oder der Stadt, scheidet. Die Ehre eines Mannes ist beschmutzt, wenn diese Grenze überschritten wird, wenn jemand von außen einen Angehörigen der Familie, womöglich eine der Frauen, belästigt oder angreift. Als ehrlos (namussuz) gilt der Mann, der dann nicht bedingungslos und entscheidend den Angehörigen verteidigt." (Schiffauer 1983: 65)

Auf Beibehaltung dieser familialen Grenze nach innen und außen wird auch in Deutschland großen Wert gelegt. Ehre (*namus*) regelt nicht nur die Beziehung nach innen und außen, sondern sie bestimmt auch das Verhältnis zwischen Mann und Frau. Wenn von *namus* gesprochen wird, bedeutet sie für den Mann und die Frau Unterschiedliches. *Namus* bedeutet für die Frau, dass sie bis zur Ehe ihre Jungfräulichkeit wahrt und während der Ehe treu bleibt. Die *namus* eines Mannes hängt in erster Linie vom Verhalten seiner Frau ab. Ehre im Sinne von *namus* impliziert, dass die Männer die Sexualität ihrer Frauen, Ehefrauen, Töchter und Schwestern kontrollieren und dass Männer Ehre besitzen, wenn ihre Kontrolle sozial anerkannt und gerechtfertigt ist. Schindbeck-Pfluger beschreibt diese Beziehung folgendermaßen: „Von der Frau verlangt die namus korrekte Bekleidung, korrektes Verhalten im Umgang mit fremden Männern, keine vor- oder außereheliche Beziehungen usw. Handelt sie dem zuwider, so muß der Mann, um seine eigene Ehre wieder herzustellen, sie im äußersten Fall verstoßen." (Pfluger-Schindlbeck

1989: 63) Ein Mann kann seine Ehre auch aus eigenem Verschulden verlieren, indem er, obwohl er Frau und Kinder hat, nach anderen (verheirateten) Frauen schaut.

Aus den Ausführungen wird deutlich, dass die Verteidigung der weiblichen Familienmitglieder als eine wichtige Anforderung an die männlichen Familienmitglieder herangetragen wird. Während selbstbewusste und offene Jugendliche in der dritten Generation sich von diesen gesellschaftlich vorgegebenen Normen befreien und sich beispielsweise über ihr Studium oder ihren Beruf definieren, klammern sich Jugendliche mit wenig Selbstwertgefühl und geringer Bildung bzw. Prestige gerade an diese Werte und betonen diese rigider als im üblichen Maße. Folgende Indizien deuten darauf hin, dass die Jugendlichen den Wert der Ehre bzw. die bedingungslose Verteidigung der weiblichen Familienmitglieder überbetonen:

- *Geringe Schulausbildung:* Kein Abschluss bzw. Hauptschul- oder Sonderschulabschluss.
- *Geringe Berufsausbildung:* Keine in der Gesellschaft positiv bewertete Berufsausbildung.
- *Arbeitslosigkeit oder Tätigkeit als Hilfsarbeiter:* Wenn Jugendliche aufgrund der beiden oberen Bedingungen von Arbeitslosigkeit betroffen sein werden oder sind. Wenn Erwerbstätigkeit erfolgt, dann schlecht bezahlte Hilfsarbeitertätigkeiten.
- *Geringe Allgemeinbildung:* Diese Jugendlichen haben eine schlechte Allgemeinbildung, können Sachverhalte nicht differenziert betrachten und sind leicht manipulierbar. Das Lesen beherrschen sie kaum, einige sind sogar halb Analphabeten.
- *Keine eigene Meinung:* Aufgrund der schlechten Allgemeinbildung und der schlechten Schul- und Berufsausbildung verfestigt sich bei den Jugendlichen keine eigene Meinung. Meinungen und Sachverhalte werden von den Eltern bzw. der Peergroup unreflektiert übernommen und zu Eigen gemacht.
- *Aufenthaltsmilieus:* Diese Jugendlichen verkehren in bestimmten Kreisen, wie z.B. in Freizeitheimen, bei Familienmitgliedern, in türkischen Männercafes oder Clubs und sehen und hören keine differenzierten Meinungen. Dadurch haben sie beispielsweise keinen Kontakt zu Gymnasiasten bzw. Studenten.
- *Keine (eigenen) Hobbys:* Die meisten Hobbys dieser Jugendlichen sind Kampfsportarten oder Fußballspielen. Hobbys musischer oder künstlerischer Art, in denen individuelle Interessen, Eigenschaften bzw. Begabungen ausgelotet werden, sind kaum vorhanden. Die Haupt- bzw. Lieblingsbeschäftigung dieser Jugendlichen besteht aus „Rumhängen". Das heißt die Jugendlichen nehmen sich nichts vor, leben in den Tag hinein und treffen sich mit gleich gesinnten Freunden an den öffentlichen Plätzen, wie z.B. Parks oder Straßenkreuzungen.

- *Überschätzung eigener Fähigkeiten:* Viele Jugendliche sind auch nicht in der Position, ihre Interessen ihren Fähigkeiten und Fertigkeiten anzupassen. Überzogene Wünsche und Erwartungen bezogen auf Schul- und Berufsausbildung prägen den Alltag von diesen Jugendlichen.
- *Geringe Frustrationstoleranz:* Die Frustrationstoleranz ist geringfügig ausgeprägt, weil die Wünsche und Erwartungen nicht umgesetzt werden können und Enttäuschungen an der Tagesordnung sind. Diese Jugendlichen wechseln oftmals von einer subventionierten Berufsmaßnahme in die andere.

5. Anti-Aggressivitäts-Trainings nach dem Jugendgerichtsgesetz (§10 JGG)

Um türkischen Jugendlichen Möglichkeiten anzubieten, gewaltfreie Verhaltensalternativen zu entwickeln und die oben dargestellten Männlichkeitskonzepte zu reflektieren, in Frage zu stellen bzw. zu revidieren, wurde ein Anti-Aggressivitäts-Training nur für Jugendliche aus dem türkischen Kulturkreis konzipiert.

5.1 Die rechtlichen Grundlagen

Die Anti-Aggressivitäts-Trainings sind in der Regel ein Teil der richterlichen Weisungen, die im Rahmen des Paragraf 10 Jugendgerichtsgesetzes ausgesprochen werden können, d.h. es muss in gängigen Trainings ein Gerichtsurteil vorliegen, um am Anti-Aggressions-Kurs teilnehmen zu können. Im Jugendgerichtsgesetz werden diese Weisungen wie folgt definiert: „Weisungen sind Gebote und Verbote, welche die Lebensführung des Jugendlichen regeln und dadurch seine Erziehung fördern und sichern sollen. Dabei dürfen an die Lebensführung des Jugendlichen keine unzumutbaren Anforderungen gestellt werden." (JGH, 1991: 120)

Die Überwachung der Weisung muss vom jeweiligen Richter vorgenommen werden. „Die Befolgung der Weisung kann nicht erzwungen, sondern die Nichterfüllung mit JA[2] geahndet werden (...)" (ebd.: 143)

Darüber hinaus werden Jugendliche und Heranwachsende in die Kurse aufgenommen, wenn sie das Anti-Aggressivitäts-Training im Rahmen einer Freiheitsstrafe als Bewährungsauflage auferlegt bekommen haben: „Der Richter soll für die Dauer der Bewährungszeit die Lebensführung des Jugendlichen durch Weisungen erzieherisch beeinflussen. Er kann dem Jugend-

---

2 Jugendarrest

lichen auch Auflagen erteilen. Diese Anordnung kann er nachträglich treffen, ändern oder aufheben. Die §§ 10, 11 Abs. 3 (...) gelten entsprechend." (§23 ebd.: 230) Die Überwachung der Auflage wird in diesem Falle nicht vom zuständigen Jugendrichter vorgenommen, sondern vom Bewährungshelfer (vgl. ebd.: 233).

5.2 Die methodischen Grundlagen

Die Grundlagen des Anti-Aggressivitäts-Trainings sind überwiegend aus Jens Weidners Konzeption des Anti-Aggressivitäts-Trainings entnommen. Diese Konzeption wurde auf die Bedürfnisse von Jugendlichen aus dem türkischen Kulturkreis umgestellt. Burschky/Sames/Weidner schlagen im Sitzungscurriculum eines Anti-Aggressivitäts-Trainings 19 Sitzungen mit einem Trainer, einem Co-Trainer, zwei Tutoren (Ex-User/Gewaltexperten), einer neutralen Person, ca. 5-7 Teilnehmern und einem zeitlichen Umfang von 54,5 bis 73,5 Stunden vor (vgl. Burschky/Sames/Weidner 1997: 83-89). Das Anti-Aggressivitäts-Training Jens Weidners basiert auf einem Curriculum, das in abgewandelter Form auch für das Anti-Aggressivitäts-Training mit türkischen Jugendlichen gilt. Der Unterschied des Trainings mit türkischen Jugendlichen besteht darin, dass die migrationsbedingten Themen in das Training miteinbezogen werden, die in den Konzepten von Jens Weidner, Rainer Kilb oder Rainer Gall keine Relevanz haben. (Kilb/Weidner/Gall, 2006 oder Weidner/Kilb 2004)

Curriculum eines Anti-Aggressivitäts-Trainings

Faktoren	Lerninhalte	Lernziele
1. Aggressivitäts-auslöser	Was sind provozierende Situationen? Wann ist für den Teilnehmer Gewalt „zwingend notwendig"? Wie weit verstärkt Alkohol die Gewaltbereitschaft?	Das Infragestellen „zwingender Notwendigkeiten". Das frühzeitige Erkennen gewaltaffiner Entwicklungen und der Rückzug oder die Schlichtung als Handlungsalternative.
2. Aggressivität als Vorteil	Die gewalttätige Unterwerfung zur Erhöhung des Selbstwertgefühls, das Opfer als „Tankstelle" des Selbstbewusstseins. Anerkennung und Respekt durch Freunde.	Die Kosten-Nutzen-Analyse: Jede weitere Körperverletzung kann Jahre an Haftzeiten kosten.
3. Selbstbild zwischen Ideal- und Realselbst	Das Ideal des Teilnehmers ist hart, unbeugsam „cool" und gnadenlos. Das reale Selbst ist dagegen leicht kränkbar, wenig selbstbewusst und als Versager „abgestempelt".	Widerlegung der Hypothese der Teilnehmer, „Härte macht unangreifbar." Dissonanzausgleich durch veränderte Rollenerwartungen: statt Unbesiegbarkeit die kränkbaren Persönlichkeitsanteile respektieren lernen.

4. Neutralisierungs-techniken	Die Auseinandersetzung mit der real begangenen Tat. Die Analyse vorgeschobener Rechtfertigungen von Gewalttaten. Die Konfrontation der Neutralisierungen und die Einmassierung des Realitätsprinzips.	Das Wecken von Schuld- und Schamgefühl. Übernahme von der Verantwortung für die Taten. Die Veränderung des Selbstbildes: vom souveränen Kämpfer zum entschuldigenden Versager.
5. Opferkonfrontation/ -perspektiven	Ängste, Behinderungen, Schmerzen, Trauer von Gewaltopfern: Tonbandinterviews mit Gewaltopfern. Der fiktive (nicht abgesandte) Entschuldigungsbrief an sein Opfer.	Kathartisches Durchleben des Opferleids. Steigerung des Opfereinfühlungsvermögens. Betroffenheit durch mögliche und reale Opferfolgen wecken.
6. Provokationstests	Das Aufstellen und Durchspielen einer Hierarchie von leichten Belästigungen bis zu Aggression auslösenden Provokationen, im Sinne systematischer Desensibilisierung.	Trotz Provokationen gelassen bleiben. Das „Austesten" der eigenen Grenzen im kontrollierten Umfeld. Erkenntnisgewinn: Die größte Niederlage des Provokateurs ist das Ignorieren der Provokation. Sich mit Worten, Humor, Ironie (statt Fäusten) wehren.

Quelle: Burschsky/Sames/Weidner: In: Weidner/Kilb/Kreft (Hrsg.): Gewalt im Griff I, Weinheim und Basel 1997, S. 76–77.

Im Folgenden sollen die methodischen Grundlagen des Anti-Aggressivitäts-Trainings mit türkischstämmigen Jugendlichen kurz vorgestellt werden.

5.3 Einzelgespräche

Das Hauptziel des Einzelgespräches besteht darin, zunächst einmal den Kontakt zum Teilnehmer herzustellen, und ihn darüber hinaus über den Kurs zu informieren. „Diese Informationen sollen vorhandene Ängste, Befürchtungen und falsche Vorstellungen vom Kurs reduzieren und korrigieren helfen." (Frey u. a. 1997: 77) Konkrete Informationen, die die Jugendlichen schon vor dem ersten Kurstag erhalten, erhöhen die Chance, dass sich ihre Energie weniger auf Abwehrverhalten konzentriert und ihre Grundhaltung eher durch Neugierde und Aufnahmebereitschaft gekennzeichnet ist. Weiterhin soll nach Möglichkeit überprüft werden, ob der Kursteilnehmer für die Teilnahme geeignet ist, wie z.B., ob er stark drogenabhängig ist oder aber große psychische Probleme hat. Sollte der Kursleiter Bedenken bei einem Jugendlichen haben, soll dieser zu einem zweiten Vorgespräch, ggf. im Beisein eines Psychologen, eingeladen und intensiv interviewt werden.

5.4 Themen des Anti-Aggressivitäts-Trainings

Die Teilnehmer in den Anti-Aggressionskursen setzen sich mit folgenden
drei Themenblöcken auseinander:

5.4.1 Straffälligkeit und Gewalt

Einstellung zur Gewalt
Erlernen von gewaltfreien Verhaltensmustern
Umgang mit eigenen Aggressionen
Opferperspektive

5.4.2 Migration

Diskriminierungserfahrungen
Familien- und Generationskonflikt
Bikulturalität/Bilingualität als Ressource
Lebensentwürfe zwischen „Tradition" und „Moderne"
Ethnisierung/Selbstethnisierung

5.4.3 Umgang bzw. Verhalten in Konfliktsituationen

Konflikte in der Schule, am Ausbildungsplatz oder am Arbeitsplatz
Flüchten und Standhalten in Konfliktsituationen
Umgang mit Beschimpfungen und Beleidigungen
Gruppendruck in Cliquen (vgl. Toprak 2001)

Im Laufe eines Kurses werden diese Themenblöcke, sei es im Rahmen der
Gruppengespräche, auf dem heißen Stuhl oder aber nach Filmvorführungen
in Form von Diskussionen behandelt. Nach Auswertung des jeweiligen Trainings werden die Angebote, soweit es von den Teilnehmern gewünscht bzw.
angeregt wird, verändert.

5.5 Konfrontativ-provokativer Ansatz

Im Folgenden soll der konfrontative Ansatz beschrieben werden:
Konfrontation mit der eigenen Tat: Die Neutralisierungstechnik („das
Opfer ist Schuld", „er hat mich provoziert" oder aber „ich habe mich ge-
wehrt") ist ein beliebter Umgang mit der eigenen Tat, um sie zu rechtfertigen.
Darüber hinaus soll den Teilnehmern die Opferperspektive aufgezeigt werden: „Die Opferkonfrontation ist ein Thema, das äußerst sensibel gehandhabt
werden muss. Oberste Prämisse muss sein, dass das Opfer nicht als ‚Werk-
zeug' im therapeutischen Setting missbraucht werden darf, um den Täter zu

behandeln." *(*Burschyk/Sames/Weidner 1997: 80) In diesen Kursen sollen nur symbolische Formen von Opferkommunikation praktiziert werden; d.h. „(...) dass Filme aus der Opferperspektive, Opferinterviews aus dem Fernsehen, den Teilnehmern gezeigt werden, wobei vom Täter Parallelen zur eigenen Tat aufzuzeigen sind." (ebd.)

Ein Treffen bzw. ein Gespräch mit dem Opfer soll in jedem Fall vermieden werden, weil das Opfer dadurch einer unzumutbaren Belastung ausgesetzt sein würde. Viele Opfer schaffen es nur mit viel Mühe, die psychischen Belastungen und Schäden zu vergessen. Ein Treffen bzw. Gespräch mit dem Täter würde das Opfer womöglich bei der Verarbeitung der Vorfälle um Monate „zurückwerfen".

Konfrontation mit Männlichkeitskonzepten: „Ich bin eigentlich nicht aggressiv, aber ich habe geschlagen, weil meine Ehre..." ist eine gängige Neutralisierungstechnik, die bei türkischstämmigen Jugendlichen zu beobachten ist. In den Trainings fällt aber auf, dass die Jugendlichen mit „Ehre", „Freundschaft" oder „Würde" zwar argumentieren, aber die meisten Jugendlichen nicht in der Lage sind, diese Begriffe mit Inhalten zu füllen. Sie werden unreflektiert übernommen, ohne deren Sinn zu verstehen.

Provokationen: Auch wenn die Teilnehmer wissen, dass das bewusste Provozieren seitens der Trainer einen „spielerischen" Charakter hat, werden vielen Teilnehmern ihre Grenzen der Belastbarkeit schnell deutlich. Ziel der Provokation soll es sein, dass „der Klient durch Humor, Ironie, Sarkasmus und Formen der paradoxen Intervention mit seinen persönlichen Schwachstellen konfrontiert wird. Dem Sozialpädagogen und Psychologen kommt dabei die Rolle des ‚Advocatus Diaboli' zu, der den Finger in die konflikt- und aggressionsgeladenen Wunden legt." (ebd.: 81) Während viele Jugendliche mit verbalen „Anmachen" sehr gut umgehen und die gesamte Situation mit Ironie und „Gegenanmache" entschärfen, können sie das bei körperlichen Grenzüberschreitungen (körperliches Zu-Nahe-Kommen und Anfassen an dem Gesicht) nicht; sie werden sehr schnell unruhig, zappelig, und aggressiv. „Also sagen wir so: Du hast mich am Anfang mit Worten provoziert, ne. Ja, ne, das hat mir nix ausgemacht, ne. Das ist mir egal. Ich habe dich auch verarscht, ne. (...) Aber, ne, als du mich am Gesicht angefasst hast, da war ich schon aggressiv, ne. Das hat, sagen wir mal, mir überhaupt nicht gefallen. Am Gesicht anfassen ist immer scheiße. Da wird jeder aggressiv. Ich war sehr aggressiv, ne. Aber ich durfte nix machen, ne. Ich habe gesagt, okay, du musst das aushalten, du musst das aushalten. (...) Ich habe gelernt endlich etwas Schlimmes auszuhalten."[3]

Durch die physische und psychische Provokation sollen dem Teilnehmer die Grenzen der Selbstkontrolle, Erregbarkeit und Aggressivität vermittelt werden. „Praktisch werden die Teilnehmer während der Gruppensitzungen

---

3   Der Interviewausschnitt wurde aus dem Auswertungsgespräch mit einem 18-jährigen Kursteilnehmer entnommen. Er antwortet auf die Frage, was ihm im Kurs nicht gefallen hat.

unangekündigt provoziert, wobei die Provokationen Situationen thematisieren, die früher zu Gewalttätigkeiten geführt haben." (ebd.: 81)

5.6 Rollenspiele, Übungen und Filme

Da die Teilnehmer dieser Kurse in der Regel eine niedrige Schul- und Berufsausbildung haben und eher „schreibfaul" sind, soll das Pensum an Schreibarbeit so niedrig wie möglich gehalten werden. Um einerseits die Gruppenatmosphäre – längere Heiße-Stuhl-Sitzungen, die für beide Seiten anstrengend und belastend sein können – aufzulockern und andererseits bestimmte Themen besser und konkreter anzuschneiden, werden viele Rollenspiele und Filme eingesetzt. Die körperbetonten und provozierenden Übungen motivieren die Jugendlichen, an dem Kurs kontinuierlich teilzunehmen. Ein Jugendlicher äußert sich folgendermaßen: „Was ich an dem Kurs cool fand? Ja, das waren diese Spiele. Ich wollte zuerst nicht zu Anti-Aggression, ne. (...) Ich dachte das ist Schule, ne. Ich find gut, dass man nicht viel schreibt, ne. Ich mag nicht schreiben, und Schule habe ich immer gehasst. (...) Und ich fand die Filme gut, ne. Dieser Film mit dem Schwarzen war gut, ne. (...) Ja er hat das gut gemacht. Er ist nicht sofort aggressiv geworden, ne."[4]

5.7 Auswertungs-Workshop

Der Workshop des Anti-Aggressivitäts-Trainings dient einerseits dazu, den Kurs mit den Teilnehmern auszuwerten und auf der anderen Seite soll der Kurs in einer etwas lockeren Atmosphäre – gemeinsames Abschlussessen, freizeitpädagogische Maßnahme und Verteilung der Teilnahmebestätigungen – zu Ende gebracht werden. Da für den umfangreichen Inhalt sechs bis acht Stunden benötigt werden, soll – aufgrund der Erwerbstätigkeit bzw. Schulpflicht der Teilnehmer – dieser Workshop am Wochenende stattfinden.

5.8 Teilnahmebedingungen und Ausschlusskriterien

Die wichtigste Teilnahmebedingung für das Anti-Aggressivitäts-Training ist eine Verurteilung nach Paragraf 10 Jugendgerichtsgesetz oder eine Bewährungsauflage sowie in diesem Falle die türkische Nationalität bzw. Herkunft und das männliche Geschlecht. Das Alter der Jugendlichen soll, wie der Pa-

---

4   Der Interviewausschnitt wurde aus dem Auswertungsgespräch mit einem 17-jährigen Kursteilnehmer entnommen. Er antwortet auf die Frage, was ihm im Laufe des Kurses am besten gefallen hat.

ragraf 10 vorschreibt, zwischen 14-21 Jahren liegen. Der Kurs soll aus einer „homogenen" Gruppe bestehen: Da den Jugendlichen, die zum Kurs verurteilt wurden, Sanktionen (Jugendarrest) bei einer Nichtteilnahme drohen, sollen Freiwillige an diesem Training nicht teilnehmen. Sind z.B. bereits 3-4 Jugendliche zwischen 14-17 Jahren für einen Kurs eingeteilt worden, sollen Heranwachsende zwischen 18-21 Jahren an demselben Kurs nicht teilnehmen dürfen. Denn durch das große Altersgefälle muss man methodisch und inhaltlich auf die Bedürfnisse der Jugendlichen und Heranwachsenden unterschiedlich eingehen.

Ausgeschlossen sind Abhängige von (illegalen) Drogen (Heroin, Kokain), stark Alkohol konsumierende Jugendliche und Jugendliche mit schweren psychischen Störungen. Im Fall einer Gruppe, die in dieselbe Schlägerei verwickelt war, werden die Einzelnen zu verschiedenen Kursen eingeteilt oder an andere Träger abgegeben, um die Gruppensolidarität zu sprengen.

6. Diskussion und Schlussfolgerungen

Die Teilnehmer der Anti-Aggressivitäts-Trainings zeigen in einigen Punkten große Übereinstimmungen in ihren Einstellungen und Handlungen, die nachdenklich stimmen müssen. Obwohl es sich um in Deutschland geborene und sozialisierte Jugendliche und junge Männer handelt, ist ihnen die Denk- und Funktionsweise der Mehrheitsgesellschaft nicht wirklich vertraut. Ihr Bild über die Mehrheitsgesellschaft bleibt verzerrt und scheint ihnen bedrohlich. Durch die unreflektierte Übertragung des ländlich-traditionellen Erziehungsstils durch die Eltern und der strengen Geschlechtertrennung sind die jungen straffälligen Jugendlichen und Heranwachsenden nicht ausreichend auf die Erfordernisse der globalisierten westlichen Industriegesellschaft vorbereitet. Ihnen fehlen zum großen Teil wichtige Schlüsselkompetenzen wie Flexibilität im Denken, eine gewisse Frustrationstoleranz, Teamfähigkeit, Selbstdisziplin, Selbstorganisation, Kritikfähigkeit, eigenständige Meinungsbildung, Kreativität und ‚last but not least' in der Regel eine abgeschlossene Schul- und Berufsausbildung. All diese Qualifikationen sind notwendig, um in moderneren Gesellschaften Chancen auf eine qualifizierte Berufstätigkeit zu haben.

Die jahrelange Erfahrung des Autors in der praktischen Arbeit mit Jugendlichen und jungen Männern macht deutlich, dass die tradierten Werte aus dem Herkunftsland, wie Ehre, Männlichkeit, Freundschaft, Solidarität oder aber bedingungslose Verteidigung der „Ehre" der weiblichen Familienmitglieder überbetont werden, wenn die jungen Männer in der Gesellschaft keine adäquate Anerkennung oder Perspektive finden. Weiterhin konnte aufgezeigt werden, dass die Verteidigung der weiblichen Familienmitglieder als eine wichtige Anforderung an die männlichen Familienmitglieder herangetragen

wird. Während selbstbewusste und offene Jugendliche in der dritten Generation sich von diesen gesellschaftlich vorgegebenen Normen befreien und sich
beispielsweise über ihr Studium oder ihren Beruf definieren, klammern sich
Jugendliche mit wenig Selbstwertgefühl und geringer Bildung bzw. Prestige
gerade an diese Werte und betonen diese z.t. sogar rigider als ihre Eltern.
    Aus den Ausführungen können folgende Konsequenzen für die Straffälli-
genhilfe abgeleitet werden.

Ressourcenorientiertes Arbeiten mit der Zielgruppe: In der konkreten Arbeit
mit dieser Zielgruppe ist es zu empfehlen, sich nicht nur an den Defiziten der
Zielgruppe zu orientieren, sondern darüber hinaus ressourcenorientiert zu arbeiten. Das heißt, nicht nur die Schwächen der Zielgruppe in den Vordergrund zu stellen, sondern auch ihre Stärken. In den Trainings mit türkischen
Jugendlichen werden die migrationsbedingten Themen (vgl. 5.4 Themen des
Anti-Aggressivitäts-Trainings) behandelt, weil beispielsweise Bikulturalität
oder Bilingualität als positive Ressourcen betrachtet werden. Um die Jugendlichen und Heranwachsenden zu motivieren, ist es sinnvoll, ihnen gute Vorbilder aus der eigenen Ethnie aufzuzeigen.

Einbeziehung der traditionellen Normen in die Straffälligenarbeit: Die Jugendlichen und Heranwachsenden operieren in den Trainings sehr stark mit
traditionellen Männlichkeitsbildern. Diese sind z.b. Männlichkeit, Freundschaft oder aber Ehre. Wenn die Jungen und die jungen Männer danach gefragt werden, welche Bedeutung diese Werte haben, können viele dazu keine
Stellung beziehen. Diese Begriffe werden unreflektiert übernommen, ohne
sich z.b. mit dem tiefen Sinn der Ehre auseinander gesetzt zu haben. Diese
Folklore des Halbwissens ist auch bei vielen Lehrkräften und Sozialarbeitern
weit verbreitet. Damit die Jugendlichen diese Werte reflektieren und hinterfragen lernen, muss in der Schule, in Bildungseinrichtungen, in der Jugendarbeit und spätestens in der Arbeit mit Straffälligen dieses Thema auf die Tagesordnung kommen. Dadurch können Pädagogen und Jugendliche voneinander lernen und ihre Vorurteile revidieren oder in Frage stellen.

Interkulturelle Kompetenz als Qualitätsstandard: Um die türkischen Migranten bei speziellen Erziehungsfragen adäquat beraten zu können, sollten die
Fachkräfte gezielter geschult werden. Bei der Ausbildung der Anti-Aggressi-
vitäts-Trainer kommt „Interkulturelle Kompetenz" als Qualitätsstandard nicht
vor, obwohl bekannt ist, dass in Ballungszentren weit über die Hälfte der
Teilnehmer solcher Trainings einen Migrationshintergrund hat. Sowohl das
Institut für Sozialarbeit und Sozialpädagogik in Frankfurt a. M., das die Qualitätsstandards festschreibt, als auch Jens Weidner, der die Methoden dieser
Trainings entwickelt hat, lehnen die „Interkulturelle Kompetenz" als Qualitätsstandard ab (vgl. www.prof-jens-weidner.de und www.iss-ffm.de, zuletzt
abgerufen am 20. Mai 2007). Der Besuch eines Wochenendseminars zum
Thema „Interkulturelle Kompetenz", das in der Regel auf der Initiative des

Einzelnen beruht, geht zwar in die richtige Richtung, reicht aber bei Weitem nicht aus, um die Hintergründe und die kognitiven Hypothesen der Jugendlichen vollständig zu verstehen.

Literatur

Attia, Iman/Marburger, Helga (2000): Alltag und Lebenswelten von Migrantenjugendlichen, Frankfurt a. M.: Iko-Verlag für Interkulturelle Kommunikation.

Brunner, Rudolf (1991): Jugendgerichtsgesetz: Kommentar. 9. Auflage, Berlin/New York 1991: de Gruyter.

Bundesministerium für Familie, Senioren, Frauen und Jugend (1998): Zehnter Kinder- und Jugendbericht. Bonn.

Burschyk, Leo/Sames, Karl-Heinz/Weidner, Jens: Das Anti-Aggressivitäts-Training: Curriculare Eckpfeiler, Forschungsergebnisse. In: Kilb, Rainer/Kreft, Dieter/ Weidner, Jens (Hrsg.) (1997): Gewalt im Griff I, Weinheim/Basel: Beltz Verlag, S. 78-94.

Frey, Maria u.a. (1997): Jugendarbeit mit Straffälligen. Theorie und Praxis Sozialen Trainings. Freiburg: Lambertus Verlag.

Kilb, Rainer/Weidner, Jens/Gall, Reiner (Hrsg.) (2006): Konfrontative Pädagogik in der Schule. Anti-Aggressivitäts- und Coolnestraining, Weinheim/München: Juventa Verlag.

Pfeiffer, Christian/Wetzels, Peter (2000): Junge Türken als Täter und Opfer von Gewalt. In: DVJJ-Journal, Nr. 2. Hannover, S. 107-113.

Pfluger-Schindlbeck, Ingrid (1989): „Achte die Älteren, liebe die Jüngeren". Sozialisation türkisch-alevitischer Kinder im Heimatland und in der Migration. Frankfurt a. M.: Athenäum.

Schiffauer, Werner (1983): Die Gewalt der Ehre. Erklärungen zu einem türkisch-deutschen Sexualkonflikt. Frankfurt a. M.: Suhrkamp Verlag.

Toprak, Ahmet (2007): Das schwache Geschlecht – die türkischen Männer. Zwangsheirat, häusliche Gewalt, Doppelmoral der Ehre. 2. überarbeitete Auflage, Freiburg: Lambertus Verlag.

Toprak, Ahmet (2002): „Auf Gottes Befehl und mit dem Worte des Propheten...". Auswirkungen des Erziehungsstils auf die Partnerwahl und Eheschließung türkischer Migranten der zweiten Generation in Deutschland. Herbolzheim: Centaurus-Verlag. Dissertation.

Toprak, Ahmet (2001): „Ich bin eigentlich nicht aggressiv!". Theorie und Praxis eines Anti-Aggressions-Kurses mit türkischstämmigen Jugendlichen. Freiburg: Lambertus-Verlag.

Weidner, Jens/Kilb Rainer (Hrsg.) (2004): Konfrontative Pädagogik. Konfliktbearbeitung in Sozialer Arbeit und Erziehung. Wiesbaden: VS-Verlag für Sozialwissenschaften.

Männliche Jugendliche aus Migrantenfamilien – gefangen zwischen Bildungsrisiko und Gewalt?

Sven Sauter

1. Einleitung – Über kleine und große Unterschiede

Es ist gewiss aufschlussreich, dass über Männer und Männlichkeit immer dann geforscht, nachgedacht und reflektiert wird, wenn sie in die Krise geraten. Auf jeden Fall wird diese erkennbare Krise der Männlichkeit wissenschaftlich erforscht, wenn sich Krisensymptome zeigen (vgl. Mosse 1997). Aber nicht nur Männer, auch die Jungen sind in der Krise. Der Frankfurter Kinder- und Jugendlichen-Psychotherapeut Frank Dammasch (2008) hat in seinem Buch „Jungen in der Krise" Symptome dieser Krise benannt. Er führt statistische, sozialpsychologische und psychoanalytische Aspekte an, die belegen, dass Jungen in der Tat in der Krise sind.

Die Zahlen sind eindrücklich: Etwa 85 % der mit der psychiatrischen Diagnose ADHS belegten und mit der psychoaktiven Substanz Methylphendidat behandelten Kinder im Grundschulalter sind männlichen Geschlechts; die empirische Bildungsforschung verzeichnet seit längerem eine wachsende Kluft zwischen dem Bildungserfolg von Jungen und Mädchen. Besuchten im Jahr 1970 18 % der Jungen und 14,7 % der Mädchen ein Gymnasium, so hat sich dieser Anteil zu Gunsten der Mädchen verschoben: Im Jahre 1995 waren es 26,4 % Jungen an Gymnasien und bereits 33 % Mädchen. Jungen und Mädchen sind auch unterschiedlich stark von Klassenwiederholungen betroffen. Die Wahrscheinlichkeit, einmal oder mehrfach die Klasse zu wiederholen, ist bei Jungen in allen Jahrgangsstufen durchweg höher. Besonders auffällig sind die Unterschiede in den Klassenwiederholungen („Sitzenbleiben") zwischen den Geschlechtern in den Jahrgangsstufen 7, 9 und 11 (vgl. Konsortium Bildungsberichterstattung 2006). Auch die international vergleichenden Schulleistungsstudien IGLU und PISA haben dieses Ungleichheit hervorgehoben und bei Jungen niedrigere Kompetenzstufen beim Lesen festgestellt. Das PISA-Konsortium behauptet gar:

„Schließlich ist auch die Tatsache, ein Junge zu sein, im Hinblick auf die Zugehörigkeit zur Gruppe der schwachen Leser in allen PISA-Teilnehmerstaaten ein Risiko, allerdings unterschiedlicher Größenordnung. Jungen gehören in allen Sozial- und Bildungsschichten eher zu dieser Problemgruppe. In Deutschland liegen die relativen Risiken von Jungen zur Gruppe schwacher Leser zu gehören, um etwa 70 % höher als für Mädchen." (Baumert et al.

2001: 401) Bekanntlich waren die Kinder und Jugendlichen aus Migrantenfamilien bei der PISA-Studie besonders als Risikogruppen für gelingende
Bildungsprozesse identifiziert worden.

Nachdem in den 1970er Jahren die klassische Kunstfigur des „katholischen Arbeitermädchens von Lande", eine damals vorherrschende Bildungsungleichheit versinnbildlichte, scheint diese nunmehr abgelöst und eine neue
Kunstfigur konturiert sich immer klarer: der männliche Jugendliche aus Ein-
wanderer- bzw. Flüchtlingsfamilien mit ungesichertem (Aufenthalts-)Status.
Diese Gruppe ist in den sogenannten niedrigen Bildungsgängen und in För-
derschulen überdurchschnittlich vertreten (vgl. Sauter 2007).

Aber auch wenn eine Bildungsbenachteiligung bildungsstatistisch nicht
immer exakt messbar ist, eine Tendenz wird dabei dennoch sichtbar. Gleichwohl ist in diesem Zusammenhang eine Perspektivenverengung festzustellen:
Viele dieser Berechnungen und Studien gehen von einer *Einheitlichkeit*
männlicher Lebenslagen aus, die es faktisch nicht gibt. Um es also soziologisch korrekt auszudrücken: Die Lebenserfahrungen von jungen Männern
müssen systematisch mit den sozialen Strukturen in Verbindung gebracht
werden. Und die sind sehr vielfältig. Außerdem fällt bei den öffentlichen Debatten über die mögliche Benachteiligungen von Jungen im Bildungsprozess
und vor allem im Hinblick auf männliche Jugendliche aus Migrantenfamilien
auf, dass oft sehr naturalistische und wesenhafte Erklärungen für Auffälligkeiten das Feld dominieren.

Aus diesem Grund habe ich mich in diesem Beitrag für die folgende Sys-
tematik entschieden. Zunächst möchte ich eine tragfähige Perspektive
(= Theorien) auf *Männlichkeiten* (wohlgemerkt im Plural) vorstellen. An-
schließend Werkzeuge (= Methoden) präsentieren, die sich für dieses Thema
bevorzugt eignen und schließlich dieses Wissen anschlussfähig machen an
die Praxis der sozialen und pädagogischen Arbeit mit Jungen und Adoleszenten aus Migrantenfamilien. Wissen, was man tut, ist dabei eine Grundbedin-
gung nicht nur der pädagogischen Professionalität. Dazu braucht es sowohl
gute Theorien als auch gute Methoden.

Keine guten Theorien liefert dagegen die Alltagspresse, wie beispielsweise die Zeitschrift „Der Spiegel": *„Junge Männer: Die gefährlichste Spezies der Welt"* so titelte der Spiegel in seiner zweiten Ausgabe am 7. Januar
2008. Darin wurde Bezug genommen auf den brutalen Überfall zweier Jugendlichen (mit Migrationshintergrund) auf einen Münchner Rentner. „Sie
sind jung, männlich, chancenlos – und gefährlich".

Unter der Überschrift „Exempel des Bösen" wird in diesem Artikel alles
verhandelt, was die Alltagstheorie und die daran anschlussfähige Wissenschaft zu bieten hat. Die sich auf die Naturwissenschaften beziehenden Erklä-
rungsversuche, die eine Biologisierung männlicher Verhaltensprobleme stützen, fehlen jedoch zugunsten einer neuen und zunächst plausibel erscheinenden, aber dennoch trivialen Erklärung. Es gebe einen „Jugendüberschuss an

zornigen Männern" so wird der Bremer Wissenschaftler Gunnar Heinsohn in diesem Bericht zitiert.

Diese „Jungmännerhorden" seien gewaltbereiter und führten kriegerische Auseinandersetzungen, eine „Testosterontheorie" wird in diesem Zusammenhang bemüht. Ist Gewalt ein Produkt von Testosteronüberschuss? Scheint die Gewaltbereitschaft junger Männer (vor allem der mit Migrationshintergrund) gar angeboren? Im Gegensatz zu diesen schlichten Theorien sind Männlichkeiten aus einer konstruktivistischen Perspektive nie eindeutig, und vor allem immer nur im Kontext biografischer, kultureller und sozialer Prozesse zu verstehen.

Aus diesem Grund erscheinen die Alltagstheorien über Gewalt und Bildungsmisserfolg von männlichen Jugendlichen aus Einwandererfamilien immer an scheinbar eindeutigen Kriterien wie *Natur* (Gene, Hormone) oder *Kultur* (die Türken, die Griechen usw.) orientiert, fallen aber weit hinter die differenzierten Sichtweisen zurück, die einen Zugang zur Lebenswelt dieser jungen Männer im Möglichkeitsraum der Adoleszenz bieten. (vgl. King 2005)

2. Der gemachte Mann

Was nicht nur junge, sondern auch etablierte Männer, also auch und vor allem Jungen aus Migrantenfamilien inszenieren, herstellen, aushandeln, das ist Männlichkeit, Es ist die Konstruktion des Geschlechtergegensatzes durch verschiedene männliche Lebensskripte, die aus dem kulturellen Speicher immer wieder neu gefüllt werden. Diese Konstruktion kann auf eine starke Ressource einer dominierenden und damit hegemonialen Männlichkeit zurückgreifen. Ich möchte diesen Ansatz darstellen, da er viel zur Aufklärung der scheinbar naturgegebenen oder kulturell festgelegten Handlungen von Jugendlichen aus Migrantenfamilien aufklären kann.

Das Konzept der hegemonialen Männlichkeit hat der australische Soziologe und Männerforscher Robert W. Connell (1995) in seiner Studie „Masculinities" entwickelt. Connell vertritt einen sozialkonstruktivistischen Ansatz. Darunter ist die Erkenntnis zu verstehen, dass das Geschlechterverhältnis nicht auf einer natürlichen, oder besser biologischen Ordnung beruht, sondern sozial und kulturell hergestellt wird. Sie wird durch das Handeln der Menschen (die soziale Praxis) immer wieder neu reproduziert – im Sinne eines zeitgemäßen „doing gender".

In Deutschland wurde Connells Studie 1999 übersetzt und unter dem Titel: „Der gemachte Mann. Konstruktion und Krise von Männlichkeiten" herausgegeben. Männlichkeit (zunächst im Singular), so schreibt Connell, markiert eine schwer fassbare Kategorie, die kaum eindeutig zu definieren ist.

Trotzdem beherrschen diese Konzepte ‚Männlichkeit' (und ‚Weiblichkeit') die Konzepte der Sozialwissenschaften und vor allem die Alltagspraxis. Aber: „Das alltägliche Leben ist keine politikfreie Zone, sondern eine Arena der Geschlechterpolitik." (Connell 1999: 21)

Connell meint mit *hegemonialer Männlichkeit* nun keine Charaktertypen oder einen bestimmten ethnischen Typus, sondern er beschreibt einen analytischen Zugang, Machtanwendung und Machtunterworfenheit entlang der Kategorien Schicht/Klasse, Status/soziale Herkunft, Geschlecht, Alter, Ethnie, Mehrheits-/Minderheitskultur zu bestimmen. Hegemoniale Männlichkeit muss nicht als an reale Personen gebunden betrachtet werden, sondern stellt vielmehr ein fiktives, ideologisches Konstrukt dar, dessen sich Männer in ihrer „gender practice" bedienen, um dominante und patriarchale Muster zu bedienen. Es reicht nicht aus, so Connell, die Mannigfaltigkeit der Männlichkeitsformen zu erkennen. Es geht auch und vor allem um die *Verhältnisse* zwischen den verschiedenen Arten von Männlichkeit. Es geht dabei um Bündnisse, Dominanz und Unterordnung. Die Verhältnisse entstehen also durch Praxen, also durch gelebte Männlichkeit(en), die andere ein- oder ausschließen, die einschüchtern, ausbeuten und so weiter. (vgl. Connell 1999)

Die Rückversicherung, sich der Deutungskraft dieses Konzepts der hegemonialen Männlichkeit bedienen zu können, lässt Männer fast automatisch den Macht-Pol besetzen. Nicht biologische oder genetische, sondern soziale Unterschiede markieren diese Größe.

„Hegemoniale Männlichkeit bezeichnet die Reproduktion [...] der ökonomischen, rechtlichen und kulturellen Makro- und Mikrostrukturen, die bis in den Arbeits- und Beziehungsalltag hinein *ohne die Anwendung unmittelbarer Gewalt,* die Vorherrschaft eines Geschlechts in einer grundsätzlich geschlechterungleichen Kultur sichern",

so fasst der Kriminologe Joachim Kersten (1997: 106) das Konzept von Connell anschaulich zusammen.

Es geht Connell in seinem Entwurf auch um die Frage, „wie eine angemessene Geschlechtertheorie heute auszusehen hätte" (1999: 61). Die Suche nach einer guten Theorie ist also auch das Bestreben nach Veränderung.

Dabei definiert Connell Geschlecht vor allem als *soziale Praxis,* die sich ständig auf den Körper bezieht, ohne dabei eine auf den Körper reduzierte gesellschaftliche Praxis zu beschreiben:

„Mit welchem gesellschaftlichen Setting auch immer wir es zu tun haben, kaum jemals treffen wir nur eine einzige Form von Männlichkeit an. Für gewöhnlich sind es mehrere Formen von Männlichkeit. Das, was man, die ‚Männerrolle' genannt hat, läßt sich am besten als das kulturell maßgebliche, autoritative oder hegemoniale Muster von Männlichkeit verstehen." (ebd. 68)

Aber nicht nur Frauen werden unter diese Maßstäbe gestellt, auch in Auseinandersetzung mit anderen Männern, anderen Männlichkeiten (dazu gibt Connell in seinen Fallstudien einen reichhaltigen Überblick) wird der Durchgriff von hegemonialer Männlichkeit erzeugt. Erst dadurch konstruiert sich der Geschlechtergegensatz, der übergeordnete Männlichkeit und untergeordnete Weiblichkeit (und abweichende Männlichkeit) definiert.

Die Ansätze jenseits des bürgerlichen *Malestreams* haben – so Connell – eine Wahrnehmung der vorherrschenden Männlichkeit ermöglicht, die grundsätzlich mit Macht verknüpft ist, die zur Dominanz neigt und wegen der Machtverteilung kaum empfänglich für Veränderung ist. Aber Machtverhältnisse sind nicht einfach *da* – sie müssen auch ausgeübt werden. Genau das meint Connell und auch die anderen konstruktivistischen Theorie-Ansätze mit *Praxis* der Männlichkeit(en).

Folglich wird es Unterschiede geben, *wie* diese Praxis ausgeübt wird. Wenn nun verschiedene Gruppen von Männern sich um die hegemoniale Männlichkeit bemühen, dann kommt es naturgemäß zu Konflikten. Denn es gibt – so Connell – „ja kein Hauptquartier des Patriarchats mit Flaggen und Limousinen, wo die Strategien ausgearbeitet werden." (1999: 237).

Festgehalten werden muss also, dass hegemoniale Männlichkeit aktiv verteidigt wird und dass sich hegemoniale Männer in einer in der Regel wirtschaftlich, ideologisch und sexuell dominierenden Position befinden. Aber die Verteidigungsmaßnahmen können unterschiedlich aussehen, sie variieren. *Mann* kann mehr oder weniger von der *patriarchalen Dividende* profitieren. Die Männlichkeitsdividende ist ungleich verteilt.

3. Kultur und Macht – Verteidigungsmaßnahmen, Verteidigung, Aushandlung

Genau dies umschreibt der Begriff der Kultur. Kultur in einem zeitgemäßen kulturwissenschaftlichen Verständnis meint nicht die alltagstheoretische Vorstellung von Kultur, die im bürgerlichen Verständnis vor allem Theater, Goethe und das Museum versteht, sondern Kultur ist als theoretisches Konstrukt ein aktiver Prozess des Aushandelns von Bedeutungen (vgl. Wimmer 2005). Also auch Bedeutungen über Männlichkeiten. Die Kultur produziert bestimmte Bilder über Männlichkeiten und innerhalb dieser Aushandlungsprozesse positioniert man sich. Kultur ist demnach ein Bedeutungssystem und eine Arena der Aushandlung. Wir sind also gleichermaßen Schöpfer wie auch Geschöpf unserer Kultur. Ein Prozess wird dabei beschrieben, der die Praxisformen bestimmt. Kultur lässt sich in dieser Hinsicht nicht reduzieren auf eine wesensgemäße Kultur (der Migranten, der spezifischen ethnischen Gruppe usw.). Kultur generiert also nicht Praxis, in der Praxis wird vielmehr Kultur ausgehandelt, neu definiert, geschaffen, verworfen und umgedeutet.

Dennoch: Kultur ist nicht fixiert, sondern elastisch, allerdings immer innerhalb bestehender Machtverhältnisse eingeordnet. Um es zuzuspitzen: Die Frage nach der gesellschaftlichen Bedeutung von *Kultur* wird nicht im leeren

Raum verhandelt, sondern ist immer auch mit Macht verknüpft. Die Differenzlinien *gender*, *race* und *class* wurden in dieser Hinsicht lange Zeit eher
additiv als systematisch verknüpft und soziale Ungleichheiten, die nachhaltig
den Möglichkeitsraum der Adoleszenz prägen, nicht in Bezug zu den anderen
Kategorien bezogen (vgl. King/Koller 2006).

Um das theoretische Konzept, diese Perspektive genauer verstehen zu
können, möchte ich überleiten zu einer zweiten Referenz: Der Männerforschung im Kontext *sozialer Benachteiligung*. Hier kommt zum Ausdruck,
was bestehende Machtverhältnisse meint und wie sie die konkrete Biografie
betreffen. Auch Connell hatte in seinen Fallstudien auf die randständigen
Männlichkeiten hingewiesen und gefragt, was unter solchen Lebensumständen aus der Männlichkeit wird. Es gibt also ein *oben* und *unten* innerhalb der
Hierarchie von Männlichkeiten. Wenn wir die Praxis – also auch das soziale
Handeln – von männlichen Jugendlichen aus Migrantenfamilien verstehen
wollen, müssen die Differenzachsen soziale Lage, Geschlecht und „Kultur"
in Relation zueinander gesetzt werden. Wie kann dies gelingen? Es müssen
dazu Sensibilitäten für Spannungsverhältnisse entstehen:

> „Denn aufgrund des Spannungsverhältnisses von Erwartungen und Zuschreibungen der In-
> stitutionen und der Definitionsmacht der Medien müssen die Jugendlichen auf Männlich-
> keitsmuster zurückgreifen, die in der gesellschaftlich vorherrschenden Geschlechterord-
> nung für marginalisierte Jugendliche vorgesehen sind. Andererseits bleibt den Jugendli-
> chen für ihre Selbstgestaltung kaum mehr als eins: Versuche, in den Grenzen der gegebe-
> nen sozialen Verhältnisse durch ‚abweichende' Männlichkeitsentwürfe eine Distanz zu an-
> deren Schichten und Milieus sowie den dort dominierenden Männlichkeiten zu markieren.
> Vielen sozial ausgeschlossenen Jugendlichen gelingt es solchermaßen, sich in ihren ‚eige-
> nen Verhältnissen' einzurichten, indem sie ‚eigene' Männlichkeitskonzepte entwerfen."
> (Schroeder 2010: 2)

Aus diesem Grund ist die Differenzlinie soziale Lage wirkmächtiger als eine
ethnisch verstandene Kultur, oder einfacher: Schicht schlägt Kultur.

4. Ungleiche Brüder

In seinem Aufsatz „Ungleiche Brüder" hat Joachim Schroeder (1996) diese
Frage vertieft. Im Bild der ungleichen Brüder nimmt Schroeder auf eine
Gruppe von Jungen und Männern Bezug, die von der Männerbewegung noto-
risch übersehen und von der Männerforschung in bemerkenswerter paterna-
listischer Weise be- und abgehandelt wird.

Dies betrifft vor allem Jungen und Männer aus den unteren Gesell-
schaftsschichten. Aber auch Jugendliche, die im Zuge von Migration, Mobilität und politischen Verschiebungen der Landkarte in Deutschland anlanden,
sind damit in den Blick geraten. Also in Summe: die Männer jenseits der

bürgerlichen Normalvorstellungen. Gelenkt wird der Blick darauf, wie sich Männlichkeiten, wie sich männliche Identität im Kontext sozialer Benachteiligung ausprägt. Die großen und die kleinen Unterschiede zwischen Männern, die unterschiedlichen kulturellen und sozialen Milieus angehören, werden damit thematisiert. In seiner Kritik an den blinden Flecken der traditionellen Männerforschung kann Schroeder überzeugend nachweisen, dass sich jenseits der Normalschablone der weißen, deutschen Mittelschichtmänner andere Bewältigungsprobleme von Männlichkeit zeigen. Auf diese Referenz greife ich zurück, weil es dabei auch um Lernprozesse geht, ich also annehme, dass sich dabei Anschlüsse an eine pädagogische Praxis finden lassen. Konkret ging es in dem Zugang, den Schroeder vorstellt, um ein Forschungsprojekt zur Untersuchung und Begleitung von Lebensläufen Jugendlicher und junger Erwachsener in erschwerten Lebenslagen.

Interessant erscheint mir, dass es sich dabei um einen wechselseitigen Lernprozess handelt: Das heißt, die Fragestellung, wie sich Männlichkeiten in erschwerten Lebenslagen entwickeln, wird verknüpft mit der Frage, wie sich Männlichkeiten unter privilegierten Bedingungen herausbilden. Ein wechselseitiger Beobachtungs- und Reflexionsprozess unter ungleichen Brüdern kommt dabei heraus. „Möglich wird somit ein Prozeß der Annäherung an fremde Männer, der sich verbinden lässt mit einer Reflexion des eigenen Verständnisses von Männlichkeit." (Schroeder 1996: 305).

Sehr eindrücklich schildert Schroeder dies am konkreten Beispiel der Alltagsbegleitung eines jungen Mannes, Hamad, der als sogenannter unbegleiteter minderjähriger Flüchtling aus Afghanistan nach Deutschland kam.

Was sich aus der konkreten Arbeit herauskristallisierte, war gewissermaßen eine *Ent-Selbstverständlichung* der männlichen Biografie und eine Öffnung für unterschiedliche Bewältigungsformen unterschiedlicher Männlichkeiten. Diese Unterschiede wahrzunehmen und zu reflektieren ist überaus wichtig, denn es scheint, „als ob gerade männliche Forscher und Männerarbeiter sich gerne auf die ‚Probleme' und ‚Krisen' konzentrieren, den Blick für die produktiven und kreativen Potentiale, über die die Jugendlichen und jungen Erwachsenen verfügen, dagegen vernachlässigen." (ebd.: 322)

Formen der Selbstreflexion sind von daher, so folgert Schroeder, von großer Bedeutung, um den Jugendlichen gerecht zu werden, um in dieser Hinsicht angemessene Bildungsprozesse vorbereiten zu können.

5. Die Methodenkiste – Selbstreflexion als Zugang

Wir sind beim Handwerkszeug angekommen, mit dem sich die komplizierten Verhältnisse von Männlichkeit, Macht und Migration entwirren lassen. Es geht im Folgenden um die Methoden, die Selbstreflexion systematisch durchzuführen und die Komplexität der Verhältnisse umfassend einholen zu können. Bei Fortbildungen für Lehrer und pädagogische Fachkräfte werde ich oft gefragt: ‚Wie ticken denn diese Jugendlichen nun wirklich?' ‚Was sollen wir denn mit den respektlosen arabischen Jugendlichen anfangen?' So verständlich der Wunsch nach entlastenden Handlungskonzepten und einfachen Erklärungen ist, er wird weder der Komplexität noch Selbstreflexion gerecht.

Im Mittelpunkt dieses methodischen Ansatzes, den ich selbst für meine Forschungen mit Jugendlichen aus einer türkisch-aserbaidschanischen Folkloregruppe aufgegriffen und erweitert habe, steht die Selbstreflexion. Diese geforderte Selbstreflexivität setze ich ganz konkret in der Gesprächs- und Forschungssituation an, d.h. ich schaue mir das eigene individuelle Erleben an. Die Selbstbeobachtung spielt nicht nur als abstrakte Haltung eine Rolle, sondern dient vor allem zur Entwicklung von Lesarten. Diese Lesarten sind Möglichkeiten, das Unverstandene in einen passenden Erklärungsrahmen zu bringen.

Die Frage steht zur Klärung an: ‚Was habe ich gesehen?' Nicht beantwortet werden kann die Frage: ‚Wie war es wirklich?' Diese Lesarten werden entwickelt aus der Analyse von subjektiven Irritationen, Unverstandenem, Brüchen und Störungen im Forschungsprozess und in der Gesprächssituation. Die eigene Subjektivität wird dabei nicht ausgeblendet oder verleugnet und als Störung angesehen, sondern – im Gegenteil – vor dem Hintergrund einer verstehenden Analyse mit in die Beobachtung und die möglichen Lesarten einbezogen. Das eigene Unverstandene ist Teil der Analyse. Vorausschicken muss ich dabei, dass das Fremde keine abstrakte Kategorie, sondern eine Beziehungsgeschichte ist, die in der Beziehung zwischen Forscher und Forschungsteilnehmern widergespiegelt wird. In der Begegnung zwischen Sozialarbeiter/Pädagogen und Klient/Schüler ist das genauso. Und wie in der sozialen Arbeit stehen auch hier das Arbeitsbündnis und seine Analyse im Zentrum.

Diese Methode hat Hans Bosse in seiner Studie „Der Fremde Mann" (1994) entwickelt und zum Einsatz gebracht, um die Frage zu erhellen, wie sich Jugendliche in einer Übergangsgesellschaft von der Tradition zur Moderne, konkret: Jugendliche in Papua-Neuguinea in der Schule, einem westlichen Import erleben und wie sie überleben. Was geschieht dabei durch den Zusammenprall zweier unterschiedlicher Kulturen der Männlichkeit? Welche Folgen hat dies für eine Gesellschaft, die über Jahrhunderte ohne politische und ökonomische Männerherrschaft auskommen konnte?

Um sich diesen komplexen Fragen zu nähern, braucht es eine gute Methode, die klare Anteile in der Selbstreflexion hat. Der Forscher muss sich dabei als Forschender mit in die Fallstudie aufnehmen. Er wird damit selbst zum Untersuchungsgegenstand. Warum muss er seine eigene Wahrnehmung befragen?

„Die hartnäckigsten Störungen entstehen, weil der Forscher etwas *bewußt nicht verstehen kann, was er unbewußt gar nicht verstehen will*. Was am Fremden fremd bleibt, soll fremd bleiben, weil es droht, dem Forscher etwas über seine *eigene* Kultur, Rolle oder Person zu zeigen, das ihm selbst in einem bestimmten Sinne fremd ist. Das eigene Fremde ist das unbewußt Gewordene oder unbewußt Gemachte oder auch das ungelebte in der eigenen Kultur oder Person." (Bosse 1994: 15, *Hervorh. i.O.)*

Meines Erachtens spricht nichts dagegen, wenn wir die Begriffe Forscher austauschen gegen den Begriff Sozialarbeiter oder Pädagoge und statt vom Forschungsprozess vom pädagogischen Prozess sprechen.

6. Ausblick auf den kulturellen Prozess

Auch und gerade im Blick auf das Geschlechterverhältnis, auf die Unterschiede zwischen Jungen und Mädchen, geht es um die heikle Frage des Verhältnisses von Gleichheit und Differenz. Wir sprechen dabei oft von einer Kultur der Unterschiede, von Männer- und Frauenkultur, von Jungen und Mädchen-Spielen, Angewohnheiten und Problemen.

Wenn dabei auf „Kultur" Bezug genommen wird, dann haben wir nur eine gültige Kategorie, wenn wir dabei den Prozess der Aushandlung von je individuellen und geteilten Vorstellungen der Bedeutungsverleihung meinen:

„Aushandeln sehe ich als Praxis von Subjekten in einer reflexiven Situation der Betrachtung diskriminierender Praktiken einer Gesellschaft. Dies geschieht im Kontext eigener lebensgeschichtlicher Verortungen." (Sauter 2000: 302)

Vor allem im Hinblick auf die unterschiedlichen Männlichkeitsentwürfe, die dabei ins Spiel kommen und die mit den eigenen Vorstellungen von Männlichkeit und dem Geschlechterverhältnis in Spannung stehen (vgl. dazu Sauter 2000: 199ff.). Damit kommen wieder die Irritationen ins Spiel. An diesen Irritationen kann Regel geleitet, d.h. vor allem: methodisch abgesichert und systematisch weitergearbeitet werden.

So wie ich es sehe, vermag eine gute konstruktivistische Geschlechtertheorie die Alltagstheorien über Jungen und Mädchen und Geschlechts-Differenzen zu irritieren, damit in einem offenen Lernprozess neue Sichtweisen entstehen können. Diese Lernprozesse nehmen in dem Maße zu, wie sich die ursächlichen Zuschreibungen von Migration und Männlichkeit auflösen. Genau so, wie Joachim Schroeder den wechselseitigen Lernprozess zwischen sich und Hamad beschrieben hat. Auch in diesem Beispiel wird sichtbar, was ich mit Aushandlungen von Männlichkeit meine. Diese geschieht in einer Weise, die nicht ausschließlich für das Feld der Geschlechterunterschiede bestimmt werden muss, sondern meiner Ansicht nach das Professionalisierungsverständnis jeglicher sozialer und pädagogischer Arbeit unterlegt.

Damit wird nicht nur die Bildungsarbeit qualifiziert. Diese Bildungsarbeit unterstützt die Subjekte, die Umstände ihres Lebens aktiv und handelnd zu gestalten. Auch und vor allem angesichts verwickelter Verhältnisse. Um diese verwickelten Verhältnisse zu begreifen und zu verändern, braucht es eine Einsicht in die eigene Verwicklung darin. Dann erst lässt sich pädagogisches Handeln entwickeln, das die Zusammenhänge von Männlichkeit, Migration und sozialer Lage versteht, dann erst kann man sagen und wissen, was man tut.

Literatur

Baumert, Jürgen/Klieme, Eckhard/Neubrand, Michael/Prenzel, Manfred/Schiefele, Ulrich/Schneider, Wolfgang/Stanat, Petra/Tillmann, Klaus-Jürgen/Weiß, Manfred (Hrsg.) (2001): PISA 2000. Basiskompetenzen von Schülerinnen und Schülern im internationalen Vergleich. Opladen: Verlag Leske + Budrich.
Bosse, Hans (1994): Der fremde Mann. Jugend, Männlichkeit, Macht. Eine Ethnoanalyse. Frankfurt a. M.: Fischer-Verlag.
Connell, Robert W. (1995): Masculinities. Cambridge: Polity Press.
Connell, Robert W. (1999): Der gemachte Mann. Konstruktion und Krise von Männlichkeiten. Opladen: Verlag Leske + Budrich.
Dammasch, Frank (Hrsg.) (2008): Jungen in der Krise. Das schwache Geschlecht? Frankfurt a. M.: Verlag Brandes & Apsel.
Der Spiegel (2008): Junge Männer: Die gefährlichste Spezies der Welt. Heft 2. 7.2.2008.
Kersten, Joachim (1997): Risiken und Nebenwirkungen. Gewaltorientierungen und die Bewerkstelligung von ,Männlichkeit' und ,Weiblichkeit' bei Jugendlichen der underclass. In: Kriminologisches Journal, 6. Beiheft, S. 103-114.
King, Vera (2005): Bildungskarrieren und Männlichkeitsentwürfe bei Adoleszenten aus Migrantenfamilien. In: King, Vera/Flaake, Karin (Hrsg.): Männliche Adoleszenz. Sozialisation und Bildungsprozesse zwischen Kindheit und Erwachsensein. Frankfurt a. M.: Campus-Verlag.
King, Vera/Koller, Hans-Christof (Hrsg.) (2006): Adoleszenz-Migration-Bildung. Bildungsprozesse Jugendlicher und junger Erwachsener mit Migrationshintergrund. Wiesbaden: VS Verlag für Sozialwissenschaften.
Konsortium Bildungsberichterstattung (2006): Bildung in Deutschland. Ein indikatorengestützter Bericht mit einer Analyse zu Bildung und Migration. Bielefeld: Bertelsmann-Verlag.
Mosse, Georg L. (1997): Das Bild des Mannes. Zur Konstruktion der modernen Männlichkeit. Frankfurt a. M.: Fischer-Verlag.
Sauter, Sven (2000): Wir sind Frankfurter Türken. Adoleszente Ablösungsprozesse in der deutschen Einwanderungsgesellschaft. Frankfurt a. M.: Verlag Brandes & Apsel.
Sauter, Sven (2007): Schule Macht Ungleichheit. Bildungsbarrieren und Wissensproduktion im Aushandlungsprozess. Frankfurt a. M.: Verlag Brandes & Apsel.

Schroeder, Joachim (1996): Ungleiche Brüder. Männerforschung im Kontext sozialer Benachteiligung. In: BauSteineMänner (Hrsg.): Kritische Männerforschung. Neue Ansätze in der Geschlechtertheorie. Hamburg: Argument-Verlag.

Schroeder, Joachim (2010): Schicht schlägt Kultur. Ms. (unveröffentlicht).

Wimmer, Andreas (2005): Kultur als Prozess. Zur Dynamik des Aushandelns von Bedeutungen. Wiesbaden: VS Verlag für Sozialwissenschaften.

Der Hintergrund Migration – zersplitternde Identitäten. Jungenarbeit mit Straftätern

Karl Wolf

Die Geschichte der Jungen ist ohne den Hintergrund ihrer Familien und deren Zusammenhänge mit den Erfahrungen der Migration nicht zu verstehen.

Migration ist als Entwurzelungsprozess für die Eltern und als einschneidende soziale und psychologische Realität ein bedeutender Faktor in ihrem Leben. Ihre Familien sind in der Interaktion mit der Außenwelt wie innerfamiliär vor grundlegende und schwer lösbare Fragen gestellt. Die Umwertung sämtlicher kultureller Normen und Werte, das in Frage gestellte wirtschaftliche Vorankommen, die Entwicklung in der Schule wie die Berufsausübung von Vater und Mutter bringen sowohl intrapersonal tiefgreifende Konflikte als auch eine erhöhte Spannungslage für alle Familienmitglieder untereinander mit sich.

Eine redliche Betrachtung der Situationen und der psychischen Verfassung kann deshalb nicht ohne eine erweiterte Ursachenforschung hinsichtlich der Migration bleiben.

1. Die Botschaft der Jungen in der Inszenierung der Straftat und in den Bildern

Die analytische Arbeit mit Bildern und Texten gibt den Jungen selbst Gelegenheit, sich den eigenen Biografien mit neuen Perspektiven zu nähern.

Die Lebensgeschichten spiegeln sich zunächst in den Bildern als Leere und Ohnmacht, Freudlosigkeit und Kälte; tiefgreifende Orientierungslosigkeit und Minderwertigkeitsgefühle bis zur Selbstentfremdung kommen zum Ausdruck.

Im Blick auf die Bilder drängt sich der Eindruck förmlich auf, dass in diesen Dokumenten ein Einblick in das Lebensbild der Jungen vorliegt. Ihr Lebensbild jedoch „malen" die Jungen nicht nur in diesen Augenblicken auf die Bogen aus Papier, sondern sie gravieren sie ein in ihre Biografie, indem sie ihre Gewalt im Lebensumfeld inszenieren.

- Könnte also auch ihre agierte Gewalttätigkeit als ein lebendig gestaltetes „Bild" ihres Inneren und als ein offener und zugleich verschlüsselter Aufschrei gesehen werden?
- Könnte sie als ein Hilferuf aus Hass und Aggression wahrzunehmen sein, als eine Inszenierung der archetypischen, dunklen Seite der Sehnsucht nach Halt und Orientierung, nach Anerkennung, Würde und Liebe?

Die jungen Straftäter aus Familien mit Migrationshintergrund finden in ihrem familiären Kontext nicht (mehr) die haltende Funktion mit sichernden Grenzen und Regeln. Die Traditionen ihrer Herkunfts-Kultur zerbrechen, die Rollenbilder der zentralen Gestalten in der Herkunftsfamilie, Vater und Mutter, tragen nicht mehr. Normen und Werte von Kultur und Religion werden häufig mit Gewalt versucht aufrechtzuerhalten, ohne dass sie gefüllt und für die neue Generation tragfähig wären.

Ihre Normen und Werte entnehmen sie ihrem Umfeld, bestimmten Filmen, Zeitschriften, der Werbung, dem Internet und ihrer Musik. Häufig stellen schon früh Cliquen und Randgruppen im Milieu des Stadtteils einen „Familienersatz" für sie dar. Nicht selten haben für die Gruppen der Jungen bestimmte Straßenzüge und Stadtteile – auch durch ethnische Zugehörigkeiten – Gettocharakter.

Die Jugendlichen spiegeln verdichtet, wie durch ein Brennglas, eine Gewaltphilosophie wider, die allenthalben präsent ist – in Familien, im Milieu, in dem sie aufwachsen, in der Schule, in bestimmten Medien und nicht zuletzt in der Gesellschaft der Erwachsenen mit ihren ökonomischen und politischen Strukturen.

Sie beschreiben in ihrer Sprache, in ihren Sprüchen und ihren Liedern das Gesetz des Dschungels, das dort herrscht. Nur der Stärkere überlebt.

Sie „bebildern" in ihren Raubzügen ihre tiefen Sehnsüchte nach einer „greifbaren Welt und Bezogenheit" so eindrücklich, wie sie die Brüche in ihrer Beziehungsfähigkeit darin kundtun. Zugleich sind ihre eingeschränkten sozialen Möglichkeiten und die chaotischen Lebenszusammenhänge Gründe ihrer Verlassenheit, deren Dunkel und deren darin empfundene Verzweiflung sie „gewalt(tät)ig" hinausschreien.

Die agierte Gewalttätigkeit, als soziale Sprache der Jungen verstanden, kommuniziert nicht nur einen Sachverhalt der Sachbeschädigung, des Diebstahls oder der Körperverletzung mit entsprechenden Folgen, sie ist ein Appell an die elterlichen, vor allem väterlichen Personen und Institutionen, sie ist eine Beziehungsaussage über das individuelle und das soziale Beziehungsnetz, in dem sie sich selbst nicht gehalten finden, und ist schließlich eine „Aussage" über sie selbst und ihr Selbstempfinden. Ihre Aggression ist eine Selbstoffenbarung der zersplitterten Identität ihrer Herkunftsfamilien und ihrer eigenen Hoffnung.

Ihre Gewalttätigkeit ist damit auch ein Hilferuf, ein Appell an Mutter und Vater, die Familie, die Lehrer, die Stadt und an die Erwachsenenwelt.

„Gib mir Respekt und Anerkennung – achte meine Ehre und die Würde meiner Person."

„Liebe mich (auch) mit (meiner) Gewalt!"

„Gib mir Halt und Möglichkeit, mich zu entfalten!"

„Gib mir einen Ort, wo ich mich wieder finden kann, einen Ort der Geborgenheit und der klaren Regeln und Grenzen!"

2. Die biografischen und gesellschaftlichen Hintergründe für Straffälligkeit

Die Hintergründe der Straffälligkeit von jungen Männern – in der Mehrzahl im Zusammenhang mit einer Geschichte von Migration – sind komplex. Ein „Schlüssel" findet sich in der „Biografie der Migration" der Betroffenen. Nicht selten ist ihre Geschichte geprägt durch mehrfachen Wechsel der Bezugspersonen, des Wohnorts, des Kulturkreises und der Schule.

Gemeinsam ist den Jugendlichen häufig eine grundlegende Erfahrung von Entwurzelung – oft mehrfach – im Zusammenhang mit der Migrationsgeschichte der Familie.

Darüber hinaus sind Jugendliche aus Migrantenfamilien in höherem Maß von sozialen Risiken betroffen als deutsche Jugendliche. Sie haben nicht die gleichen Bildungschancen und stehen dem Arbeits- und Ausbildungsmarkt häufig perspektivloser gegenüber als ihre deutschen Altersgenossen.

Viele dieser Jugendlichen befinden sich gesellschaftlich wie im freien Fall (vgl. Guggenbühl 2007).

Häufig wird die eigene Heimat romantisiert, das Wohnumfeld und Deutschland wie über Klischees wahrgenommen und mangels Perspektive im Aufenthaltsland wird das Herkunftsland verklärt.

Die ausfallende echte Integration, mit der nicht stattfindenden Internalisierung von z. B. demokratischen und humanistischen Werten und Normen, wird durch eine idealisierende Überbewertung der Haltung und Werte des Ursprungslandes, neuerdings nicht selten verbunden mit einem fundamentalistischen, totalitären Verständnis von Religion und Kultur, kompensiert.

Auch wenn sie in Deutschland geboren wurden und aufgewachsen sind, so orientieren sich viele der Jugendlichen noch an den nationalen (ihnen bekannten und unbekannten) Mythen ihrer Ursprungsländer. Von daher leiten sich „Aufträge" („wir Sizilianer" – „wir Türken" – „wir Muslime" …) ab, die ihnen helfen sollen, ihre unsichere Identität zu untermauern, ihre Unsicherheitsgefühle zu bewältigen und ihrem Leben einen inneren Charakter zu geben. Diese Ursprungsmythen gilt es zu erkennen, zu diskutieren, aufzubrechen, zu relativieren und sie zu nutzen. Es gilt, ihnen Alternativen – aus anderen Lebensphilosophien, einem anderen Verständnis von Gesellschaft, Kultur und Religion – gegenüberzustellen.

Die Situation der Migrantenfamilien ist häufig geprägt von den Spannungen zwischen familiärer Subkultur und der Kultur des Aufnahmelandes. Die Spannungen aus dem Wunsch nach wirtschaftlichem Vorankommen, rasch reich zu werden, und den tatsächlichen realisierbaren Möglichkeiten, sind durch ungünstige, enge Wohnverhältnisse, bis hin zur Isolation, verstärkt. Die allgemeine Lebenssituation ist beeinflusst von sozial entfremdenden und Werte zerstörenden Milieus. Die Zukunftsperspektive wird ebenso häufig durch einen unsicheren Bleibestatus (rechtlich) verstellt und durch die unsichere konjunkturelle Lage und die mangelnden Berufschancen der Kinder, bei gleichzeitiger unsicherer wirtschaftlicher und politischer Lage im Heimatland, noch verdunkelt.

Dies führt zu innerfamiliären Spannungen. Die Spannungen zwischen Familienmitgliedern verstärken sich durch unterschiedliche Öffnung für die neue Kultur und einer Ambivalenz der eigenen Identität gegenüber. Es geschieht eine Entfremdung unter den Familienmitgliedern durch den Migrationsverlauf selbst und das latent vorhandene Konfliktpotenzial: Generationskonflikte und Autoritätskonflikte werden aktualisiert. Die Störung des Familienlebens wird in der Überbeanspruchung der Kinder für Haushalt und Kleinkinderbetreuung, durch Überlastung der berufstätigen Mütter und Väter in Schichtarbeit deutlich. Konflikte, weil die Kinder den hohen schulischen und beruflichen Erwartungen der Eltern nicht entsprechen, und der gegenseitige soziale Druck führen zu Gereiztheit und erhöhter Aggressivität.

Wobei zugleich der Ausfall wichtiger außerfamiliärer ausgleichender Bezugsgruppen die innerfamiliären Spannungen erhöht. Unterschiedliche Rückkehrtendenzen der einzelnen Familienmitglieder entwickeln sich, Verunsicherung und Verwirrung tritt auf und eine Konkurrenz der Identitäten, eine Art gegensätzlicher Gleichzeitigkeiten von Entwicklungszielen wird in den Familien spürbar.

Die sich daraus entwickelnden intrapersonalen psychischen Problematiken sind daher einfühlbar. Es kommt zu Spannungen durch Rollenkonflikte: zur Verunsicherung des Vaters hinsichtlich beruflicher Tätigkeit und beanspruchter Autorität in der Familie, zu Selbstvorwürfen der Mutter, bei der Erziehung zu versagen, und zu Identitätsbrüchen bei Kindern und Jugendlichen.

Die Unzufriedenheit mit der Entscheidung, in die BRD gekommen zu sein, das Gefühl der Eltern, versagt zu haben, wächst, und die Selbstentfremdung, die Motivationspathologien, die Selbststigmatisierung der Kinder als Fremde und Versager mit dem Versuch, Kompensationen zu finden, nehmen zu. Unzufriedenheit, Überlastung, Überforderung, Angst und Heimweh ergeben eine durchmischte Befindlichkeit, die in existenzieller Ohnmacht fühlbar wird.

Es handelt sich so häufig um ein Leben im ständigen Provisorium; ohne positive Zukunftsperspektiven, in Hoffnungslosigkeit und Sinnlosigkeit, ver-

bunden mit einem existenziellen Werteverlust und einem Gefühl der Lebens-
bedrohung in einer feindlichen Umwelt.

Gesellschaftliche Ressourcen werden immer knapper, Verteilungskämpfe
verschärfen sich: Insbesondere Jugendliche, denen gesellschaftliche Teilhabe
und Mitgestaltung verweigert werden, ziehen sich in Subkulturen zurück und
werden unter diesen Umständen straffällig.

Die verbreitete Gewaltbereitschaft unter männlichen Jugendlichen ist darüber hinaus kein Zufall: Stärkebeweise, Gewalt und aggressive Durchsetzung werden im gesellschaftlichen Miteinander sowie in Politik, Filmen usw.
nach wie vor als Konfliktlösungsstrategie und als selbstverständlicher Bestandteil von „Männlichkeit" dargestellt. Gerade für männliche Jugendliche
liegt es daher nahe, zur Kompensation von Misserfolgen in der Schule, von
Ausgrenzungen und Niederlagen mit einer betonten Inszenierung von
„Männlichkeit" zu reagieren. Der Hintergrund der Erschütterung der männlichen und väterlichen Autorität in den Migrantenfamilien, der Erosion der
identitätsstiftenden Familienkultur und des Zusammenspiels von konträren
Bildern von Mann- und Vatersein mit dem Aufeinanderprallen von entge-
gengesetzten Werten und Normen zwischen der Herkunfts- und der An-
kunftskultur verstärkt dabei die Labilität und die soziale wie individuelle
Vulnerabilität der männlichen Jugendlichen aus Migrantenfamilien.

3. Vom Weg der Jungen als Opfer und Täter

Jungen, die zu Opfern von Gewalt wurden, wiederum am häufigsten durch
ihre Väter und älteren Brüder, haben ein erhöhtes Risiko, selbst zu Tätern zu
werden (vgl. Huber 2003: 59). Sie neigen zu externalisierten Störungen, zum
„Acting out", zu Wutausbrüchen, Prügeleien, Zerstören von Sachen und
Diebstahl. Die Mehrzahl der männlichen Opfer von körperlicher oder sexueller Gewalt bewaffnet sich und beginnt, Schwächere zu terrorisieren. Sie
werden zumindest zeitweise nach außen aggressiv.

Einige wandeln ihre enorme Aggression in kriminelle Energie um, einige
in sich selbst gefährdendes, risikoreiches Verhalten, einige in Selbstverlet-
zungen, in Depression und Suizidalität oder in Zwänge. Sie spielen „Russisch
Roulette" mit sich und anderen, tarnen ihre ohnmächtige Verzweiflung, die
Sinnlosigkeit, die Hoffnungslosigkeit und Hilflosigkeit mit Coolness und ihre
Suizidalität als Unfälle, agieren höchst riskant, im Straßenverkehr, im Sport,
bei Drogenexperimenten oder bei Mutproben in der Gruppe.

Sie sind auffällig durch ihre Unfähigkeit, sich zu konzentrieren, oder
wenn sie sich konzentrieren konnten, durch schnelle Ermüdung. Ihre motori-
schen Überreaktionen machen ihnen selbst Probleme. Häufig bekommen sie

eine Diagnose wie „Aufmerksamkeits-Defizits- und Hyperaktivitätssyndrom"
(ADHS).

Sie bilden Gangs mit Gleichgesinnten, zu ihrer eigenen Sicherheit und zu
ihrem Schutz sowie zur Bildung einer eigenen Identität, zur Hebung ihres
Selbstwertes und zur Bekämpfung der Ohnmacht bzw. zur Stärkung ihrer
Macht über das Leben und andere Menschen. Womit sie sich jedoch gegenseitig lediglich in ihrer Dissozialität und dem delinquenten Verhalten verstärken.

Einen Überblick über die durch Migration entstehenden außer- und innerfamiliären Konfliktebenen und intrapersonalen Konfliktbereiche gibt die
nachstehende von mir aufgrund der praktischen Erfahrung ergänzend bear-
beitete Tabelle nach Felder/Herzka (vgl. Felder/Herzka 2000: 225).

4. Migration – Konfliktebenen

	Familie und Außenwelt	innerfamiliär	intrapersonal
kulturelle Normen und Werte	Spannungen zwischen familiärer Subkultur und Kultur des Aufnahmelandes in – Erziehungsvorstellungen – Religion – Familienstruktur – Erziehungsstil – Lebenskultur – Lifestyle	Spannungen zwischen Familienmitgliedern durch – unterschiedliche Öffnung für neue Kultur – Ambivalenz der Identität – Entfremdung durch Migrationsverlauf – Aktualisierung latent vorhandenen Konfliktpotentials: Generationskonflikte, Autoritätskonflikte	Spannungen durch Rollenkonflikte: – Verunsicherung des Vaters hinsichtlich beruflicher Tätigkeit und beanspruchter Autorität in der Familie – Selbstvorwürfe der Mutter, bei Erziehung zu versagen – Identitätsbrüche bei Kindern und Jugendlichen
wirtschaftliches Vorankommen, Schule, Beruf	– Spannungen zwischen Wunsch, rasch reich zu werden und tatsächlichen Möglichkeiten – Beschäftigung unter Qualifikationsniveau, Benachteiligungen – unsicherer Arbeitsplatz, Arbeitslosigkeit – Spannungen zwischen Bildungs- und Berufserwartungen für die Kinder und ihren tatsächlichen Möglichkeiten	– Störung des Familienlebens durch Überbeanspruchung der Kinder für Haushalt und Kleinkinderbetreuung – Störungen des Familienlebens durch Überlastung der berufstätigen Mütter und Väter in Schichtarbeit – Konflikte, weil Kinder den hohen schulischen und beruflichen Erwartungen der Eltern nicht entsprechen	– Unzufriedenheit mit der Entscheidung, in die BRD gekommen zu sein – Gefühl der Eltern, versagt zu haben – Selbstentfremdung, Motivationspathologien – Selbst-Stigmatisierung der Kinder als Fremde und Versager mit dem Versuch, Kompensationen zu finden

allgemeine Lebens- situation	– ungünstige enge Wohnverhältnisse – Isolation – sozial entfremdende und Werte zerstörende Milieus	– gegenseitige Störung durch sozialen Druck – Gereiztheit, erhöhte Aggressivität – Ausfall wichtiger au-ßerfamiliärer ausglei-chender Bezugsgrup-pen erhöht innerfami-liäre Spannungen	– Unzufriedenheit – Überlastung – Überforderung und Angst – Heimweh – existenzielle Ohnmacht
Gegenwart/ Zukunfts- perspektive	– unsicherer Bleibestatus (rechtlich) – unsichere konjunktu-relle Lage – mangelnde Berufs-chancen der Kinder – bei unsicherer wirt-schaftlicher und politi-scher Lage im Heimat-land	– unterschiedliche Rück-kehrtendenzen der einzelnen Familien-mitglieder – Verunsicherung und Verwirrung – Konkurrenz der Identi-täten – gegensätzliche Gleich-zeitigkeiten von Ent-wicklungszielen	– Leben im ständigen Provisorium – Leben ohne positive Zukunftsperspektiven – Hoffnungslosigkeit – Sinnlosigkeit – Werteverlust – Gefühl der Lebensbe-drohung – Gefühl der feindlichen Umwelt

Literatur

Guggenbühl, Allan (2007): Vom Schläger zum Friedensstifter. In: NZZ vom 18.6.2007, Nr. 138, B 3.

Huber, Michaela (2003): Wege der Traumabehandlung. Der Leidensweg der „geopferten" Jungen. Band 2. Paderborn: Verlag Junfermann.

Felder, Wilhelm/Herzka, Heinz S. (2000): Kinderpsychopathologie. Ein Lehrgang. Basel: Schwabe-Verlag.

Gesundheit von männlichen Migranten[1]

Haydar Karatepe

In Deutschland leben etwa 6,8 Mio. Ausländer (Statistisches Bundesamt 2006b). Die Zahl der Migranten wird nach dem Mikrozensus des statistischen Bundesamtes 2006 auf 15,3 Mio. geschätzt. Das entspricht 19 % der Gesamtbevölkerung (Statistisches Bundesamt 2006a). Die größte Gruppe der Migranten in der Bundesrepublik stellen die türkischen Mitbürger mit 1,8 Mio. Menschen (26,1 %) dar (Statistisches Bundesamt 2006b).

Weder das ambulante noch das stationäre Gesundheitssystem der Regelversorgung ist auf die Besonderheiten der Versorgung von Migranten eingestellt. Zugleich stehen gegenwärtig keine gesundheitsspezifischen Statistiken zur Migrantengesundheit zur Verfügung. Insbesondere sind keinerlei geschlechtsspezifische Daten zur Gesundheit männlicher Migranten verfügbar. Das wenige zur Verfügung stehende Zahlenmaterial erhält man aus Einzeluntersuchungen. Um nicht nur kurzfristig Handlungsanweisungen für den nationalen Integrationsplan zu erarbeiten, bedarf es jedoch aussagekräftiger Statistiken.

Aus Untersuchungen der Türkisch Deutschen Gesundheitsstiftung (2006) weiß man, dass Migranten, insbesondere männliche Migranten, in der Bundesrepublik eine kürzere Lebenserwartung haben. Ebenso leiden sie vermehrt an chronischen Erkrankungen, wie Herz-Kreislauf-Erkrankungen und Herzinfarkt, Hypertonie, Diabetes mellitus, Hepatitis, Krebs, sowie psychiatrischen Erkrankungen. Im Vergleich von Männern und Frauen sterben, wie in der deutschen Bevölkerung auch, die türkischen Männer in einem jüngeren Alter als die Frauen. Das Sterbealter von türkischen Männern liegt aber 10 Jahre tiefer (60. Lebensjahr) als das ihrer deutschen Geschlechtsgenossen (70. Lebensjahr) (Türkisch Deutsche Gesundheitsstiftung 2006).

Spezifische Gesundheitsprobleme betreffen nicht nur Migrantenmänner höheren Alters, sondern auch junge männliche Migranten. Aus Untersuchungen zu Bluthochdruck und kultureller Anpassung geht hervor, dass Migration und Anpassung an die neue Kultur mit einem erhöhten Blutdruck und einem erhöhten Risiko für kardiovaskuläre Erkrankungen verbunden sind (Bongard et

---

1   Zuerst veröffentlicht in: Stiehler, Matthias/Klotz, Theodor (Hrsg.) (2007): Männerleben und Gesundheit. Eine interdisziplinäre, multiprofessionelle Einführung. Weinheim, München: Juventa-Verlag, S. 232-241.

al. 2002). Wenn man die männlichen Migranten in zwei Gruppen von an die deutsche Kultur hoch angepassten und wenig angepassten Männern differenziert, dann haben die hoch angepassten männlichen Migranten eine wesentlich höhere Gefäßreagibilität, als Indikator für ein Risiko für eine koronare Herzerkrankung (KHK), als die weniger angepassten Migranten. Diese weisen dagegen ähnliche Werte auf wie die Kontrollgruppe der deutschen männlichen Studenten. Die Ergebnisse legen den Schluss nahe, dass kulturelle Anpassung mit einem erhöhten betaadrenergen Grundstimulus des sympathischen Nervensystems verbunden ist, und möglicherweise ein höheres Risiko für Bluthochdruck und koronare Herzerkrankung nach sich zieht (Bongard et al. 2002). Auch andere Untersuchungen belegen, dass das höchste Risiko für türkische Männer insbesondere von den Faktoren Stress und Hypertonie, die sich auch gegenseitig bedingen, ausgeht. So errechnen sich bei den Risikofaktoren für eine koronare Herzerkrankung bei türkischen Männern die höchste Odds Ratio für die Parameter Stress und Hypertonie (Porsch-Oezcueruemez et al. 1999). D.h. nicht nur durch die Migration bedingter psychosozialer Stress der ersten Generation, sondern auch die soziale Ausgrenzung und die Chancenlosigkeit der zweiten und dritten Generation von jungen Türken setzt diese unter psychosozialen Stress und führt in der Folge zu organischen Erkrankungen. Ein intaktes soziales Unterstützungssystem in der Gesellschaft, aber auch die sichere Verankerung in Parallelgesellschaften, senkt nicht nur die Auftretenswahrscheinlichkeit manifester psychiatrischer Störungen (Kirkcaldy/Siefen 2006), sondern senkt auch die Wahrscheinlichkeit organischer Erkrankungen.

Aufgrund dieser Ergebnisse kann nicht davon ausgegangen werden, dass die schlechtere Gesundheit und das frühere Sterbealter von männlichen Migranten nur ein Problem der ersten Generation und damit transient wäre. Die kulturellen Besonderheiten, und damit auch die psychischen und organischen Erkrankungen, ziehen sich in die zweite und die weiteren Generationen fort.

1. Stoffwechselerkrankungen und Diabetes mellitus

Die Gesamtprävalenz von Diabetes mellitus Typ 2 in der deutschen Bevölkerung wird mit 4 bis 5 % angeben (Giani et al. 2004: 3). Demgegenüber liegt die Gesamtprävalenz bei allen Türken in Deutschland mit 14,9 % etwa dreimal so hoch. 15,5 % der in Deutschland lebenden türkischen Männer leiden an Diabetes mellitus (Türkisch Deutsche Gesundheitsstiftung 2006: 5), gegenüber 4,7 % der deutschen Männer zwischen 18 und 75 Jahren (Giani et al. 2004: 3). Damit liegt auch hier ein Verhältnis von 3 zu 1 vor. In Kenntnis der Folgeerkrankungen und deren Kosten ist es somit sinnvoll, besondere Programme zur Vorbeugung, frühzeitiger Diagnose und Therapie von Diabetes mellitus bei männlichen Migranten aufzulegen.

2. Genetische Disposition

Bei Männern türkischer Herkunft scheinen genetische Polymorphismen für eine ungünstige Konstellation von Serumlipiden, die mit einem erhöhten Herzinfarktrisiko einhergehen, eine Rolle zu spielen (Zeeb/Razum 2006). Sowohl Untersuchungen an Patientenkollektiven, die in der Türkei leben, als auch an Türken, die in Deutschland leben, lässt sich nachweisen, dass erniedrigte High-Density Lipoprotein-Cholesterin-Werte (HDL) in der türkischstämmigen Bevölkerung gehäuft vorkommen (Hergenc et al. 1999). Die Aktivität der hepatischen Lipase, die für die niedrigen HDL-Konzentrationen verantwortlich ist, wird durch Sexualhormone moduliert und ist bei türkischen Männern um 25 bis 30 % höher (Hodoglugil/Mahley 2006). D.h. je höher die Sexualhormone im Laufe der Pubertät werden, desto höher werden die Lipaseaktivität und desto niedriger das HDL-Cholesterin.

Das menschliche Androgenrezeptor-Gen enthält eine polymorphe (CAG)n-Sequenz (PolyQ-Sequenz). Aus Untersuchungen geht hervor, dass je höher die Anzahl der CAG-Wiederholungen ist, desto geringer ist die Androgenität. Bei Männern mit einer kurzen PolyQ-Sequenz im Androgenrezeptor und niedrigem HDL im Blut verringert sich der Schutz vor arteriosklerotischen Gefäßveränderungen im Vergleich zu Männern mit einer längeren PolyQ-Sequenz. Dies zeigt sich in der Fähigkeit der Arteria brachialis, auf Dilatationsstimuli zu reagieren. Je kürzer die (CAG)n-Sequenz ist, desto geringer fällt die Reaktion aus (Zitzmann/Brune/Kornmann et al. 2001).

Eine besonders interessante Untersuchung wäre die Überprüfung, wie sich die (CAG)n-Sequenzen bei türkischen und deutschen Männern verhalten und ob sich kurze (CAG)n-Sequenzen vermehrt bei türkischen Männern nachweisen lassen. Wenn sich anderseits Unterschiede bei türkischstämmigen Männern aus Mischfamilien auftun, würde der Anteil der genetischen Disposition nachvollziehbar sein.

3. Koronare Herzkrankheit

Die Koronare Herzkrankheit (KHK) ist auch in der deutschen Bevölkerung bei Männern die häufigste Todesursache. Bedauerlicherweise wird bei türkischen Männern, die Diagnose KHK nicht im Vorfeld, sondern erst nach dem ersten Herzinfarkt gestellt. Die höhere Rate und der frühere Eintritt eines Herzinfarktes bei türkischen Patienten sind seit den 1980er Jahren bekannt. Untersuchungsergebnisse im Vergleich der KHK bei türkischen und deutschen Männern belegen, dass die KHK bei türkischen Patienten etwa 10 Jahre früher auftritt als bei deutschen Männern (Bilgin/Doppl/Bretzel 1988).

Gleichzeitig wissen wir, dass sich im jungen Alter noch keine Kollateralen der Herzkranzgefäße gebildet haben, die bei einem plötzlichen Verschluss eines Kranzgefäßes die Sauerstoffversorgung kompensieren könnten. So verlaufen Herzinfarkte in jüngerem Alter öfter tödlich bzw. ziehen einen wesentlich größeren Herzmuskelschaden nach sich. In der Folge entwickelt sich eine Herzschwäche, die nicht nur die Lebensqualität der Patienten einschränkt, sondern auch ihre Lebensspanne verkürzt. Deshalb ist es von besonderer Bedeutung, dass jeder Hinweis bei türkischen Männern, der den Verdacht auf eine KHK lenkt, auch im untypischen, jüngeren Alter, dringend im Hinblick auf eine KHK abgeklärt werden muss.

4. Sexualmedizin

Die Vorteile der genetischen Disposition einer hohen Androgenität im jungen Alter bei türkischen Männern können sich im Alter eher zum Nachteil auswirken. Bei Männern mit einer geringen Zahl an CAG-Wiederholungen nehmen der Gesamttestosteronspiegel, der Anteil des freien Testosterons und der Anteil des albumingebundenen Testosterons mit zunehmendem Alter stärker ab, als bei Männern mit einer höheren Zahl an CAG-Wiederholungen (Krithivas/Yurgalevitvh/Mohr 1999). Aufgrund dieser Erkenntnisse ist anzunehmen, dass türkische Männer, die kurze CAG-Wiederholungen und hohe Testosteronspiegel haben, ab dem 40. LJ, also mit Beginn des Abfalls des männlichen Sexualhormons, eine stärkere Stammadipositas mit allen Anzeichen eines metabolischen Syndroms und allen Risiken für Folgeerkrankungen, wie Diabetes mellitus, koronare Herzerkrankung und Bluthochdruck entwickeln (Schubert/Jockenhövel 2007).
    Eine chronische Hepatitis B führt auch schon im Vorstadium der Leberzirrhose zu Leberfunktionsstörungen und einem erhöhten Anfall von Östrogenen. In der Folge kommt es zur Libidominderung. Eine weitere Ursache der Libidominderung bei Männern ist die Erhöhung des Prolaktins. Ein erhebliches Problem ist auch die Infektiosität des Partners mit den Folgen der psychischen Alteration beider Partner und der fehlenden Unbelastetheit der sexuellen Begegnung. Auch für die Infektion mit Hepatitis B ergeben epidemiologische Untersuchungen deutlich erhöhte Prävalenzen unter Migranten (Marschall/Krämer/Prüfer-Krämer et al. 2005). Nach einer Studie der Universität Gießen in Zusammenarbeit mit der Universität Istanbul sind 38,8 % der türkischen Migranten Anti-HBc positiv. Bei der deutschen Population beträgt die Seroprävalenz unter 10 % (Akinci et al. 1998). Dadurch, dass 6 bis 10 % der akuten Hepatitis B in eine chronische Form übergehen, ist dementsprechend der Anteil der Patienten mit chronisch persistierender Hepatitis B in der türkischen Bevölkerung höher. Das zieht mögliche Spätfolgen, wie ei-

ne Leberzirrhose oder auch ein Leberkarzinom mit sehr teueren u.a. lebenslangen Medikamententherapien nach sich (International Association for the Study of Liver 1998). In Kenntnis dieser Sachlage ist es notwendig, die Durchimpfungsrate unter den Migranten dringend zu erhöhen.

Die Probleme türkischer Männer der ersten Generation lassen sich vor allem auf den Wechsel zwischen den Gesellschaften und dessen Folgen zurückführen. Die vertraute Männerrolle lässt sich vom türkischen Gesellschaftskontext nicht bruchlos in den deutschen übertragen. Nichtsdestoweniger lässt sich der traditionell türkisch sozialisierte Mann seine männliche Rolle in der türkischen Ursprungsgesellschaft und seiner türkischen Community weniger in Frage stellen. Das männliche Selbstverständnis des deutschen Mannes hat demgegenüber in den letzten Jahrzehnten wesentlich mehr gelitten. Vor diesem Hintergrund ist es bemerkenswert, dass türkische Männer in der Regel aus eigenem Antrieb und vielfach in Begleitung von einem Freund als Unterstützer zur sexualmedizinischen und männerheilkundlichen Sprechstunde in der Praxis erscheinen. Deutsche Männer werden dagegen oft von ihren Partnerinnen zum Arztbesuch motiviert. Sie erscheinen in der Regel alleine und – man hat oft den Eindruck – verlassen in der ärztlichen Sprechstunde. Dass sich türkische Freunde gegenseitig in die Behandlung begleiten, ist ein deutliches Zeichen für die Existenz relativ intakter männlicher Sozialstrukturen, zu denen die traditionellen Männerfreundschaften zählen. Bei diesen Männern fällt die Behandlung von Sexualstörungen dann erkennbar leichter.

Wahrscheinlich aufgrund der Rollenkonflikte leiden deutsche Männer vermehrt unter Erektionsstörungen (Bermes/Sommer 2007). Türkische Patienten, die sich bereits seit längerem in Deutschland aufhalten bzw. sogar hier sozialisiert wurden, teilen dieses Leid ihrer deutschen Geschlechtsgenossen. Obwohl bei deutschen Männern auch im jüngeren Alter eher die Libido- und Erektionsstörungen überwiegen – wohingegen türkische Männer häufiger über Ejakulationsstörungen klagen – sind die Beschwerden, insbesondere durch Libidostörungen und Erektionsstörungen im Alter gleich.

Die für Männer im Allgemeinen problematische Rektaluntersuchung innerhalb der Krebsvorsorgeuntersuchung (vgl. ebd.) stellt für türkische Männer ein ganz besonderes Problem dar. Die Penetration des Anus ist nicht nur in der türkischen Gesellschaft ein Symbol für Homosexualität – aber dennoch ist hier die Problematik eine Besondere, weil manche türkische Männer es vermeiden, Beschwerden in dieser Region anzusprechen. Sie haben Angst, sie könnten durch eine Rektaluntersuchung homosexuell werden. Die aktive Inanspruchnahme von Krebsvorsorgeuntersuchungen ist bei türkischen Männern daher noch geringer als bei deutschen Männern.

Männliches Selbstverständnis und männliches Selbstbewusstsein entwickelt sich anhand von männlichen Leitbildern und insbesondere durch Väter, die die männliche Entwicklung des Sohnes begleiten. Die Probleme türkischer Jugendlicher treten diesbezüglich nicht seltener als bei deutschen Jugendlichen auf. Es gibt aber dennoch Unterschiede. Dadurch, dass schon der türkische Vater in der deutschen Gesellschaft marginalisiert ist, ist es dem männlichen türkischen Jugendlichen oft nicht möglich, ihn als bewundernswerte Leitfigur zu akzeptieren. Wenn die deutsche Gesellschaft den ausländischen jungen Männern keinen diese befriedigenden Platz zuweist, entwickeln sie ihr männliches Selbstbild unter gleichaltrigen Jugendlichen. Innerhalb und außerhalb dieser Gruppierungen agieren sie u.a. auch aggressive Rituale von Männlichkeit und Potenz aus (vgl. Tertilt 1996; Böhnisch/Stecklina 2007).

5. Psychische und soziale Erkrankungen

Bei Migrantenmännern aus dem Mittelmeerraum und dem Nahen Osten ist die ganzheitliche Wahrnehmung von Krankheit und die Vorstellung eines Befalls des gesamten Körpers mit der einer ganzheitlichen Präsentation von Symptomen die Regel (Koch 1996). Diese Form der Schilderungen von Krankheitssymptomen kann zu dramatischen, körpernahen und schmerzbetonten Präsentationen von Krankheitsbildern führen, die im deutschen Medizinsystem oft auf Unverständnis stoßen. Folgen davon sind in der Regel Endlosdiagnostik, Konsultationen von mehreren Ärzten zum gleichen Krankheitsbild und immer häufiger auch Fehldiagnosen (Geiger 2000). Für einen mitteleuropäischen Arzt ist die Aussage eines Mannes, dass dieser sich „am ganzen Körper" krank fühlt, eine unpräzise Aussage. Für den Mann selbst, im Krankheitsverständnis seiner Kultur, ist es die konsequente Demonstration seines Missempfindens. So ist die Erkrankung für Patienten aus dem Mittelmeerraum eine Daseinsform, die den ganzen Mann betrifft. Sie kann sich zwar lokal festsetzen, beeinflusst aber immer den Mann ganzheitlich. Dass nur ein Organ oder Glied des Körpers erkrankt sein könnte, ohne dass der ganze Organismus und damit seine Befindlichkeit beeinträchtigt ist, ist für diese Männer unvorstellbar. Sie sind nicht nur in ihren organischen, sondern auch in ihren psychischen und sozialen Lebenszusammenhängen durch die Erkrankung eingeschränkt. Bei der Behandlung von Migranten durch deutsche Ärzte gibt es daher oft Interaktionsprobleme. Deutsche Ärzte beklagen sich, dass türkische Patienten ihre Beschwerden übertrieben und nicht eindeutig äußern. Die türkischen Patienten beklagen sich dagegen, dass sie von deutschen Ärzten nicht nur verbal, sondern in einem viel umfassenderen Sinne in ihrer Kultur und in ihrem Männlichkeitsbild nicht verstanden würden. Offenbar stimmen hier die gegenseitigen Erwartungen von Ärzten und Patienten nicht überein. Die Ärzte erwarten eine exakte und differenzierte, möglichst organbezogene Beschwerdebeschreibung. Die Patienten erwarten eine aktive anteilnehmende und unmittelbare Beschwerdelinderung (Koch/Özek/Pfeifer 1995: 209).

Viele junge Männer nutzen die Migration als Möglichkeit, ihr Leben aktiv zu gestalten, und haben für den Umgang mit Stresssituationen bereits im Heimatland oft besondere Bewältigungsstrategien entwickelt. Es sind in der Regel die risikofreudigsten Männer, die es wagen, eine Migration in ein anderes Land in Erwägung zu ziehen. Besonders die Widerstandsfähigen und Aktiven möchten ihr Leben selbst bestimmen und sind mit den Gegebenheiten im Heimatland nicht zufrieden. Eben diese starken Männer werden plötzlich oder schleichend im Migrationsland zu hilfebedürftigen und kranken Männern. Der beobachtete „healthy migrant effect" (Kirkcaldy et al. 2006) relativiert sich im Zeitverlauf deutlich (Lechner/Mielck 1998). Trotz der bei der Migration zunächst optimalen gesundheitlichen Voraussetzungen sind bei männlichen Migranten im Folgenden ein höherer Krankenstand und eine höhere Frühberentungsquote festzustellen. In der Sozialberichterstattung des Landes Nordrhein-Westfalen wird festgestellt, dass bei Migranten Arbeitsunfähigkeiten häufiger beobachtet werden. Auf der anderen Seite werden im Vergleich zu Deutschen weniger Rehabilitationsmaßnahmen in Anspruch genommen (Bardehle 2001). Eine Kohortenstudie bei Bauarbeitern konnte deutlich erhöhte Unfallrisiken für nichtdeutsche Arbeiter nachweisen (Arndt/Rothenbacher/Daniel et al. 2004). Aus einer weiteren Untersuchung ergibt sich, dass türkische Arbeitnehmer im Schnitt fünf Jahre jünger als ihre deutschen Kollegen sind, wenn bei ihnen eine Berufskrankheit festgestellt wird. Diese Untersuchung zeigt auch, dass 37 % der türkischen Arbeitnehmer, im Vergleich zu 23 % deutscher Arbeitnehmer, trotz festgestellter Berufskrankheit ihre Tätigkeit zunächst fortsetzen (vgl. Ärzte Zeitung vom 05.08.2002).

Von besonderem Vorteil, aber auch zu einer besonderen Belastung, kann die andersartige Struktur der Ursprungsgesellschaft, die auch im Migrationsland wieder gefunden wird oder wieder aufgebaut wird, werden. So wird ein Großteil der gesundheitlichen Belastung von männlichen Migranten durch die Familie und ethnische Gemeinschaft kompensiert. Sie kann in interkulturellen Konfliktsituationen aber auch zur gesundheitlichen Belastung werden. Kenntnisse dieser besonderen kulturellen Feinheiten sind fall- und kontextbezogen bei Diagnose und Therapie von männlichen Migranten sehr nützlich. Familie oder ethnische Gemeinschaft sollten dabei als Ressourcen herangezogen werden, die eine positive Wirkung auf die Gesundheit haben.

Aus Einzeluntersuchungen weiß man, dass der psychische Gesundheitszustand der Migranten im Vergleich zur deutschen Bevölkerung deutlich schlechter ist. Bedauerlicherweise befasst sich ein Großteil dieser Untersuchungen allein mit der psychischen Gesundheit von Frauen (vgl. Weiland/Rommel/Raven 2003; Lechner/Mielck 1998; MFJFG 2000; Landesregierung Schleswig-Holstein 2002; Rogner/Bökli/Bartram 2001; David/Borde/Kentenich 2002; Günay/Haag 1990; Gunkel/Priebe 1992; Wimmer-Puchinger/Wolf/Engleder 2006). Zu den psychischen Störungen, die bei Migranten auftreten, sind insbesondere Depressionen, psychosomatische Beschwerden,

Somatisierungsstörungen und posttraumatische Belastungsstörungen zu nennen (Assion 2005).

Bei all dem ist festzustellen, dass trotz eines hohen Bedarfs an Fachpersonal, das mit der Sprache und Kultur der jeweiligen Migrantengruppe vertraut ist, der Arzt-Patienten-Schlüssel für Türken in Deutschland mit etwa 1 zu 2.800 Patienten auf dem Stand wie in vielen Entwicklungsländern ist (Kirkcaldy/ Siefen 2002). Das Arzt-Patienten-Verhältnis für die deutsche Bevölkerung beträgt dagegen 1 zu 268 (Bundesärztekammer 2006; Kassenärztliche Bundesvereinigung 2006). Diese Tatsache sollte im Rahmen des nationalen Integrationsplans bedacht werden und Handlungskonsequenzen nach sich ziehen.

Wie komplex die Verknüpfung zwischen ethnisch-genetischer Disposition, Umweltfaktoren, Sozialstrukturen und geschlechtsspezifischer Disposition sein können, macht die Betrachtung dieser Untersuchungen im Zusammenhang deutlich. Das Verhältnis von genetischer Disposition und sozialen, natürlichen Umweltfaktoren und geschlechtsspezifischen Unterschieden ist ein spannendes Forschungsgebiet, das im Rahmen der Migrationsforschung immer mehr in den Blickpunkt rückt.

6. Schlusswort

Nach den vielen wissenschaftlichen Ausführungen, möchte ich meinen Text mit zwei sinngemäß wiedergegebenen, eher philosophischen Zitaten beenden:

Vor dem Hintergrund einer kulturrelativistischen Betrachtungsweise kann der eurozentrische Blick nicht mehr als eine Froschperspektive hergeben, die sich, wie jeder Zentrismus, ironischerweise für universal hält und sich vorschnell anmaßt, auch für andere Kulturen normativ und verbindlich zu sein. Gerade in einer multikulturellen Gesellschaft, in der Menschen verschiedenster Herkunft miteinander leben, tut Verständigung über den eigenen Erfahrungshorizont hinaus Not, um Konflikte besser begreifen und angemessener damit umgehen zu können. Dazu gehört die Aneignung und Achtung fremdkultureller Wahrheiten ebenso wie der Kulturrelativismus mit der Relativierung der eigenen Sichtweisen und Kategorien, mit denen wir immer schon auf der Seite der Objektivität zu stehen glaubten. Ein interethnischer Dialog sollte die Entwicklung und Herausbildung von vorurteilsfreiem Verhaltens in einer multikulturellen Gesellschaft fördern und sich am Abbau selbstherrlicher Klischees beteiligen (Tertilt 1993).

Wir müssen lernen, uns in einem erweiterten Horizont zu bewegen, in dem wir das, was uns vorher als selbstverständliche Koordinaten unserer Urteile erschien, nunmehr als mögliche Koordinaten, neben der uns bislang nicht vertrauten Kultur wahrzunehmen, vermögen. Wir gelangen damit zu unseren neuen Urteilen, indem wir unsere Maßstäbe zum Teil verändert haben. Wirkliche Urteilsfähigkeit setzt nämlich die Verschmelzung der Werthorizonte voraus. Die Bedingung ist dabei, dass wir durch die Auseinandersetzung mit der anderen Kultur selbst eine Veränderung erfahren, also nicht mehr bloß nach unseren ursprünglichen Wertmaßstäben urteilen (Taylor 1993).

Literatur

Akinci, A./Bilgin, Y./Erkal, M.Z./Tözün, N./Bödecker, R./Bretzel, R.G./Klör, H.U. (1998): Hepatitis B and Virus Serology by Turks living in Germany. A comparsion to Turkey and Germany in view of migration. Lecture Nr. 2418, International Association for the Study of the Liver, 49th. Annual Scientific Meeting, Nov. 4-6. 1998, Chicago

Arndt, V./Rothenbacher, D./Daniel, U. et al. (2004): All-cause and cause specific mortality in a cohort of 20 000 construction workers; results from a 10 year follow up. Occup Environ Med 61 (5), S. 419-425.

Ärzte Zeitung, 05.08.2002 http://www.aerztezeitung.de/docs/2002/08/05/145a0405.asp?cat=/med... 21.10.2006 13:05

Assion, H.J. (2005): Migration und psychische Krankheit. In: Assion, H.J. (Hrsg.): Migration und seelische Gesundheit. Berlin u.a.: Springer Verlag, S. 133-144.

Bardehle, Doris (Landesinstitut für den Öffentlichen Gesundheitsdienst) (2001): Landesgesundheitskonferenz 2001 „Soziale Lage und Gesundheit", Gesundheitliche Indikatoren in der Sozialberichterstattung, Soziale Indikatoren in der Gesundheitsberichterstattung von Nordrhein-Westfalen 1993-2001. Düsseldorf.

Bermes, Udo K./Sommer, Frank (2007): Männerkrankheiten. In: Stiehler/Klotz (2007), S. 152-165.

Bilgin, Y./Doppl, W./Bretzel, R.G. (1988): Besonderheiten bei der internistischen Betreuung von türkischen Patienten mit koronarer Herzerkrankung in einer Medizinischen Poliklinik. Internistische Welt 12, S. 55/354-57/356.

Böhnisch, Lothar/Stecklina, Gerd (2007): Männliche Sozialisation und Gesundheit. In: Stiehler/Klotz (2007), S. 36-48.

Bongard, S./Pogge, S.F./Arslaner, H./Rohrmann, S./Hodapp, V. (2002): Acculturation and cardiovascular reactivity of second-generation Turkish migrants in Germany. J Psychosom Res. 53(3), S. 795-803

Bundesärztekammer (2006): Ärztestatistik 2005. Berlin.

David, Matthias/Borde, Theda/Kentenich, Heribert (2002): Die psychische Belastung von Migrantinnen im Vergleich zu einheimischen Frauen – der Einfluss von Ethnizität, Migrationsstatus und Akkulturationsgrad. In: Geburtshilfe Frauenheilkunde 62, S. 37-44.

David, Matthias/Borde, Theda (2001): Kranksein in der Fremde? Türkische Migrantinnen im Krankenhaus. Frankfurt am Main: Mabuse Verlag.

Geiger, Ingrid (2000): Interkulturelle Organisations- und Personalentwicklung im Öffentlichen Gesundheitsdienst. In: Beauftragte der Bundesregierung für Ausländerfragen (Hrsg.): Bundesweiter Arbeitskreis Migration und öffentliche Gesundheit: Handbuch zum interkulturellen Arbeiten im Gesundheitsamt. Berlin, S. 37-44.

Giani, G./Janka, H.U./Hauner, H./Standl, E./Schiel, R./Neu, A./Rathmann, W./Rosenbauer, J. (2004): Epidemiologie und Verlauf des Diabetes mellitus in Deutschland. Arbeitsgemeinschaft der Wissenschaftlichen Medizinischen Fachgesellschaften, http://www.uni-duesseldorf.de/AWMF/ll/ 057-003.pdf.

Günay, E./Haag, A. (1990): Illness in emigration – study of Turkish patients in general practice form the psychosomatic viewpoint. Psychother Psychosom Med Psychol 40, S. 417-422.

Gunkel, S./Priebe, S. (1992): Psychological symptoms after immigration: a comparsion of varios groups of immigrants in Berlin. Psychother Psychosom Med Psychol 42, S. 414-423.

Hergenc, G./Schulte, H./Assmann, G./von Eckardstein, A. (1999): Associations of obesity markers, insulin, and sex hormones with HDL-cholesterol levels in Turkish and German individuals. Atherosclerosis 145, S. 147-156.

Hodoglugil, U./Mahley, R.W. (2006): Smoking and obesity make a bad problem worse: genetics and lifestyle affect high density lipoprotein levels in Turks. Anadolu Kardiyol Derg. 6(1), S. 60-67.

International Association for the Study of Liver (1998): Gateway to Hepatology, Chicago.

Kassenärztlichen Bundesvereinigung (2006): Rechenschaftsbericht 2005. Berlin.

Kirkcaldy, Bruce/Wittig, U./Furnham, A./Merbach M./Siefen, Rainer G (2006): Migration und Gesundheit. Bundgesgesundheitsblatt 9, Berlin u.a.: Springer-Verlag, S. 873-883.

Kirkcaldy, Bruce/Siefen, Rainer G. (2002): Darstellung englischsprachiger wissenschaftlicher Literatur zu Migration und Sucht. In: Boos-Nünning, Ursula/Siefen, Rainer Georg/Kirkcaldy, Bruce D. et al. (Hrsg.): Migration und Sucht. Expertise im Auftrag des Bundesministeriums für Gesundheit. Band 141/II. Schriftenreihe des Bundesministeriums für Gesundheit. Baden-Baden: Nomos-Verlag.

Koch, Eckhardt (1996): Der Kranke in der türkischen Familie. MMW 138, S. 61-64

Koch, Eckhardt, Özek, M., Pfeifer, W.M. (1995): Psychologie und Pathologie der Migration. Deutsch-türkische Perspektiven. Freiburg im Breisgau: Lambertus-Verlag.

Krithivas, K., Yurgalevitch, S.M., Mohr, B.A. (1999): Evidence that the CAG repeat in the androgen receptor gene is associated with the age-related decline in serum androgen levels in men. J Endocrinol 162, S. 137-142

Landesregierung Schleswig-Holstein (2002): Gesundheitssituation der Migrantinnen in Schleswig-Holstein. Schleswig-Holsteiner Landtag 15. Wahlperiode.

Lechner, I., Mielck, A. (1998): Decrease in the health migrant effect: trends ins morbidity of foreign and German participants in the 1984-1992 socioeconomic panel. Gesundheitswesen 60(12), S. 715-720.

Marschall, Tanja/Krämer, Alexander/Prüfer-Krämer, Luise et al. (2005): Erhöhen Migrationen aus hohen und mittleren Endemiegebieten die Hepatitis-B-Prävalenz in Deutschland? Dtsch Med Wochenschr 130 (48), S. 2753-2758

Ministerium für Frauen, Jugend, Familie und Gesundheit des Landes Nordrhein-Westfalen (2000): Gesundheit von Zuwanderern in Nordrhein-Westfalen. Düsseldorf.

Porsch-Oezcueruemez/M., Bilgin, Y./Wollny, M.,/ Gediz, A./Arat, A./Karatay, E./ Akinci, A./Sinterhauf, K./Koch, H./Siegfried, I./von Georgi, R./Brenner, G./ Kloer, H.U. (1999): Prevalence of risk factors of coronary heart disease in Turks living in Germany: The Giessen Study. Atherosclerosis 144(1), S. 185-98

Rogner, Josef/Bökli, Ediz/Bartram, Mathias (2001): Emotionales und körperliches Wohlbefinden türkischer Einwohner der Stadt Osnabrück. In: Marschalck, Peter/Wiedl, Karl .H. (Hrsg) (2001): Migration und Krankheit. Osnabrück: Unversitätsverlag Rasch, S. 207-216.

Schubert, Markus/Jockenhövel, Friedrich: Hormonsubstitution und Anti-Aging-Medizin. In: Stiehler/Klotz (2007), S. 104-122.

Statistisches Bundesamt (2006a): Leben in Deutschland. Ergebnisse Mikrozensus 2005, Wiesbaden.

Statistisches Bundesamt (2006b): Statistisches Jahrbuch 2006, Wiesbaden.

Stiehler, Matthias/Klotz, Theodor (Hrsg.) (2007): Männerleben und Gesundheit. Eine interdisziplinäre, multiprofessionelle Einführung. Weinheim, München: Juventa-Verlag.

Taylor, Charles (1993): Multikulturalismus und die Politik der Anerkennung. Frankfurt a.M.: S. Fischer Verlag.

Tertilt, Hermann (1996): Turkish Power Boys. Ethnografie einer Jugendbande.Frankfurt am Main: Suhrkamp-Verlag.

Tertilt, Hermann (2003): Ibne. Zum Verständnis zwischen-männlicher Sexualität in der Türkei. In: Karatepe, Haydar/Stahl, Christian (Hrsg.): Männersexualität. Hamburg: Rowohlt-Verlag, S. 135.

Türkisch Deutsche Gesundheitsstiftung (2006): Aufklärungskampagne zur Gesundheit. Projekt B. Gießen.

Weilandt, C./Rommel, A./Raven, U. (2003): Gutachten zur psychischen, psychosozialen und psychosomatischen Gesundheit und Versorgung von Migrantinnen in NRW. Bonn: Wissenschaftliches Institut der Ärzte Deutschlands (WIAD) e.V.

Wimmer-Puchinger, Beate/Wolf, Hilde/Engleder, Andrea (2006): Migrantinnen im Gesundheitssystem. Bundesgesundheitsblatt 9, S. 884-892.

Zeeb, Hajo/Razum, Oliver (2006): Epidemiologische Studien in der Migrationsforschung. Bundesgesundheitsblatt 9, S. 845-852.

Zitzmann, M./Brune, M./Kornmann, B. et al. (2001): The CAG repeat polymorphism in the AR gene affects high density lipoprotein cholesterol and arterial vasoreactivity. J Clin Endocrinol Metab 86, S. 4867-4873.

Praxisberichte

Interkulturelle Familien- und Erziehungsberatung

Kahraman Gündüzkanat

1. Die Erziehungs- und Familienberatungsstelle im Internationalen Familienzentrum

Die Erziehungs- und Familienberatungsstelle im Internationalen Familienzentrum (IFZ) in Frankfurt wurde in den 70er Jahren gegründet und war eine der ersten interkulturellen in Deutschland. Sitz der Beratungsstelle ist Bockenheim. Die Beratungsstelle ist als niedrigschwelliges, stadtteilbezogenes Angebot konzipiert, von Migranten wird die Beratung jedoch weit über den Stadtteil hinaus wahrgenommen. Das IFZ ist als freier Träger in Frankfurt tätig, die Erziehungsberatung ist in die Regelversorgung der Stadt eingebunden (nach Vorgaben des SGB VIII).

In der Erziehungsberatung wird in elf Sprachen Beratung angeboten. 2007 waren ca. 57 % der Ratsuchenden männlich, 43 % weiblich. Dies begründet sich in der Altersgruppe der 6- bis 15-jährigen Jungen, die häufiger in der Erziehungsberatung vorgestellt werden als gleichaltrige Mädchen.

86 % der Ratsuchenden haben einen Migrationshintergrund. Die Beratungssprache ist in ca. 41 % der Fälle deutsch und zu 42 % nicht deutsch. 17 % der Gespräche sind gemischt, d.h. mit den Kindern wird deutsch gesprochen, mit den Eltern spreche ich türkisch und zazaki (vgl. Internationales Familienzentrum e. V. 2007).

2. Erziehungs- und Familienberatung

Meine Tätigkeit umfasst die Erziehungsberatung als Hilfe zur Erziehung, Paarberatung, Trennungs- und Scheidungsberatung sowie begleiteter Umgang. Ich führe Beratungsgespräche mit Kindern, Jugendlichen, Eltern, jungen Erwachsenen und Familien.

Das Angebot der Erziehungsberatung im IFZ ist gekennzeichnet durch:

- niedrigschwelliger Ansatz: direkter Zugang zur Beratung, bedarfsgerechte Angebotsstruktur, Kostenfreiheit und Vertrauensschutz für Ratsuchende
- Prinzip der Freiwilligkeit: Der Ratsuchende benötigt ein eigenes Beratungsanliegen, Zwang von außen ist eher hinderlich.

- multiprofessionelle Besetzung der Beratungsstelle
- Prävention und Vernetzung im sozialen Umfeld sind wichtige Bestandteile der Arbeit (vgl. Demmer-Gaite/Friese 2004: 192).

3. Welche Männer werden von mir erreicht? Wie erfolgt der Kontakt? Was für „Typen" sind das?

In der Erziehungsberatung berate ich erwachsene Männer bzw. Väter, Jungen bzw. männliche Jugendliche. Ich möchte zunächst auf die Väter und danach auf die Söhne eingehen.

Die Männer als Ratsuchende nehmen die Beratungsstelle weniger wahr als die Frauen. Der Erstkontakt erfolgt meist über die Frauen. Häufig können die Frauen ihre Ehemänner zu einer Teilnahme an den Gesprächen bewegen, nachdem ich ihnen die Notwendigkeit der Teilnahme im telefonischen Erstkontakt erklärt habe.

Mein Angebot an die Männer ist von Fall zu Fall unterschiedlich. Beim ersten Gespräch kläre ich das Anliegen der Männer an die Beratung. Zu mir kommen Männer in Krisensituationen, die nicht in der Lage sind, ihre Probleme alleine zu lösen. Viele Ratsuchende werden von den Schulen, dem Jugendamt, den Gerichten, dem Jobcenter in die Beratung geschickt. Hier geht es darum, zunächst das eigene Anliegen der Männer zu formulieren.

Häufig sind die Familien von mehreren Problemlagen betroffen. Hier müssen zunächst Prioritäten erarbeitet werden und Wege gefunden werden, die Familien zu entlasten, bevor Erziehungsprobleme bearbeitet werden können. Wenn die Männer in Bezug auf ihre Kinder Rat suchen, stehen meist Schullaufbahnprobleme und Beziehungsprobleme im Vordergrund. Auch Verhaltensauffälligkeiten und psychosomatische Symptome der Kinder sind ein häufiger Beratungsanlass.

Die Söhne sind meistens noch schulpflichtig. Sie kommen wegen Schullaufbahnproblemen und wegen sozialen Schwierigkeiten in der Schule oder Konflikten mit dem Gesetz. Es kommen auch Jungen, deren Eltern psychisch krank sind, oder Jungen, deren Eltern in Trennung und Scheidung leben.

Ich habe in der Beratung unterschiedliche „Typen" von Männern kennengelernt. Emanzipierte, patriarchal denkende, gewalttätige, religiöse, gebildete, bildungsferne, arbeitslose, selbstständige, zurückhaltende, dominante ... und so weiter. Hier ließe sich die Aufzählung noch weiter fortführen. Wenn ich dennoch gemeinsame Merkmale meiner männlichen Klienten suche, so möchte ich hier folgende nennen:

- Verunsicherung in der Rolle als Ernährer der Familie durch Armut, ergänzende Sozialhilfe trotz Job, Arbeitslosigkeit; oder auf der anderen

Seite Männer, für die ihr Geschäft oder das Geldverdienen in mehreren
Jobs zentrale Bedeutung hat
* geringe Bildung bis hin zum Analphabetentum sowie Sprachprobleme
und die daraus folgenden Schwierigkeiten, sich in der deutschen Gesellschaft zurechtzufinden
* häufigere psychische Erkrankungen, Traumatisierungen durch Flucht und
politische Verfolgung
* Verunsicherung in der Vaterrolle durch Auflösung von Familien, Entfremdung zwischen den Generationen sowie überbehütende Liebe zu den
Kindern
* Verunsicherung im Selbstkonzept: Abwertung der Person durch die Aus-
ländergesetzgebung, durch unsicheren Aufenthalt sowie Erfahrungen mit
Diskriminierung und Rassismus

4. Welche Fragen und Probleme haben diese Männer? Was ist das Motiv ihres Kommens? Worüber sprechen sie nicht?

Fallbeispiel

Eine Familie mit einem 16-jährigen Sohn und einer 15-jährigen Tochter kam
zur Beratung, weil die Tochter gerne abends ausgehen und einen Freund haben wollte. Für die Mutter war dies inakzeptabel, der Vater stand den Wünschen der Tochter offener gegenüber. Die Mutter beauftragte den Sohn, auf
seine Schwester aufzupassen. Der Sohn war stark von der Mutter beeinflusst
und hatte ein konservatives Rollenverständnis. Der Vater konnte sich mit seiner liberaleren Haltung nicht durchsetzen. Er musste sich Vorwürfe seiner
Frau anhören, dass er zu weich sei.

„Der Wechsel von einem Land in ein anderes Land kann zu vielen Verunsicherungen führen. Plötzlich gelten andere Wertvorstellungen, die denen zum Heimatland oft diametral
entgegenstehen können, z.B. das Konzept von Freiheit bei Mädchen, Autonomie von Frau-
en, Erziehungsmethoden, das Kopftuch, die Ehre etc. Das, was bisher galt, gilt nicht mehr
oder nur teilweise oder anders. Es geht darum Kompetenzen zu entwickeln, die in der aktuellen Situation adäquates Handeln ermöglichen. Oft geht es auch darum, den Familien ihre
Stärken und Kompetenzen bewusst zu machen" (Demmer-Gaite/ Friese 2004: 195f.).

Fallbeispiel

Ein 14-jähriger Junge hatte gestohlen. Er spielte häufig in Spielotheken und
hatte zuvor auch schon öfter den Eltern Geld geklaut. Die Eltern erfuhren von

dem Diebstahl. Der Vater hatte daraufhin unter Gewaltandrohung den Sohn zur Herausgabe der Wertsachen gezwungen. Obwohl der Sohn alles zugab, schlug der Vater ihn danach noch brutal. Die Mutter versuchte den Vater von der Misshandlung abzuhalten, konnte sich aber nicht durchsetzen. Die Eltern suchten Hilfe in der Beratung, weil sie nicht wussten, wie sie mit den Diebstählen des Sohnes umgehen sollten. Der Vater bereute seine Gewalttätigkeit.

Die häufigsten Fragen in der Erziehungsberatung:

• Fragen zur Erziehung, zur Entwicklung von Kindern, Fragen und Probleme beim Erwerb neuer Entwicklungskompetenz (z.b. Spracherwerb)
• Fragestellungen und Auffälligkeiten im Bereich Schule und Leistungsprobleme, Aufmerksamkeits- und Konzentrationsstörungen, Schulangst, Konflikte und Störungen des sozialen Klimas in der Schule, Fragen der Schullaufbahn etc. Häufiger Beratungsanlass ist die drohende Versetzung in die Sonderschule.
• soziale Auffälligkeiten: Kontakthemmungen, Isolation, Rückzug, aggressive Verhaltensweisen, übermäßige soziale Konflikte, unzureichende Lösungsstrategien für Konflikte
• Familienkonflikte: übermäßige Streitigkeiten, Belastung der familiären Beziehungen, Normenkonflikte, Mehrgenerationenkonflikte etc.
• Beratung in Partnerkonflikten der Eltern, Trennungs- und Scheidungsberatung, familienrechtliche Fragen, Unterstützung der Kinder in Trennungskonflikten, Beratung nicht sorgeberechtigter Elternteile
• psychosomatische Störungen bei Kindern und Jugendlichen: einnässen, einkoten, Kopfschmerzen und andere psychosomatische Auffälligkeiten
• Gewalterfahrungen, sexueller Missbrauch, andere Traumatisierungen von Kindern und Jugendlichen
• Auseinandersetzung mit anderen kritischen Lebensereignissen: Erkrankungen oder Tod von Elternteilen oder Geschwistern, Suizidversuche oder -gefährdung, existenzielle Bedrohungen durch Arbeitslosigkeit, soziale Belastungen, Gefährdung des Aufenthaltsstatus
• Über das Thema Sexualität sprechen die Männer nicht so gerne. Sexualität ist noch Tabuthema. Ich habe die Frauen offener erlebt als die Männer. Homosexualität ist auch ein Tabuthema (vgl. Demmer-Gaite/Friese 2004: 195).

5. Was daran ist migrationsspezifisch?

Männliche Rollenbilder und „typisch" männliche Verhaltensweisen sind stärker von der sozialen Schicht geprägt als von kulturellen oder migrationsspezifischen Faktoren. Trotzdem möchte ich auf einige Aspekte eingehen, die mit männlichen Migranten oder ihren Nachkommen häufig verknüpft werden.

Viele Väter wünschen ihren Söhnen beruflichen Erfolg. Leistung und hohes Einkommen hat für sie einen hohen Wert und entspricht ihrem männlichen Rollenbild. Die Jungen aus bildungsfernen Schichten wünschen sich auch beruflichen Erfolg, sehen für sich in dieser Gesellschaft aber keine Chance. Ungerechtigkeit und fehlende Chancengleichheit, gepaart mit der Erwartung der Familien, setzen die Jungen erheblich unter Druck. Zugleich erleben sie ihre Väter oder andere Männer nicht als Vorbilder.

Die so entstehende Verunsicherung fördert bei bildungsfernen Jugendlichen mit Migrationshintergrund die Bereitschaft zur Gewalt. Die Gewalt trifft meist andere Jugendliche mit Migrationshintergrund. Die Fäuste machen die Migrantensöhne stark, sie erhalten dann von ihren Vätern und von der Mehrheitsgesellschaft die Aufmerksamkeit, die sie sich wünschen. Häufig wissen die Väter nicht, was die Söhne auf der Straße (oder in der Schule) tun, bis sie von der Polizei oder der Schule darüber unterrichtet werden. Die Hilflosigkeit der Väter drückt sich dann häufig in Gewalt aus oder führt zur völligen Abwendung von den Kindern (bis zum Hinauswurf).

In der Erziehung sind die Väter häufig wenig einbezogen, der Erziehungsalltag wird der Frau überlassen; der Vater weiß in diesen Familien nicht, wie der Alltag seiner Familie abläuft. Erst bei ernsten Krisen – z.B. Versetzung des Kindes in die Sonderschule – kümmern sich die Männer um die Probleme der Kinder.

Einige Väter haben sich selbst in eine Parallelwelt zurückgezogen. Sie haben keine Vorstellung von der binationalen Lebenswelt ihrer Kinder und bieten ihren Kindern auch kein erfolgreiches Rollenmodell.

Das Scheitern an dem veränderten Arbeitsmarkt und den gestiegenen Anforderungen im Beruf trifft nicht nur Jugendliche. Viele Männer sind nicht mehr Ernährer der Familie. Dies ist für diese Männer (genauso wie für Deutsche) schwer in ihr Selbstbild zu integrieren. In vielen Familien sind die Frauen berufstätig, teilweise auch selbstständig.

Es gibt eine steigende Anzahl von Migranten aus der Türkei, die ihre Partnerin aus der Türkei holen. Zumindest zu Beginn dieser Ehen sind die Rollen klar verteilt. Die Männer sind berufstätig, die Frauen versorgen den Haushalt. Doch diese Sicherheit gebenden Konstruktionen werden durch Arbeitslosigkeit oder zu hohe Erwartungen an den zu erreichenden Wohlstand und Konsum leicht erschüttert.

Der Entfremdung zwischen Kindern und Eltern steht eine hohe Erwartung des Vaters an seine Kinder gegenüber. Der Wunsch nach Erfüllung des eigenen Lebenstraumes durch die Kinder oder die Fortführung des Projekts der Migration können hierbei die Familiendynamik bestimmen. Die Auflösung der Kleinfamilie, die Heimatlosigkeit in Deutschland und im Herkunftsland begünstigt es, in den Kindern den eigentlichen Lebenssinn zu suchen. Die Kinder bleiben für Eltern viele Jahre stabil präsent. Sie sind „sichere" Beziehungen und zugleich das Liebste und das Nächste, wenn die Umwelt fremd ist. Freilich kann dies auch zu einer übertriebenen Vergötterung der Kinder führen. Doch wenn die kleinen Paschas dann in die Schule kommen, sind sie nicht mehr die Besten, sondern die Versager.

6. Zum Schluss: Was sollte jemand beachten, der mit der Zielgruppe männliche Migranten arbeitet?

1. Man muss sie nehmen, wie sie sind. D.h. man sollte nicht versuchen, seine eigene Meinung an den Mann zu bringen, sondern sich zunächst mit der Lebenssicht der Männer vertraut machen. Hier finden sich Anknüpfungspunkte, z.B. der Schulerfolg der Kinder, die den Männern wichtig sind und bei denen sie bereit sind, sich neuen Sichtweisen zu öffnen. Dies bedeutet jedoch nicht, alle Verhaltensweisen mit Hinweis auf kulturelle Unterschiede einfach hinzunehmen oder zu entschuldigen. Im Gegenteil sehe ich die Notwendigkeit, für die Schwächeren parteiisch zu sein und für ihre Rechte auch in der öffentlichen Diskussion einzutreten.
2. Die Begegnung ohne vorgefasste Meinung offen gestalten, da unter männlichen Migranten sehr unterschiedliche Menschen mit unterschiedlichem Verhalten vertreten sind.
3. Zugewanderte Menschen werden häufig als wenig kompetent und als bedürftige Hilfsempfänger wahrgenommen. Es kann hilfreich sein, den Blickwinkel zu wechseln und sich klar zu machen, dass diese Menschen Pioniere sind, die ihre Heimat verlassen haben, um sich anderswo ein neues Leben aufzubauen. Diese Entscheidung zeugt von einem hohen Maß an Veränderungsbereitschaft, Neugier und Mut. An diesen Stärken kann die Beratung ansetzen.

Das Internationale Familienzentrum im Internet: www.ifzweb.de.

Literatur

Demmer-Gaite, Eleonore/Friese, Paul (2004): Interkulturelle Aufgaben in der Erziehungsberatung. In: Radice von Wogau, Janine/Eimmermacher, Hanna/Lafranchi, Andrea (Hrsg.): Therapie und Beratung von Migranten. Systemisch-interkulturell denken und handeln. Weinheim: Beltz-Verlag, S. 190-204.

Internationales Familienzentrum e. V. (2007): 30 Jahre Interkulturelle Kompetenz. Tätigkeitsbericht 2006/2007. Frankfurt a. M. (unveröff.)

Spohn, Margret (2002): Türkische Männer in Deutschland. Familie und Identität. Migranten der ersten Generation erzählen ihre Geschichte. Bielefeld: transcript-Verlag.

Stuve, Olaf (2006): Produktionsweisen des Anderen im Wettstreit von Männlichkeiten. In: Heinrich-Böll-Stiftung (Hrsg.): Migration und Männlichkeiten. Dokumentation einer Fachtagung des Forum Männer in Theorie und Praxis der Geschlechterverhältnisse und der Heinrich-Böll-Stiftung am 9./10. Dezember 2005 in Berlin (Schriften zur Geschlechterdemokratie 14). Berlin, S. 7-16.

Tunç, Michael (2006): Migrationsfolgegenerationen und Männlichkeiten in intersektioneller Perspektive. Forschung, Praxis und Politik. Heinrich-Böll-Stiftung (Hrsg.): Migration und Männlichkeiten. Dokumentation einer Fachtagung des Forum Männer in Theorie und Praxis der Geschlechterverhältnisse und der Heinrich-Böll-Stiftung am 9./10. Dezember 2005 in Berlin (Schriften zur Geschlechterdemokratie 14). Berlin, S. 17-31.

„Kommt und seht, wie Jugendarbeit geht!" Die Jugend- und Sozialarbeit des Deutsch-Türkischen Jugendtreffs KOSMOS in Frankfurt-Sossenheim. Ein Praxisbericht.

Hüseyin Ayvaz

1. „Last Exit Sossenheim"

Sossenheim mit aktuell 15.700 Einwohnern ist einer der abgelegenen Stadtteile Frankfurts. Als Sossenheim 1928 nach Frankfurt eingemeindet worden war, hatte es gerade mal 4800 Einwohner. In den 60er Jahren entstanden 1000 Wohnungen der Henri-Dunant-Siedlung, wurde die Carl-Sonnenschein-Siedlung mit 700 Wohnungen gebaut, ebenso der Tatzelwurm, die Robert-Dißmann- und die Westerbach-Siedlung sowie der Westpark. Die alteingesessenen BürgerInnen Sossenheims leben im alten Kern des Stadtteils (Alt-Sossenheim) umzingelt von großen Wohnsilos und bleiben auf Distanz zu den Zugezogenen.

„Mit den Jahren hat sich die Bevölkerungsstruktur des neuen Sossenheims gewandelt, in den alt gewordenen Wohnungen leben zur Hälfte Familien mit Migrationshintergrund. Vor allem aber Familien mit geringem Einkommen und Jugendliche ohne Ausbildung." (Frankfurter Rundschau vom 13.01.2010). In einigen Schulklassen steigt der Anteil der SchülerInnen „mit Migrationshintergrund" auf bis zu 80 %.

Es gibt wenige Möglichkeiten zur Freizeitgestaltung. Außer zwei Jugendzentren und einem Jugendbüro gibt es keine Angebote für Jugendliche. Außerhalb der Öffnungszeiten von Jugendeinrichtungen treffen sich die Jugendlichen an „selbstgemachten" Treffpunkten. Das führt meistens zu Konflikten zwischen alt und jung und endet mit einer Anzeige wegen Ruhestörung.

Bei der Planung der 1994 fertiggestellten, letzten großen Siedlung „Westpark" mit 600 Wohnungen, wurde ein Jugendzentrum vorgesehen.

Bevor das Deutsch-Türkische Jugendwerk (DTJW) 1995 das Jugendzentrum übernahm, wurden die Jugendlichen aus dem Einzugsbereich detailliert nach ihren Wünschen und Bedürfnissen befragt. Auch über den Namen „Kosmos" haben die Jugendlichen entschieden. Bei der Gestaltung der Einrichtung wurde darauf geachtet, dass die Räumlichkeiten und das Mobiliar hell, freundlich, bequem, gemütlich, kurzum einladend wirken. Schon vor der Eröffnung wurden die Jugendlichen in die Gestaltungsarbeiten einbezogen.

2. Rahmenbedingungen

2.1 Personal

Dem KOSMOS stehen 2,5 Planstellen, eine halbe Stelle für Reinigungskräfte und 1 Zivildienststelle zur Verfügung. Bereiche, die nicht von hauptamtlichen Mitarbeiter/innen abgedeckt werden können, wie Tanz, Musik, Medien etc., werden von Honorarkräften übernommen. Da die Jugendlichen immer am Geschehen im und um KOSMOS herum beteiligt werden, kann die offene Jugendarbeit mit nur 2,5 Stellen, aber durch Unterstützung von Jugendlichen mit stolzen 35 Stunden Öffnungszeit in der Woche stattfinden. Für das Personal, für die Raummiete, für pädagogische Mittel und für die Verwaltung braucht der Jugendtreff KOSMOS ein Jahresbudget in Höhe von ca. 330.000 Euro. 98 % des Bedarfs werden von der Stadt Frankfurt zur Verfügung gestellt. Die Zivildienststelle wird von der Stadt Frankfurt und vom Bundesamt für den Zivildienst gemeinsam finanziert. Das DTJW beantragt zusätzlich projektgebundene Mittel. Viele Aktionen werden durch Geld- und Sachspenden bzw. durch Sponsoring finanziert.

2.2 Räumlichkeiten

Der Jugendtreff KOSMOS hat eine 436 qm große Nutzfläche. Es gibt ein großes Café, eine Küche, ein Büro, zwei Tanz- und Bewegungsräume, einen Kickboxraum, einen Boxringraum, einen Umkleide- und Duschraum. Ein Teil des Cafés wird als Computer- und Internetraum benutzt. Zusätzlich verfügt das Jugendzentrum über eine Hoffläche von ca. 150 qm. Der Jugendtreff wird jedes Jahr zusammen mit Jugendlichen renoviert und nach Bedarf umgebaut.

2.3 Zielgruppe: Kinder und Jugendliche

Die BesucherInnen sind zwischen 12 und Ende 20. So genannte Jugendliche „mit Migrationshintergrund" stammen aus über 30 Ländern. Die Migrationsgeschichten und -erfahrungen der Jugendlichen sind ebenfalls sehr unterschiedlich. Hier geborene, neu ein- bzw. zugewanderte, Spätaussiedler, Kinder aus Mischehen, Kinder aus „intakten" und zerrütteten Familienverhältnissen, Kinder aus armen und gut situierten Familien, Hauptschüler, Realschüler, Auszubildende, Studierende, Arbeitslose etc. Und nicht zuletzt sind alle Weltreligionen im KOSMOS vertreten. Der KOSMOS ist für Mädchen und junge Frauen genauso attraktiv wie für Jungen und junge Männer.

3. Ziele der Jugendarbeit und ihre Umsetzung

3.1 Das Ziel

Die Jugend ist der Zeitabschnitt im Leben, in dem sich der Mensch im besonderen Maße mit den Fragen beschäftigt: Wer bin ich? Was will ich? Wie kann ich meine Fähigkeiten ausschöpfen? Was ist der Sinn meines Lebens? Deshalb ist die zentrale Aufgabe die Förderung von Persönlichkeitsentwicklung, Selbstbewusstsein und Selbstentfaltung. Hierbei müssen die Jugendlichen dazu befähigt werden, möglichst viele ihrer Ressourcen selbst zu entdecken, zu erproben und weiterzuentwickeln.

Wichtige herauszubildende Eigenschaften sind Sensibilität, Kreativität und Rationalität. Diese, miteinander im Einklang stehend, bilden das Fundament einer Persönlichkeitsstruktur, die zu Alltagsbewältigung, Identitätsbildung und Interessensorganisation fähig ist. Das dient dem Erkennen des eigenen Platzes in der Gesellschaft, der Entwicklung solidarischer Lebenszusammenhänge und der Veränderung der Gesellschaftsstruktur.

Bei der Entfaltung von vielfältigen Aktivitäten und der Gestaltung von Angeboten auf Praxisfeldern werden die folgenden Ziele verfolgt:

- sinnvolle Freizeitgestaltung im offenen Bereich,
- Beziehungsarbeit und Elternarbeit für Entdeckung von individuellen Stärken der Jugendlichen,
- Aufbau des Selbstvertrauens in der sportbezogenen Arbeit, in der musischen Arbeit und in der Arbeit mit neuen Medien,
- Aufbau von kultursensiblen und sozialen Kompetenzen durch die internationale Jugendarbeit und in der Arbeit für politische Bildung,
- Vorstellung und Vorführung von Erfolgserlebnissen in der Öffentlichkeitsarbeit sowie Lobbybildung für die Jugend,
- Aufbau von Geschlechtsbewusstsein.

3.2 Die Arbeitsweise: Ressourcenorientiert, personenzentriert, kultursensibel

Das DTJW arbeitet konsequent ressourcen- und lösungsorientiert. Ressourcen sind „Kraftquellen" – denn „source", die französische Wurzel des Wortes, bedeutet „Quelle". Es sind Quellen, aus denen man all das schöpfen kann, was man zur Gestaltung eines zufrieden stellenden, guten Lebens braucht, was man braucht, um Probleme zu lösen oder mit Schwierigkeiten zurechtzukommen. Prinzipiell hat jede Person Ressourcen, d.h. sie verfügt über gewisse Möglichkeiten, mit belastenden Lebensumständen und persönlichen Problemen konstruktiv umzugehen.

Die Jugendlichen sehen im KOSMOS ihr zweites Zuhause und bringen sich immer gerne ein, wann und wo immer sie können. Sie sprechen mit ihren Eltern, Freunden, Bekannten, Lehrern, wenn sie etwas beitragen sollen (Sponsoring, Arbeiten für KOSMOS, Raum, Sachspende etc.). Sie gehen mit ihrem zweiten Zuhause sehr sorgfältig und gewissenhaft um. Sie achten darauf, dass die Neuankömmlinge die Regeln des Hauses, die nirgendwo schriftlich zu sehen sind, einhalten. Die Älteren beaufsichtigen und schützen die Jüngeren. Die familiäre, entspannte und freundliche Atmosphäre, der respektvolle und solidarische Umgang miteinander fällt jedem auf, der hereinkommt und sich im KOSMOS aufhält.

Das DTJW kennt die jugendlichen Besucher/innen der Jugendzentren in Sossenheim gut und hat zu ihnen ein klares, unstrapaziertes Verhältnis, das auf gegenseitigem Vertrauen und Respekt basiert. Ideal wäre es, wenn die bestehenden Ressourcen im Sozialraum des Stadtteils gebündelt und die Angebote für Jugendliche aufeinander abgestimmt werden könnten. Eine Jugendarbeit, die dem hohen Anteil der Migranten im Stadtteil Rechnung tragen soll, muss einen interkulturellen Charakter haben. Der Sozialraum im Stadtteil muss sich interkulturell öffnen, aber gleichzeitig von Gleichmachungsstrategien und Schubladendenken wegkommen.

3.3 Das Team

Die interkulturelle Öffnung der Jugendarbeit kann sich nicht nur auf die Besucher beschränken. Die Stellenbesetzung muss der Besucherstruktur gerecht werden. Die multikulturelle Besetzung des Teams eines Jugendzentrums in Sossenheim ist die Grundvoraussetzung für die Akzeptanz des Teams und der Angebote.

Das Team des KOSMOS ist seit seiner Eröffnung immer paritätisch besetzt. Die 2,5 Stellen werden jeweils von 2 weiblichen und zwei männlichen Fachkräften geteilt. „Migrationserfahrung" bzw. „Migrationshintergrund" sind zwar bewährte Eigenschaften aber keine Bedingung, um im Team des KOSMOS zu arbeiten. Eher ist die Kultur-Sensibilität eine Eigenschaft, die die Mitarbeiter/innen mitbringen oder sich aneignen müssen.

Viel wichtiger aber ist die ressourcenorientierte Grundhaltung, gepaart mit Bereitschaft zu ehrenamtlichem Einsatz, Kollegialität und Solidarität. Auch im Team wird ressourcenorientiert gearbeitet. Ein wichtiges Merkmal der ressourcenorientierten Arbeit in einem Team ist es, dass im Team keine Machtkämpfe und Kleinkriege stattfinden. Die Grundeinstellung der Mitarbeiter/innen des KOSMOS zur Teamarbeit lautet: „Was mein Kollege/meine Kollegin gut kann, muss ich nicht auch noch können. Stattdessen kann ich meine Kollegin/meinen Kollegen mit meinen Ressourcen ergänzen. Von einem erfolgreichen Team profitieren alle Teammitglieder und ein Team ist

weit mehr als nur die Summe seiner Bestandteile." Solidarisches und gemeinsames Handeln, respektvoller Umgang mit den Teammitgliedern sind
die Anforderungen für die Mitarbeit im Team. Ein Team, das aus konkurri-
erenden, sich gegenseitig bekämpfenden Mitgliedern besteht, verschwendet
seine ganze Energie für interne Kämpfe und kann für die Klientel kaum etwas übrig haben.

Die Teammitglieder sind die Bezugspersonen und die Vorbilder. Um von
der Klientel Respekt fordern zu dürfen, müssen sie den respektvollen, solida-
rischen Umgang miteinander erst einmal den Jugendlichen glaubhaft und
überzeugend vorleben. Sie müssen klar zeigen, dass sie sich auf einander verlassen können und dass sie eine hohe Streitkultur haben.

Dies zeigt sich in übereinstimmendem Verhaltensmuster auf allen Hand-
lungsebenen:

In der Arbeit mit Jugendlichen	Im Team	In der Gemeinwesenarbeit
Zuwendung – Wärme – Freundschaft ausstrahlen Menschen kommen zu Menschen!	Konfliktfähigkeit Solidarität – Kollegialität	Nicht rechtfertigen, sondern selbstbewusst agieren
differenzierend betrachten Theorie ist eine Orientierungshilfe	Interkulturalität	Konkurrenzkampf ist Luxus Kooperation ist produktiver
Anerkennung geben Regeln aufstellen und durchsetzen	Kulturdominanz unterbinden An den ständigen Wandel denken, Neue Wege und Methoden wagen	Politisch denken und handeln Lobby für Jugendarbeit
Goldene Mitte zwischen Prinzipien und Flexibilität suchen	Über eigene Defizite nachdenken	Zusatzmittel besorgen
Ressourcen nicht übersehen	Ressourcen nicht übersehen	Ressourcen nicht übersehen
Auseinandersetzung nicht scheuen	Auseinandersetzung nicht scheuen	Auseinandersetzung nicht scheuen

3.4 Die Grundeinstellung: Ressourcenorientiert

Das DTJW lehnt die defizitäre Einstellung in der Jugendarbeit grundsätzlich
ab. Die Mitarbeiter/innen sollten auf die Hilfesuche von Jugendlichen immer
reagieren und ihnen bei der Bewältigung ihres Alltages in der Familie, Schule, Ausbildung und im Betrieb helfen, wenn dies gewünscht wird. Doch sie
sollten das Augenmerk auf die Stärken der Jugendlichen richten. Es ist vielen
Jugendlichen nicht bewusst, welche Potenziale sie in sich bergen. Dieser ressourcenorientierte Ansatz als Grundvoraussetzung gilt nicht nur in der Arbeit
mit Jugendlichen, sondern auch in der Team- und Gemeinwesenarbeit. Die

Teammitglieder sollten ihre Aufmerksamkeit auf die Stärken ihrer Kolleg/inn/en bzw. Kooperationspartner richten. So kann sich eine effektive Teamstärke entfalten. Dadurch wird der unnötige Energieverlust auf das Minimum reduziert. Zum ressourcenorientierten Ansatz gehören Entschlossenheit und Durchsetzungskraft. Die Mitarbeiter/innen des Hauses müssen die gemeinsam vereinbarten Regeln gemeinsam durchsetzen und die Auseinandersetzung bei der Durchsetzung von Regeln nicht scheuen.

Die Grundsätze unseres ressourcenorientierten Ansatzes, die sich die Mitarbeiter/innen des KOSMOS zu eigen machen sollten, sind:

- Zeige deutlich, dass Du sie magst.
- Sprich sie auf ihre Stärken an! Biete Ihnen an, sie darin zu stärken.
- Versuche permanent, eine Lobby für sie zu bilden. Äußere Dich zu ihren Gunsten in der Öffentlichkeit.
- Schaffe ihnen Möglichkeiten, sich öffentlich darzustellen und sich zu verwirklichen. Partizipation gibt es wirklich.
- Nutze die sozialen Räume außerhalb des JUZ.
- Nutze andere Werkzeuge und Mittel, die Dir zur Verfügung stehen.
- Lerne ihre Sprache oder wenigstens ein paar Brocken aus ihrem Wortschatz. Nutze sie als Überraschungseffekt. Eigne Dir ihre Ausdrücke an.
- Mache wenige Regeln mit ihnen aus und sorge dafür, dass die Regeln auch eingehalten werden.
- Reflektiere ständig und gib Dich als ein guter „Selbstkritiker" zu erkennen.
- Denke daran, dass die Jugendarbeit für Jugendliche praktiziert wird.
- Denke daran, dass Du mit Menschen und vor allem mit Persönlichkeiten zu tun hast.
- Lebe ihnen das vor, was Du ihnen beibringen möchtest. Du bist die Bezugsperson und das Vorbild für sie.
- Hebe die Ausgrenzung auf. Ächte die Ausgrenzung demonstrativ.
- Bilde Vertrauen und gehe mit dem Vertrauen behutsam um.
- Mache Elternarbeit. Steuere der Anonymität entgegen.
- Lerne jede einzelne Person gut kennen.

3.5 Die Arbeitsweise: Motivation, Engagement und Praxisbezug

Das Team des Jugendtreffs KOSMOS hat den Auftrag, immer auf dem Laufenden zu bleiben, eine effektive Beziehungsarbeit zu leisten, die Jugendlichen in die Arbeit einzubeziehen und seine eigene Leistung ständig zu überprüfen. Kalte „Professionalität" und „Fossilisation" der Methoden und Teams (meistens „Routine" genannt) sind kontraproduktiv. Die verschiedenen Theorien dienen als Orientierungshilfe. Bei der Teambildung ist darauf zu achten, dass Mitarbeiter mit Praxiserfahrung genauso wichtig sind wie Mitarbeiter mit guten Zeugnissen und Abschlüssen. Durch Eingliederung von Jugendlichen aus dem Jugendzentrum wird für frische Ideen sowie Auffrischung des Teams und der Methoden gesorgt.

Die pädagogischen Mitarbeiter/innen einer Jugendeinrichtung sind in der Regel die Identifikationspersonen für die Jugendlichen, wenn sie eine intensive Beziehung zu ihnen herstellen können. Daher sind sie herausgefordert, Signale zu setzen und Handlungsmuster als „unverbindliche Tipps" in verschiedensten Situationen und im Verhältnis zu einander abzugeben. Die Mitarbeiter/innen des KOSMOS wissen, dass sich der Lernprozess in einer Interaktion vollziehen muss, in der alle Beteiligten *voneinander* lernen.

3.6 Fortbildung / Supervision

Menschen, die in der sozialpädagogischen Jugendarbeit tätig sind, müssen ihre hierzu notwendigen Fähigkeiten und Kenntnisse für Planung, Organisation und Realisation ständig ausbauen. Aufgrund des permanenten Wandels in der Jugendarbeit und -politik ist eine Fortbildung der Mitarbeiter/innen unentbehrlich. Durch Fortbildung können sich die Mitarbeiter/innen der Jugendarbeit selbst schulen, um in ihrer Arbeit Wissen anzuwenden und persönliche Einstellungen nicht nur zu reflektieren, sondern sie gegebenenfalls konstruktiv zu verändern. Damit eine gesunde Kommunikation im Team hergestellt und weiterentwickelt werden kann, wird die Möglichkeit der Supervision nach Bedarf genutzt.

3.7 Angebote

Bei der Planung von Angeboten wird auf folgende Punkte geachtet:

1. Die Jugendarbeit ist für Jugendliche und nicht für die Mitarbeiter/innen. Die Mitarbeiter/innen dürfen ihre eigenen Bedürfnisse nicht zum Dreh- und Angelpunkt ihrer Arbeit machen.
2. Das Team arbeitet mit Menschen. Menschen kommen in erster Linie zu Menschen und nicht zu einer Einrichtung oder zu Gegenständen.
3. Die wichtigsten Elemente für eine attraktive Jugendarbeit sind: Zusammengehörigkeitsgefühl, Herausforderung, Spannung, Mobilität und Spaß, Stärkung des Selbst und der Identität, Perspektiven und neue Wege.

Wichtige Elemente der Jugendarbeit

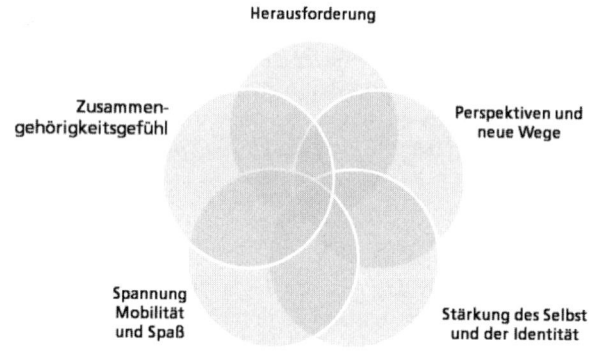

Herausforderung

Zusammen-
gehörigkeitsgefühl

Perspektiven und
neue Wege

Spannung
Mobilität
und Spaß

Stärkung des Selbst
und der Identität

4. Praxisfelder und Angebote

4.1 Offener Bereich

Jugendeinrichtungen haben sich im Laufe der letzten Jahre verändert: Nicht mehr Schmuddel-Look und Sperrmüll-Atmosphäre sind angesagt, sondern helles, freundliches Ambiente und ein Programm, das zum Mitmachen anregt. Hier kann man sich ohne Schwellenangst und Verbindlichkeit mit Freunden und Freundinnen treffen, neue Kontakte knüpfen, Informationen austauschen und sich über die weiteren Angebote im KOSMOS informieren. Offene Jugendarbeit zeichnet sich dadurch aus, dass sie für alle Jugendlichen ohne Anmeldung zugänglich ist. Eine Jugendeinrichtung ist – im Gegensatz zu kommerziell betriebenen Jugendtreffs – ein Ort, an dem sie „einfach dabei sein" können, ohne etwas konsumieren zu müssen und ohne dem Druck ausgesetzt zu sein, etwas Bestimmtes tun zu müssen. Erste Anlaufstation dafür ist das offene Café. Hier wird regelmäßig warmes Essen für Kinder und Jugendliche angeboten, um ihnen die Möglichkeit zu geben, nach der Schule günstig den Hunger zu stillen. Ein wichtiger Aspekt offener Arbeit ist es, eine Beziehung zwischen Besucher/innen und pädagogischen Mitarbeiter/innen herzustellen. Diese Beziehungsarbeit ist Ausgangspunkt jeder weiteren pädagogischen Arbeit, insbesondere auch der Einzelfallarbeit und der Arbeit mit Gruppen.

„Kommt und seht, wie Jugendarbeit geht!"   *141*

Im KOSMOS finden täglich Sport- und Tanzangebote statt. Für Kinder und Jugendliche werden jeden Montag und zusätzlich nach Vereinbarung Nachhilfestunden angeboten. In unserem Internetraum können die Jugendlichen chatten, spielen, surfen und für die Schule arbeiten. Sonntags treffen sich die Theater- und Tanzgruppen und zwar mit Kinderbetreuung, daher besonders interessant für junge Eltern und Elternteile. Interessante Ausflüge, Wochenendseminare, Veranstaltungen im Jugendtreff und außerhalb sind Bestandteile unseres Programmes. Unsere „Bonbons" sind die spannenden Jugendbegegnungen, Austausch- und Freizeitprogramme und Workcamps im In- und Ausland.

4.2 Einzelfallarbeit

Einzelfallhilfe ist eine umfassende und wichtige Aufgabe in der Jugendarbeit.

Im KOSMOS beinhaltet sie: existenzielle Beratung (Wohnen, Finanzen und Schulden), persönliche Beratung (Familie, Freund, Freundin, Schule, Arbeit), berufliche Beratung (Bewerbung, Arbeitsfindung), Begleitung zu Ämtern und Unterstützung bei anderen Schwierigkeiten.

Ziel der Einzelfallhilfe ist es, die Jugendlichen zu unterstützen, ihre Interessen zu erkennen und eigenständig zu verwirklichen in dem Bewusstsein, dass auch sie selbst für ihre Situation verantwortlich sind und – wenn sie es wünschen – diese verändern können.

4.3 Arbeit mit Gruppen

Bei der Wahl der Schwerpunkte in der Arbeit mit Gruppen stützen wir uns auf unsere bisherigen Erfahrungen und Erkenntnisse, die wir seit 1994 in der konkreten Jugendarbeit vor Ort sammeln konnten. Demnach haben wir Schwerpunktgebiete festgelegt, die die tragenden Säulen unserer Arbeit mit den Gruppen bilden sollen:

Internationale Jugendarbeit – Begegnungen/Jugendaustausch

An der ersten Stelle der Hitliste der Besucher/innen unseres Jugendtreffs KOSMOS kommt der Wunsch nach Begegnung mit Jugendlichen aus anderen Ländern bzw. Auslandsfahrten.

Durch persönliche interkulturelle Kontakte werden Pläne zur Annäherung der Menschen unterschiedlicher Herkunft konkret. Kennenlernen durch eigene Erlebnisse trägt zum Verstehen und Akzeptieren bei. Durch direkte Begegnung werden Ängste und Vorurteile rasch abgebaut, Feindbilder entschärft und Freundschaften geschlossen.

Durch Bildungsreisen, Auslandsfahrten, Workcamps und Jugendaustauschangebote wird den Jugendlichen ermöglicht, einen Einblick in ein Land zu bekommen, das sie sonst kaum kennen lernen würden. Hierbei wird das KOSMOS von Möglichkeiten und bestehenden Kontakten des DTJW profitieren.

Mehrere Begegnungsreisen in die Türkei und Workcamps sowie ein Jugendtreffen in England haben sich als besonders nützlich erwiesen. Die Aktionen in der Türkei haben sowohl in der deutschen als auch in der türkischen Öffentlichkeit großes Aufsehen erregt. Betreuer und Teilnehmer haben dabei gleichermaßen gelernt: Der Erfolg dieser Projekte lag darin, dass wir über den intellektuellen Zugang hinaus emotionalen Erlebnissen Raum gegeben haben. Dies nennen wir „die Kraft der Begegnung", und aus Überzeugung setzen wir weiterhin auf sie.

Sport/Bewegung/Körperkultur

Sportliche Aktivitäten bieten den Jugendlichen Gelegenheit zur Selbstdarstellung, zu körperlichem Agieren, zur Gruppenfindung und zum gemeinsamen Erleben. Der KOSMOS verfügt über einen gut ausgerüsteten Fitness-Raum. Dort wird den Jugendlichen die Möglichkeit angeboten, unter Aufsicht und Anleitung eines Sportlers zu trainieren. Ferner bilden Bewegungsangebote wie Gymnastik, Aerobic, Joga, Selbstverteidigung, autogenes Training, Tischtennis etc. einen Bestandteil der offenen Jugendarbeit. Für Aktivitäten, die größerer Freiflächen bedürfen, wird mit anderen Institutionen kooperiert.

Sportangebote speziell für die marginalisierten Jugendlichen im KOSMOS und im Stadtteil Sossenheim, werden von diesen gut angenommen. Der KOSMOS darf sich über eigene Kick-Box- und Box-Mannschaften freuen, in denen mittlerweile Europameister, deutsche Meister und Landesmeister kämpfen. Im Gegensatz zu Befürchtungen, dass die Jugendlichen ihre Kenntnisse auf der Straße umsetzen könnten, wurden aus Jugendlichen, die der KOSMOS von der „Straße" holte, selbstbewusste und absolut friedliche Champions. Sie sind mittlerweile Quelle und Garanten der freundschaftlichen Atmosphäre im Kosmos. Daher werden diese und ähnliche Sportangebote, wie Ringen, Gymnastik und Fitness und Krafttraining erweitert.

In vielen Jugendeinrichtungen steht das Mannschaftsspiel im Mittelpunkt. Turniere gegen Mannschaften anderer Einrichtungen stoßen auf große Resonanz. Sie fördern das Zusammengehörigkeitsgefühl und schaffen gemeinsame Erlebnisse. Die Gründung einer Freizeitfußball- und einer Streetballmannschaft stehen auf dem Plan. Ferner gehören „Mitternachtssport", Nachtwanderungen, Sportwochenenden und Sportlehrgänge in Zusammenarbeit mit unseren Partnern im Sport zum Repertoire des KOSMOS.

Politische Bildungsarbeit

Offene Jugendarbeit und Jugendarbeit mit Gruppen hat stets auch eine soziale und gesellschaftspolitische Verantwortung. Politische Bildungsarbeit auf der Grundlage des Kinder- und Jugendhilfegesetzes (KJHG) ist daher ein unverzichtbarer Bestandteil der Jugendarbeit, mit der jungen Menschen das Hineinwachsen in die Gesellschaft erleichtert werden soll. Sie bietet die entsprechenden Freiräume, Mittel und Inhalte an, die die Jugendlichen ermutigen, selber aktiv zu werden und sich selbstbewusst in die Gestaltung ihres Lebens und ihrer Umwelt einzumischen. Durch Veranstaltungen zu gesellschaftspolitischen Themen soll Jugendlichen ermöglicht werden, mehr über das politische System der Bundesrepublik und der Europäischen Union und ihre Möglichkeiten zur Mitwirkung daran zu erfahren. Solche jugendpolitische Maßnahmen werden in Zukunft verstärkt durchgeführt und sollen gleichzeitig als Mitarbeiterfortbildung dienen.

Kulturelle Bildung, Medienpädagogik und Arbeit mit neuen Medien

Kulturelle Bildung ist ein zentraler Bestandteil allgemeiner Bildung und damit die Grundlage einer als immer notwendiger anerkannten umfassenden Persönlichkeitsentwicklung.

Im KOSMOS gibt es dafür u.a. ein multifunktionales Cafe, einen Medienraum mit PC, Farbdrucker und Internetzugang sowie verschiedene Musikinstrumente. Parallel zu Internet- und PC-Anwenderkursen wird die Vermittlung der Medienkompetenz angestrebt, damit die Jugendlichen der rasanten Entwicklung der Medienlandschaft nicht ausgeliefert werden, sondern den bewussten/sinnvollen Umgang mit dem Flut der Informationen und der Geräten erlernen.

Mit Unterstützung der anwesenden Pädagog/innen und mit Künstlern und Spezialisten werden in Räumen des KOSMOS selbstständige Entfaltungsprozesse eigener kultureller Aneignungs- und Ausdrucksformen initiiert.

Geschlechtsbewusste Jugendarbeit/Mädchenarbeit

In der Jugendarbeit des DTJW hat die geschlechtsspezifische Pädagogik einen besonderen Stellenwert. Durch die gesellschaftliche Unterprivilegierung von Mädchen und Frauen ist eine besondere Unterstützung dieser Zielgruppe notwendig.

Das erfordert besonders geschützte Erfahrungs- und Entfaltungsräume für Mädchen und junge Frauen. Dort werden sie befähigt, im Rahmen von Selbstfindungs- und Aufklärungsprozessen ihr Leben eigenständig und selbstverantwortlich in die Hand zu nehmen. Sie lernen sich die für sie dafür notwendigen Voraussetzungen und Bedingungen nicht verwehren zu lassen. Das bedeutet auch, dass Mädchen nicht als defizitär angesehen werden.

5. „Defizitär war gestern!"

Das DTJW lehnt die defizitäre Einstellung in der sozialen Arbeit grundsätzlich ab. Die defizitäre Einstellung konzentriert sich auf die Belastungs- und Ursachenforschung. Sie ist problemorientiert und pathologisiert ihre Zielgruppe prinzipiell. Sie ignoriert die in der Zielgruppe vorhandenen Potenziale und Ressourcen verbissen, weil sie in den „Defiziten" ihrer Zielgruppe ihre eigene Existenzberechtigung sieht. Sie etikettiert die Menschen mit Migrationshintergrund als „sozial Benachteiligte", hebt in sozialfürsorgerischer Absicht die Defizite hervor und trägt dadurch zu deren Stigmatisierung bei. Menschen mit Migrationshintergrund sind nach defizitärer Einstellung „die", die alles schlecht können oder gar nichts gut können, und die Sozialarbeit soll ihnen aus ihrer Misere heraushelfen.

Durch diese Haltung nimmt die Öffentlichkeit die Menschen mit Migrationshintergrund nur als ein Problem wahr, das mit Kriminalität, Gewaltbereitschaft, Schwervermittelbarkeit etc. in Verbindung gebracht wird.

Auch die Misserfolge der Sozialarbeit werden häufig den Modernitätsdefiziten und nachteiligen Einflüssen des subkulturellen Milieus in die Schuhe geschoben. So muss sich die Jugendarbeit keine Rechenschaft über ihre eigenen Defizite ablegen.

Selbstbewusstsein, Selbstvertrauen und Wille ebnen den Weg zur Mitte der Gesellschaft. Genau diese elementaren Werte bekommen die Jugendlichen im KOSMOS. Sie möchten sich in der Mitte der Gesellschaft platzieren. KOSMOS-Der Jugendtreff fungiert als Schnittstelle zwischen dem Rande und der Mitte der Gesellschaft. Die Jugendlichen lernen im Kosmos, ihre Biografien kritisch zu hinterfragen und sie neu zu schreiben.

Im KOSMOS gibt es keine Probleme mit Gewalt, mit Sexismus, mit Drogen, mit Diskriminierung etc. Der Jugendclub ist eine Oase, ein sauberer Rückzugsort mitten in einem Stadtteil, der als „sozialer Brennpunkt" bezeichnet wird.

„KOSMOS – Der Jugendtreff" ist der Treffpunkt von ambitionierten, ehrgeizigen und erfolgreichen Jugendlichen geworden, die sich für den Weg in die Mitte der Gesellschaft entschieden haben. „KOSMOS – Der Jugendtreff" ist der Ort, an dem die Integration lebt, sichtbar, spürbar und fassbar ist. Hier hält ein neues Bewusstsein der Jugendlichen „mit Migrationshintergrund" Parade: Sie jammern nicht, bemitleiden sich nicht, sondern haben ehrgeizige Ziele.

Der Jugendclub KOSMOS im Internet: www.dtjw.de

Gewalterfahrung jugendlicher Migranten – ein Thema der Erziehungsberatung. Ein Bericht aus der Praxis[1]

Kahraman Gündüzkanat

Können Sie kurz beschreiben, für wen Sie gearbeitet haben und worin Ihre Aufgabe bestand?
Acht Jahre habe ich als sozialpädagogischer Familienhelfer in Rüsselsheim gearbeitet: Dann war ich drei Jahre als Erziehungsberater im Internationalen Familienzentrum in Frankfurt tätig.

Ich habe Jugendliche und Eltern in Erziehungsfragen beraten. Die Familien kamen aus unterschiedlichen Anlässen: Gerichte und Jugendämter, Schulen oder Jobcenter verweisen die Familien an die Erziehungsberatungsstelle. Viele kamen auch freiwillig aufgrund von Schul- oder Erziehungsproblemen.

Die Menschen, die ich beraten habe, sind in Deutschland geboren. Sie sind Teil dieser Gesellschaft geworden. Für mich sind sie keine Ausländer. Sie sind Einheimische oder „neue Deutsche" geworden. Aber wie die Gesellschaft mit ihnen umgeht, ist ein Problem.

In welchem Zusammenhang tauchen die Themen „Männlichkeit – Migration – Gewalt" in Ihrer Praxis auf?
Männer kommen meist wegen Ehe- und Erziehungsproblemen in die Beratung. Sie suchen einen Experten, der ihre Probleme versteht und ihnen hilft, mit den Anforderungen der Gesellschaft besser zurechtzukommen. Diese Männer suchen nach neuen Rollenbildern als Männer und Väter. Die Scheidungs- und Trennungsrate ist auch unter Migranten sehr hoch.

Auch wenn Jugendliche gewalttätig werden, ist das ein Thema der Erziehungsberatung. Eltern und Schulen sind überfordert, sie können das nicht bewältigen. Die Jugendlichen, vor allem die Jungen, sind teilweise sehr behütet. Ihnen werden zu Hause keine Grenzen gesetzt. Dann gibt es Probleme, wenn sie sich in der Schule anpassen sollen.

Häufig aber sind die Kinder und Jugendlichen, die zu Hause und in der Schule aggressiv reagieren, selber Opfer von Aggression. D.h. sie erleben Gewalt zum Teil auch in der Familie. Das ist aber noch sehr tabuisiert. Wenn ich die Eltern direkt frage, was ihre Einstellung zu Gewalt in der Familie ist, bekomme ich keine Antwort.

---

1 Das Interview führte Dr. Barbara Brüning, Sozialwissenschaftlerin und freiberufliche Journalistin, Frankfurt am Main.

Worin sehen Sie die Ursachen der Gewalt von Kindern und jugendlichen Migranten?

Einige Jugendliche versagen in der Schule. Dann denken sie, sie haben schon von vornherein verloren. „Ich bin sowieso nix. Ich hab keinen Wert. Das Einzige, was zählt ist, dass meine Faust stark ist. Ich habe Kraft. Und wenn ich Gewalt anwende, dann redet jemand mit mir. Da wendet jemand Gewalt an, das ist gefährlich, wir müssen darüber reden. Dann wird man auf mich aufmerksam."

Einige Jugendliche haben falsche Vorbilder. Sie wollen schnell reich werden ohne viel zu arbeiten. Es fehlen positive männliche Vorbilder. Es fehlen überall männliche Bezugspersonen. Im Kindergarten treffen sie hauptsächlich auf Erzieherinnen, in der Schule auf Lehrerinnen. Die Väter sind oft abwesend. Die Jungen sehen für sich keine Zukunft, da sie keine Modelle haben, wie sie es schaffen können.

Ein Jugendlicher, der bei mir in der Beratung war, hatte zugegeben, bei einer Schlägerei mitgemacht zu haben. Ich habe ihn gefragt: „Wieso bist du da eigentlich dabei? Was hast du da zu suchen?" Seine Antwort war: „Es macht mir Freude, mich zu schlagen." Auf weiteres Nachfragen kam dann heraus, dass er schon als kleines Kind in der Familie massive Erfahrungen mit Gewalt gemacht hatte. Und er hatte starke psychische Probleme, konnte nachts nicht schlafen. Er machte sich richtig Sorgen um seine Zukunft.

Diese Gewalt verüben Väter, aber auch Mütter in einem Teil der Familien gegen die Kinder. Manche Familien tabuisieren dieses Thema, aber es gibt auch Leute, die durchaus offen sind für Beratung, die selbst merken, dass sie andere Lösungen brauchen.

Ich erkläre den Eltern: Kinder haben ein Recht auf gewaltfreie Erziehung. Wenn ich ihnen erzähle: „Auch wenn sich Kinder nicht gut benehmen, darf man sie nicht prügeln," dann kriegen sie Angst vor dem Gesetz. Sie fragen: „Echt, so was gibt's?"

Durch Aufklärung – also Information, welche Folgen es hat, wenn das Kind Gewalt erlebt, und dass dies auf lange Sicht alles nur schwieriger für die Eltern macht – lässt sich einiges erreichen.

Aber es gibt auch strukturelle Gewalt, gegen die Jugendliche sich wehren. Lassen Sie mich kurz Anton Hügli zitieren: „Das Thema der strukturellen Gewalt ist nicht die Gewalt, sondern die Verteilung von Lasten und Gütern in einer nationalen oder internationalen Gesellschaft. ... Es geht hier (...) um eine Frage der Demütigung von Menschen, die sich willkürlich zurückgesetzt fühlen und ohne Grund bei der Verteilung übergangen werden. (...) wer ohne Grund sich auf der schlechteren Seite befindet, ist ein Mensch zweiter Klasse, ..." (Hügli 2005: S. 38).

Ein weiterer Grund für Gewalt liegt in der Reaktion auf fehlende Achtung und fehlenden Respekt für Heranwachsende, sowohl in der Familie als auch in der Gesellschaft. Dann muss man fragen, ob es überhaupt Lebensräume gibt, in denen sich so ein junger Mensch verwirklichen kann, in denen er Wertschätzung erfahren und bestimmen kann, was er tun will. Diese Lebensräume nehmen ab. Das ist ein Hauptfaktor für aggressives Verhalten.

Gewaltminderung, Gewaltprävention, Gewaltberatung: Wie geht das? Was könnte man zur Gewaltprävention beitragen?

Das Fehlen von männlichen Vorbildern, die selbst Migranten sind, lässt sich natürlich nicht von heute auf morgen beheben. Der Anteil der Migrantenkinder spiegelt sich nicht im Anteil der Lehrkräfte. Teilweise gibt es an den Schulen keine einzige ausländische Lehrkraft. Wenn sich das ändern würde, dann wäre schon sehr viel erreicht.

Wenn man hier mehr Geld investieren würde, dann wäre es gewinnbringend angelegt.

Die Migrantenkinder sind in der Lage, in jedem Bereich erfolgreich zu sein. Es gibt nicht nur die, die scheitern. Es gibt auch viele, die sehr erfolgreich sind.

Daneben ist aber das Gespräch ein ganz wichtiger Faktor. Das Gespräch mit den Eltern in der Muttersprache wohlgemerkt. Denn vermittelt durch einen Dolmetscher oder in einer kaum wirklich beherrschten Fremdsprache ist es nicht möglich, über solche Dinge zu sprechen. Die Probleme innerhalb der Familie würden die meisten nicht einem Fremden anvertrauen. Mich empfinden sie als vertraut, weil ich ihre Sprache spreche. Deshalb trauen sie mir zu, dass ich sie auch über die Sprache hinaus verstehe.

Wenn ich die Leute aufkläre, was wichtig ist bei der Erziehung: Liebe, Grenzen setzen und Vorbild; wenn ich ihnen sage „Man darf das Kind nicht erniedrigen", dann ist das für manche ganz neu. Die Kommunikation zwischen Eltern und Kindern ist oft gestört. Und wenn sie dann von mir hören, dass es auch anders geht, dann führt das schon zu kleinen Verhaltensänderungen. Und das macht in der Beziehung zu den Kindern viel aus. In der Erziehungsberatung klären wir dann ganz konkret, was kann der Vater an seinem Verhalten ändern, wie kann z.B. ein Streit ohne Prügel gelöst werden. Wie können Eltern zu Hause Regeln durchsetzen.

Auch mit aggressiven Kindern kann man gut arbeiten. Wenn man Alternativen anbietet, dann verändert sich das Verhalten. Es fehlt eigentlich oft nur eine gute Bezugsperson. Wenn jemand mit diesen Jungen arbeitet, dann ändert sich das. Das ist meine Erfahrung. Die Jugendlichen suchen nach Alternativen. Voraussetzung ist allerdings, dass sie das Gefühl haben, dass man sie versteht.

Und das geht nur ganz konkret auf der Beziehungsebene. Durch eine Bezugsperson, die sich mit dem Thema richtig auseinandersetzt und die Gewalt anspricht. In manchen Situationen sieht man, die Jugendlichen haben nichts anderes gelernt, als aggressiv zu reagieren. Und wenn man ihnen alternative Verhaltensweisen zeigt, dann hilft das. Auch mit Antiaggressionstraining gibt es gute Erfahrungen.

Wie könnte man Ihre praktische Erfahrung auf den Punkt bringen?

Männliche Lehrer, die die Situationen in den Familien und den Herkunftsländern kennen, und daher Verständnis für die Schüler haben und gleichzeitig eine Vorbildfunktion übernehmen können, sind meiner Ansicht nach der Schlüssel für die Lösung des Gewaltproblems. Die Lösung liegt nur in persönlichen Begegnungen und Beratung. Und natürlich, indem man etwas findet, was ihnen Freude macht und wofür es sich lohnt, sich anzustrengen: Arbeitsplätze, Ausbildungsplätze, Teilhabe an Kultur.

Welche Themen müssten Ihrer Meinung nach in der Forschung noch mehr berücksichtigt werden?

Es würde sich lohnen, einmal zu untersuchen, warum so viele Migrantenkinder trotz widriger Ausgangsbedingungen einen guten Weg finden. Es gibt viele unter ihnen, die Schreckliches erleben. Dass die noch nicht Amok gelaufen sind, das wundert mich. Wie sie das schaffen, noch ihre eigenen Probleme zu lösen. Unter welchen Bedingungen werden diese Menschen groß und wie finden sie sich trotzdem in der Gesellschaft zurecht? Es gibt Jugendliche, die auch Waffen zu Hause haben und Kriegsfilme gucken. Die Eltern verherrlichen Gewalt, und die Kinder bringen trotzdem niemanden um. Das ist doch eine Kunst.

In der Gewaltdebatte ist immer von Jungen die Rede. Was passiert bei den Schwestern? Mädchen tauchen in der öffentlichen Debatte häufig als Opfer auf. Was unterscheidet Jungen und Mädchen aus Migrantenfamilien in ihrer biografischen Entwicklung? Sind Mädchen erfolgreicher oder ist ihre Reaktion auf familiäre oder strukturelle Gewalt weniger sichtbar?

Für mich ist es auch eine wichtige Frage, wie sich die Migrationsgeschichte der Eltern oder der Großeltern auf die Kinder auswirkt. Welchen Einfluss haben z.B. traumatische Erlebnisse wie Folter oder Vertreibung einzelner Familienmitglieder auf nachfolgende Generationen?

Wichtig wäre natürlich auch, dass sich die Forschung mehr öffnet für Mitarbeiter aus anderen Kulturkreisen. Es gibt genug Experten in diesem Bereich.

Literatur

Hügli, Anton (2005): „Was verstehen wir unter Gewalt". In: Küchenhoff, Joachim/ Hügli, Anton/Mäder, Ueli (Hrsg.): Gewalt: Ursachen, Formen, Prävention. Gießen: Psychosozial Verlag, S. 19-44.

Täterarbeit: Anti-Gewaltberatung für Männer. Ein Bericht aus der Praxis[1]

Hubert Frank

Schildern Sie bitte kurz, in welchem Zusammenhang sie mit Gewalt zu tun haben, für wen und wie Sie arbeiten.

Ich bin ausgebildeter Gewaltberater-/pädagoge. Wir sind im deutschsprachigen Raum ca. 250 Männer, die als solche arbeiten. Die sehr intensive Ausbildung dauert mittlerweile drei Jahre. „Männer gegen Männergewalt" war die erste Beratungsstelle in Hamburg, die ihre Arbeit in den 80er Jahren aufgenommen hat.

Ich arbeite ehrenamtlich an der *Euline* (www.euline.net) mit, das ist eine Hotline, die jeden Tag von 9 bis 17 Uhr erreichbar ist. Hier haben Männer die Möglichkeit, sich zu melden, und wir sorgen dafür, dass es zu einer persönlichen Beratung kommt.

Außerdem arbeite ich als Gewaltberater in einer privaten Praxis. Wir haben lange versucht, öffentliche Gelder für diese Täterarbeit zu bekommen, was fast nicht möglich ist. Deshalb arbeiten die meisten von uns freiberuflich. Öffentliche Beratungsstellen gibt es eigentlich nur zwei. Eine in Hamburg, die vom Senat unterstützt wird, und eine in Linz in Österreich, die von der katholischen Kirche gefördert wird. Wir hatten auch mal einen Verein gegründet, um öffentliche Gelder zu bekommen, aber das ging nicht. Für Opferberatung ist das einfacher.

Was sind das für Männer, die sich von Ihnen beraten lassen?

Wir sprechen hauptsächlich Männer an, die nicht aktenkundig geworden sind. Und das ist in der Regel das gehobene Milieu. Diese Personengruppe ist auch bereit und fähig, etwas dafür zu bezahlen. Sie kommen freiwillig. 90 % derjenigen, die zu mir in die Praxis kommen, lassen sich längerfristig beraten. Weil sie sofort merken, dass es ihnen gut tut, und dass sich etwas verändert.

Es sind auch Ärzte, Rechtsanwälte oder Männer in gehobenen Positionen in der Wirtschaft, die sich zu Hause ohnmächtig, an die Wand gedrängt fühlen und die keinen anderen Ausweg sehen, als mit Gewalt zu antworten.

---

[1] Das Interview führte Dr. Barbara Brüning, Sozialwissenschaftlerin und freiberufliche Journalistin, Frankfurt am Main.

Warum werden solche Männer gewalttätig?

Ihre Gewalt richtet sich meist gegen die Ehefrauen oder andere Familienmitglieder. Sie reagieren mit Gewalt, wenn sie sich in die Ecke gedrängt, abgewertet, herabgesetzt und vor allem ohnmächtig fühlen. Dann kennen sie oft
keinen anderen Ausweg mehr, als sich mit Gewalt zur Wehr zu setzen. Durch
die Gewalt zeigen sie: „Ich bin der Chef, ich bin mächtig." Aber die Folge ist
nicht Anerkennung, sondern Angst. Die anderen machen einen Bogen um
ihn. Männer werden ganz schnell wütend, wenn sie eigentlich etwas anderes
fühlen, mit dem sie nichts anzufangen wissen. Die Wut ist schon eine Reaktion auf ein anderes Gefühl. Das Gegenüber reagiert aber auf die Wut.

Ist das ein spezifisches Männerverhalten?

Es sind in der Regel Männer, die in ihrem Beruf sehr „männlich" sein müssen, d.h. sie dürfen keine Gefühle zeigen, sie müssen Entscheidungen treffen
und Konsequenzen tragen. Sie müssen mutig und stark sein. Darin sind sie
sehr gut. Sie haben Macht und können mit Macht umgehen. In der häuslichen
Situation wollen die Frauen dann etwas ganz anderes von ihren Männern.
Und damit können sie nicht umgehen. Meist sind es Gefühle wie Angst, Hilflosigkeit, Traurigkeit, die beim Mann erst mal in Wut verwandelt werden.
Der Grund dafür ist, dass er wieder vertrautes Territorium gewinnt. Er will
der Mächtige und der Handelnde bleiben, der Bestimmer. Und das geht in bestimmten Situationen nur noch mit Gewalt.

Das hat natürlich viel mit einem immer noch vorherrschenden und auch
gesellschaftlich erwünschten Männerbild zu tun. Man nimmt alle traditionellen Männlichkeitsattribute und kann dadurch Männer zu Heldentaten bewegen. Nur weil es dieses Männerbild gibt, das sich viele zu eigen machen,
kann man Männer in den Krieg schicken. Sie arbeiten über ihre Kräfte hinaus, z.B. in Krankenhäusern rund um die Uhr. Dafür gibt es viel gesellschaftliche Anerkennung. Aber sie zahlen auch einen hohen Preis dafür. Der liegt
im Opfern der Gefühle und im Opfern einer sich selbst und anderen gegenüber fürsorglicheren Männlichkeit.

Und auch die Frauen sind ambivalent. Natürlich wünschen sie sich einen
zärtlichen, gefühlvollen Ehemann. Aber viele genießen es auch, dass er
mächtig ist und viel Geld verdient. Und das Gefühl, dass er stark ist und die
Kohlen aus dem Feuer holen kann.

Wie gehen Sie mit diesen Männern um? Was können Sie ihnen raten, damit
das nicht wieder vorkommt?

Männer, die zu uns über die Gewalthotline kommen, haben den ersten Schritt
schon getan. Und das ist der schwierigste: Sie haben sich selbst eingestanden,
dass sie nicht mehr weiter kommen. Alles Weitere ergibt sich daraus. Es ist
schon erstaunlich, wie schon erste Einsichten und Erkenntnisse über die Ur-

sachen des eigenen Verhaltens genügen, um die Tür zu Verhaltensalternativen zu öffnen.

Ein erster Schritt ist, zu fragen, wie sie sich fühlen, was das erste Gefühl vor der Wut war. Eben die Traurigkeit oder die Hilflosigkeit. Oder auch Ärger darüber, nicht angemessen gewürdigt zu werden für das, was man tagaus, tagein leistet. Diese Erkenntnis ist praktisch der Schlüssel zu anderen Verhaltensweisen: In Momenten, in denen man sich in die Ecke gedrängt fühlt, nicht Wut zu empfinden, sondern Ohnmacht. Dann kann man in Kontakt zu diesen Gefühlen kommen und in einem weiteren Schritt das einfach zugeben. Davor haben Männer große Angst. Sie glauben, sie würden dann völlig in den Schatten gestellt und nie mehr da raus kommen. Aber die Erfahrung, die sie damit machen, ist eine gänzlich andere. Sie erleben auf einmal Solidarität und Verständnis. Die völlige Einsamkeit, in die sie sich mit dem Macht- und Gewaltgehabe manövriert haben, wird plötzlich aufgebrochen, es entsteht eine Verbindung zum Gegenüber.

Was kann man tun, um solche Verhaltensweisen von vorneherein zu vermeiden?

Nun, zur Prävention empfehle ich alle „Männerkurse", die die Männerseelsorge hier im Bistum anbietet. Über den Segeltörn in der Nordsee, den Schwertkampf oder auch die Gründonnerstagsnachtwanderung. Das sind alles Themen, die auch einem Jungen gut gefallen würden. Und in der Tat, wenn man erst mal den kleinen Jungen im Mann angesprochen hat, kommt man der Lösung des Problems schon näher.

Ich möchte das an einem Beispiel mal zeigen. Auf einem der letzten Männerseminare saßen wir in der Runde und jeder sollte erzählen, weshalb er zum Seminar kommt. Einer der Teilnehmer sagte: „Es fällt mir unheimlich schwer, so vor einer Gruppe zu sprechen." Da habe ich in die Runde gefragt, wem es noch alles schwer fällt, vor der Gruppe über Persönliches zu sprechen. Zehn von zwölf Händen gingen hoch. Genau genommen fällt es allen schwer. Aber wenn man es zugibt, dann bricht das Eis, man erlebt Solidarität und Beziehung. Man ist nicht mehr allein mit seinem Problem.

Nach dem Seminar sagte er: „Ich bin ein Mann, der normalerweise von Angst gejagt wird. – Hier hatte ich überhaupt keine Angst." Das lag daran, dass er sich sichtbar gemacht hatte, deshalb konnten sich die anderen auf ihn beziehen. Sie konnten mit ihm in Kontakt kommen. Er hat ganz viel Bewunderung von den anderen bekommen.

Eine andere Situation ergab sich beim Segeltörn. Bei der abendlichen Besprechung sagt ein Mann, dass er den ganzen Tag über auch mal gerne am Ruder gestanden hätte. Aber es habe ihn ja niemand rangelassen. Außerdem ständen da so viele rum, die sowieso glauben, dass sie die Besten sind. Er selbst hatte aber seinen Wunsch den anderen nicht kundgetan. Ich habe ihm gesagt, er solle sich einfach mal hinstellen und sagen, dass er gerne ans Ruder möchte. Am nächsten Abend sagte er nur: „Ich wusste gar nicht, dass das Leben so einfach ist!"

Was ist die Quintessenz aus diesen Seminaren? Wie könnte man Ihre Erfahrungen auf den Punkt bringen?

Echte starke Männer sind solche, die auch mal schwach sein können. Stark ist ein Mann, der auch seine Hilflosigkeit aushält. Aber wir sind immer noch sehr schnell bei der „Weichei-Diskussion". Und dadurch kann man Männer auf der Männlichkeitsschiene sehr leicht abwerten. Wir arbeiten intensiv daran, Männer stark zu machen, ohne dass sie Gewalt einsetzen müssen. Wie kann man Ansprüche, Verletzungen und Abwertung in der Partnerschaft zurückweisen und eigene Bedürfnisse nennen?

Männlichkeit ist im Umbruch. Sämtliche Männerbilder sind im Fluss. Männer müssen ein neues Männerbild entwickeln. Eines, das auch die positiven Aspekte von Aggression enthält. Indem man etwa gleich zu Beginn eines Seminars zeigt, wovor man auch Angst hat. Das ist auch eine Form von Aggression. Diese schafft Beziehung. Zu sagen „Ich will", heißt ja auch schon, ein Bedürfnis zuzugeben.

Macht ist auch schön – etwa wenn man am Ruder steht und die Richtung bestimmen kann. Die eigene Stärke zu empfinden, ist schön. Das Ziel ist die Balance. Man will beides haben.

Haben Sie noch spezielle Wünsche an die Forschung?

Ich finde ganz allgemein die Forschung sehr interessant, die sich mit den Unterschieden zwischen Männlichkeit und Weiblichkeit beschäftigt. Was sind die biologischen Ursachen für dieses speziell männliche Verhalten? Es wäre mir auch wichtig, wenn man männliche Erzieher mehr unterstützen würde. Die ganze Ausbildung ist sehr von Frauen und Fraueninteressen bestimmt. Es geht aber darum, dass Männer ihren ganz eigenen Stil entwickeln, denn nur so können sie die Frauen ergänzen.

Es geht nicht nur darum, die weiche Seite im Mann zu entdecken. Es geht auch darum, Männlichkeit wieder wertzuschätzen, weil wir alle davon profitieren.

Väter in der interkulturellen Elternarbeit. Migration, soziales Milieu, Männlichkeit. Versuch der Klärung einer verschlungenen Problemkonstellation.[1]

Michael Tunç

1. Einleitung

Die Tagung greift mit dem Bildungsmisserfolg junger männlicher Migranten ein Thema auf, das aktuell kaum diskutiert wird. Den Wandel von Bildungsbenachteiligungen brachte der Bildungsforscher Rainer Geißler zwar schon vor einiger Zeit mit dem Schlagwort „Die Metamorphose der Arbeitertochter zum Migrantensohn" (Geißler 2005) treffend auf den Punkt. Und ganz allmählich verbessert sich mit wachsender Sensibilität für dieses Thema auch die Datenlage, anhand derer sich Bildungsprobleme junger Männer mit Zuwanderungsgeschichte detaillierter als bisher beschreiben lassen (vgl. z.B. Budde 2008). Dennoch erhält das Problem bisher wenig Aufmerksamkeit.

Zu einem Teil liegt das sicher an den eingeschliffenen Mustern gesellschaftlicher Wahrnehmung und an öffentlichen Diskursen, in denen (junge) Männer mit Zuwanderungsgeschichte mehrheitlich als Täter vorkommen, besonders im Zusammenhang mit Themen wie Kriminalität, Gewalt und Sexismus. Zu kritisieren sind allerdings nicht nur die Desintegrationsprobleme und konservativen Männlichkeitsleitbilder und -praxen einiger Zugewanderter, sondern auch einige Engführungen und Schieflagen öffentlicher Diskurse und bisheriger wissenschaftlicher Analysen in diesem Themenfeld. Gerd Stecklina (2007) rekonstruiert kritisch ethnisierende Männlichkeitsdiskurse über männliche Jugendliche mit türkischer und russischer Zuwanderungsgeschichte und fordert, die Themen Männlichkeit und Ethnizität zukünftig differenzierter zu untersuchen. Bei Jungen mit Zuwanderungsgeschichte fällt es scheinbar besonders schwer zu sehen, dass sie nicht nur Probleme machen, sondern auch Probleme haben. Hier soll es nicht darum gehen, Teile der aktuellen Diskurse um Jungen in der Krise oder Jungen als Bildungsverlierer als einseitig und problematisch zu kritisieren – auch wenn das nötig wäre. Denn die oft schablonenhaften Zuschreibungen an Jungen, ob nun als Opfer oder Täter, werden dem Alltag von Jungen nicht gerecht.

Für differenzierte Analysen reicht es aber nicht aus, neben dem Tätersein junger Männer auch Benachteiligungen aufgrund der ethnisch-kulturellen

---

1   Beitrag zur Tagungsdokumentation „Zur Bildung befähigen: Wie kann das Bildungsscheitern der jungen männlichen Migranten überwunden werden?" vom 27. Februar – 1. März 2009 an der Evangelischen Akademie Loccum.

Zugehörigkeit zu thematisieren. Es müssen ebenfalls die Arbeitsweisen, Begriffe und Methoden der Sozialwissenschaften, die zum Verstehen der Alltagswelten der Menschen eingesetzt werden, kritisch überprüft werden. Denn Analyseverfahren im Kontext von Gender und Migration sind noch weiter zu entwickeln, um das komplexe Zusammenwirken verschiedenster Einflussfaktoren angemessen zu rekonstruieren. Genau das ist der Anspruch so genannter intersektioneller Ansätze, mit deren Hilfe wechselseitige Einflüsse verschiedener Kategorien sozialer Differenzierung wie Geschlecht, Ethnizität, Klasse und Alter analysiert werden. Dieser neue Ansatz wurde im Rahmen der Erforschung von Migrantinnen bereits sorgfältig ausgearbeitet, zur Erforschung des komplexen Themas „Männlichkeit und Migration" sind solche intersektionellen Analyseansätze noch unterentwickelt (vgl. Tunç 2006).

Nach diesen Vorbemerkungen möchte ich mich allerdings im Folgenden nicht auf die jungen Männer mit Zuwanderungsgeschichte, sondern auf ihre Väter konzentrieren. Der Schwerpunkt der folgenden Ausführungen ist nämlich die Bedeutung der Eltern und vor allem der Väter für den Bildungserfolg ihrer Kinder bzw. speziell ihrer Söhne. Viele Eltern mit Zuwanderungsgeschichte brauchen die Unterstützung durch Elternarbeit, um ihre Kinder gut auf ihrem Bildungsweg fördern und begleiten zu können. Da in der Elternarbeit im Migrationskontext überwiegend die Mütter angesprochen oder erreicht werden, wie beispielsweise in Projekten wie Stadtteilmütter oder Rucksack,[2] möchte ich den Fokus hier auf die Väter richten. Denn auch die Väter tragen eine große Verantwortung für die Zukunft ihrer Kinder und sie sollten daher in der interkulturellen Elternarbeit mehr als bisher beteiligt werden.

Bevor auf die Väter in der interkulturellen Elternarbeit eingegangen wird, sollen nun grundsätzliche Erkenntnisse über Männer bzw. Väter mit Zuwanderungsgeschichte vorgestellt werden.

2. Der Forschungsstand zu Männlichkeit und Migration

Bei einem Überblick über den Forschungsstand fällt auf, dass das Interesse des Forschungsmainstreams an männlichen Zugewanderten nach dem Jugendalter in aller Regel endet. Studien über erwachsene Männer mit Zuwanderungsgeschichte, ihren Alltag und ihre Lebensentwürfe als Männer/Väter existieren kaum. Bei diesem Thema werden die wenigen vorhandenen Forschungsergebnisse, die den kursierenden negativen Vorurteilen und den öffentlichen Diskursen über Männer/Väter mit Zuwanderungsgeschichte widersprechen und Differenzierungen aufzeigen, fast nicht wahrgenommen (vgl.

---

2   Infos zu den Projekten unter http://www.stadtteilmuetter.de und http://www.raa.de/rucksack.html

Tunç 2007). Andererseits wird in der inzwischen umfangreichen Männerforschung aktuell meist nur die Vielfalt männlicher Lebensformen und Veränderungen von Deutschen ohne Zuwanderungsgeschichte dargestellt und (junge) Männer mit Zuwanderungsgeschichte sind meist nicht repräsentiert. Allerdings gibt es in der Migrationsforschung Studien, die sich mit Männern oder Vätern beschäftigen. Viele dieser Untersuchungen nehmen jedoch nicht systematisch Bezug zu Theorien und Begriffen der Geschlechter- oder Männerforschung, weil Fragen der Integration und Akkulturation dominieren. In der Migrationsforschung fehlen bislang außerdem meist Vergleichsgruppen von deutschen Männern ohne Zuwanderungsgeschichte. Fazit: Bisher ist es kaum gelungen, Aspekte männlichen Wandels in vergleichender Perspektive auf Männer mit und ohne Zuwanderungsgeschichte zu untersuchen.

Die gerade erschienene Studie „Männer in Bewegung" von Rainer Volz und Paul Zulehner (2009) enthält reichhaltige empirische Daten und hat vier Typen von Männern herausgearbeitet: Dem „teiltraditionellen" Typ von Mann, der sein Lebenskonzept stark an der Ernährerfunktion festmacht, können 27 % der Befragten zugerechnet werden. Gleichberechtigte partnerschaftliche Arbeitsteilung und eine engagierte Väterlichkeit zeichnen den „modernen" Mann aus, dem 19 % der Untersuchten zugeordnet werden können. Der „balancierende" Männertyp wählt sich ganz pragmatisch für seinen Lebensentwurf aus traditionellen und modernen Werten aus, was ihm gefällt. Dieser Typus ist zu 24 % in der Untersuchungsgruppe vertreten. Der „suchende" Mann, der mit 30 % den größten Anteil der Befragten ausmacht, hat mit seinem Lebensmodell noch keine klare Position zwischen traditionellen und modernen Orientierungen gefunden (vgl. Volz/Zulehner 2009). Die Stichprobe dieser Männerstudie umfasst Menschen mit deutscher Staatsbürgerschaft, mit untersucht wurden aber auch Personen mit Migrationshintergrund.[3] Konkrete Details zu Aussagen der befragten Männer mit Zuwanderungsgeschichte fehlen in der Studie jedoch und es wird nicht diskutiert, wie die dargestellte Verteilung der Männertypen nach Migrationshintergrund (vgl. Volz/Zulehner 2009, Abb. 14 und 15: 40f.) zu erklären sein könnte. Dabei wäre ein Vergleich zwischen Deutschen mit und ohne Zuwanderungsgeschichte hoch relevant, um die vorhandenen Unterschiede wie Ähnlichkeiten im Männerleben zu ergründen – auch bzgl. der Relevanz ethnisch-kultureller Aspekte.

Da die Mehrheit der Männerstudien Einstellungen erforscht, sind ergänzende Daten über gelebte Praxen in Geschlechterarrangements wichtig, weil männliche Einstellungen und Verhaltensweisen bzgl. der Gleichstellung von Frauen und Männern doch oft noch weit auseinander klaffen. Deshalb sind Zeitbudgetstudien ein für die Männerforschung relevanter Forschungszugang, mit dem sich empirisch der Wandel von familialen Geschlechterarrangements nachzeichnen lässt. Unter anderem haben Peter Döge und Rainer

---

3   Da die Studie Bezug auf die Definition von „Migrationshintergrund" des Mikrozensus 2005 nimmt, wurde dieser Begriff entgegen der Präferenz des Autors hier übernommen.

Volz (2004) die Balance von Beruf und Familie von Männern analysiert und darauf hingewiesen, dass Männer im Durchschnitt doppelt so viel Zeit für Erwerbsarbeit verwenden wie Frauen, aber nur zwei Drittel der Zeit für Haus- und Familienarbeit, die Frauen dafür investieren (vgl. Döge/Volz 2004: 22). Auf diese Weise lassen sich zwar auf breiter empirischer Datenbasis Aussagen über männliche Praxen in verschiedenen Arbeitsteilungsmodellen in Familien treffen, Frauen und Männer mit Zuwanderungsgeschichte wurden aber in den Zeitbudgeterhebungen bislang nicht untersucht. Fehlen aber solche grundlegenden empirischen Daten über Geschlechterarrangements von Zugewanderten, dann ist die Gefahr groß, dass ethnisch-kulturelle Erklärungsmuster dort bemüht werden, wo sie faktisch nicht für die ihnen zugeschriebenen Effekte verantwortlich sind (oder nicht in dem behaupteten Ausmaß).

Für die Debatten um den Wandel von Männlichkeiten sollten, auch die Fragen nach der ethnisch-kulturellen Herkunft übergreifend, Differenzen des Bildungsniveaus (zukünftig) stärker Beachtung finden. Denn nicht nur in der oben bereits dargestellten Männerstudie von Volz/Zulehner (2009) findet sich der Trend, dass besser Gebildete eher moderne Geschlechterarrangements bevorzugen. Dieser Aspekt führt erneut deutlich vor Augen, warum die schon erwähnten intersektionellen Ansätze, die Differenzen entlang der Kategorien Geschlecht, Ethnizität und Klasse reflektieren, in der Forschung wichtig sind.[4] Sozialstrukturelle Fragen werden in der Migrationsforschung teilweise nur randständig behandelt. Angesichts der „Kulturalisierung der Migrationsforschung" (Juhasz/Mey 2003: 48) haben intersektionelle Forschungsansätze im Rahmen kritischer Migrations-, Geschlechter- und Ungleichheitsforschung zwar verschiedene Funktionen, es geht aber insbesondere auch um „die De-Dramatisierung von Differenzen und die Re-Dramatisierung sozialer Ungleichheit (...)" (Lutz 2004: 482).

Für Fragen zum Geschlechterverhältnis bedeutet das konkret, dass Menschen mit und ohne Zuwanderungsgeschichte verschiedener Bildungsmilieus miteinander verglichen werden müssen. Kaum beachtet wird bisher zum Beispiel die Frage, wie etwa Geschlechterarrangements und Männlichkeits- bzw. Väterlichkeitskonzepte von Zugewanderten der zweiten Generation höherer Bildungsmilieus aussehen. Forschungsmethodisch dringend nötig ist es also, Alltagswelten von Menschen unterschiedlicher sozialer Lagen bzw. Bildungsmilieus kontrastiv zu vergleichen, um differenzierte Ergebnisse zu erzielen, die über ethnisch-kulturelle Erklärungen hinausgehen.

---

4   Für einige Grundlagen intersektioneller Ansätze der Geschlechter- und Männerforschung verweise ich auf Tunç 2006.

3. Die Sinus-Studie Migranten-Mileus

Aktuell kommt in diesem Sinne Bewegung in die Männer- und Väterforschung in der Migrationsgesellschaft, weil zunehmend auch die Differenzierungen sozialer Lagen in den Blick genommen werden. Wichtige Impulse für dieses Forschungsfeld Gender und Migration enthält die Sinus-Studie über Migranten-Milieus, die auch eine Auswertung zum Thema Gender enthält (BMFSFJ 2007). Sinus ermittelte 2007 folgende acht Milieus: Traditionelles Gastarbeitermilieu, Religiös-verwurzeltes Milieu, Statusorientiertes Milieu, Entwurzeltes Flüchtlingsmilieu, Intellektuell-kosmopolitisches Milieu, Adaptives Integrationsmilieu, Multikulturelles Performermilieu, Hedonistisch-subkulturelles Milieu.[5] In diesen Migranten-Milieus lassen sich Menschen mit verschiedenen ethnisch-kulturellen Hintergründen zusammenfassen. Der Erkenntnisgewinn des Ansatzes der Migranten-Milieus ist es also, Milieuzugehörigkeit und ethnisch-kulturelle Herkunft der Zugewanderten zu entkoppeln. In der Studie findet sich die Tendenz, dass der Wert Gleichstellung in besser gebildeten Migranten-Milieus stärkere Zustimmung findet. Und im Vergleich ähneln sich die Einstellungen zur Geschlechterdemokratie von mehrheitsdeutschen Milieus und Migrantenmilieus, jeweils abhängig von ihren sozialen Lagen: Besser Gebildete stimmen dem Wert Gleichberechtigung demnach eher zu als weniger Gebildete. Insgesamt ist die zweite Generation der Migrantinnen und Migranten mehrheitlich gleichstellungsorientiert (vgl. BMFSFJ 2007).

Insofern gilt die folgende Kritik von Carsten Wippermann und Bodo Flaig (2009: 10) wohl nicht nur angesichts der allgemeinen Erkenntnisse der Sinus Migranten-Milieus, sondern in gewisser Weise auch für das Thema Geschlechterdemokratie: „Der Integrationsdiskurs in Deutschland erschient im Licht der Untersuchungsbefunde allzu stark auf eine Defizitperspektive verengt, so dass Ressourcen an kulturellem Kapitel von Migranten, ihre Anpassungsleistungen und der Stand ihrer Etablierung in der Mitte der Gesellschaft unterschätzt werden. Faktoren wie ethnische Zugehörigkeit, Religion und Zuwanderungsgeschichte beeinflussen zwar die Alltagskultur, sind aber nicht milieuprägend und auf Dauer nicht identitätsstiftend."

Angela Icken verdeutlicht anhand der Ergebnisse der Sinus-Studie Migranten-Milieus, inwiefern die Einstellungen der Untersuchten zur Gleichstellung mit dem Bildungsniveau zusammenhängen:

„Vor allem die Migrantinnen und Migranten mit einer guten Ausbildung und einem zufriedenstellenden Einkommen haben die Gleichstellung der Geschlechter als soziale Norm akzeptiert. Sie ist dort als gesellschaftlicher Wert akzeptiert. Schwieriger ist es dagegen in den Milieus, die weder bildungsmäßig noch im Hinblick auf ihre finanzielle Situation Anschluss an die deutsche Gesellschaft gefunden haben. Sie hat die Gleichstellung der Geschlechter nicht oder allenfalls nur wenig erreicht." (Icken 2008: 18)

---

5   Für Details zur Sinus-Studie Migranten-Milieus sei verwiesen auf Wippermann und Flaig (2009) sowie Angela Icken im vorliegenden Band.

Die folgende Grafik verdeutlicht diese Tendenz, dass sich die Einstellungen in verschiedenen Migranten-Milieus und tendenziell auch bildungsabhängig unterscheiden:

Die Migranten-Milieus in Deutschland 2007: „Wendekreis der Machos"

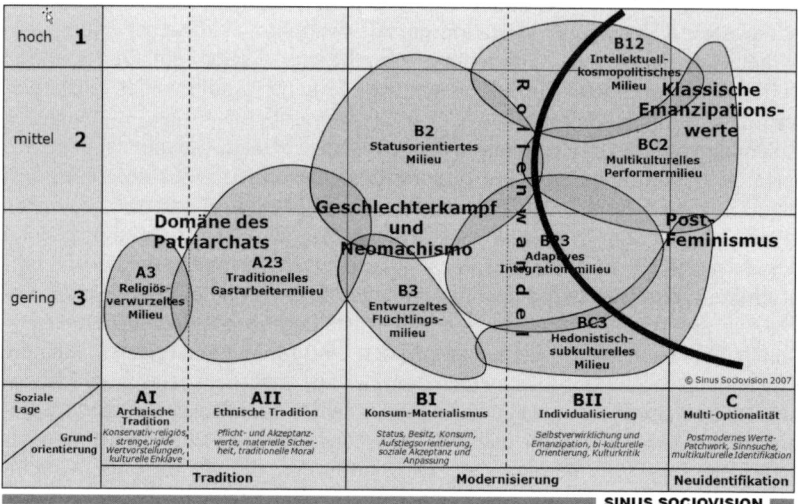

Quelle: Wippermann, Carsten (2007): Migranten-Milieus: Qualitative Untersuchung der Lebenswelten von Menschen mit Migrationshintergrund in Deutschland. Forschungsbericht für das Bundesministerium für Familie, Senioren, Frauen und Jugend. S. 151.

4. Forschungsergebnisse zu Generation

Aber solche neueren Erkenntnisse haben die Dominanz negativer öffentlicher Diskurse über Männer/Väter mit Zuwanderungsgeschichte bisher kaum verändert. Dabei gibt es inzwischen einige differenzierte Forschungsergebnisse, zum Beispiel über die erste Generation türkischer Männer bzw. Väter von Margret Spohn (2002) und Manuela Westphal (2000), die auf Veränderungen von Männlichkeits- und Väterlichkeitskonzepten der inzwischen älteren Generation der Zugewanderten hindeuten (vgl. Tunç 2004). Bisher gibt es allerdings noch keine Studien, die erwachsene Männer und Väter mit (türkischer)[6] Zuwanderungsgeschichte der zweiten Generation untersuchen. Es liegen aber umfangreiche Erkenntnisse der Jugendforschung über männliche Migranten-

---

6   Immer wieder beziehe ich mich beispielhaft auf die Menschen mit türkischer Zuwanderungsgeschichte: Einerseits, weil ich selbst zu dieser Gruppe forsche und andererseits, weil über diese Gruppe bisher wohl auch am meisten Erkenntnisse vorliegen.

jugendliche vor. Diese lassen sich in biografischer Perspektive für das Männer- und Väterthema fruchtbar machen. Zum Verständnis der heute erwachsenen Männer mit Zuwanderungsgeschichte sind Jugendstudien wie beispielsweise die von Vera King interessant, welche die 2. Migrantengeneration und das Verhältnis zwischen erster und zweiter Generation untersuchen (King 2005). Ihre Forschungsergebnisse über männliche Migrantenjugendliche und Generationenbeziehungen sind an dieser Stelle bedeutsam, denn sie betreffen die Jugendphase im Leben der Männer bzw. Väter, die hier im Mittelpunkt der Betrachtungen stehen. Denn da sich derzeit hauptsächlich erwachsene Zugewanderte der zweiten Generation in der Lebensphase aktiver Vaterschaft befinden, sind Erkenntnisse über diese Gruppe von herausragender Bedeutung für die Väterforschung, -arbeit bzw. -politik und die Väter in der in der interkulturellen Elternarbeit.

Vera King (2005) beantwortet in ihren intergenerativ angelegten Studien vor allem folgende Fragen: Wie entwickeln sich familiäre Beziehungsmuster männlicher Zugewanderter in und nach der Jugendphase, vor allem in Wechselwirkung mit ihren Bildungsverläufen, mit migrationsbezogenen Transformationsprozessen und wie beeinflusst das ihre Männlichkeits- und Vaterbilder? Dazu untersuchte sie, wie sich die Familiendynamik der Vater-Sohn-Beziehungen und die Bildungsmobilität wechselseitig bedingen. King identifizierte unterschiedliche Konstellationen von Bildungsprozessen und Formen der adoleszenten Ablösung in Familien, mit bestimmten Effekten für das männliche und väterliche Selbstbild der Söhne. Bei der Konstellation „trotziger Außenseiter" zum Beispiel verbindet sich eine massive adoleszente Abgrenzung und eine mit großer Selbsteinschränkung verbundene Autonomie in der Peer-Group mit ungünstigen Bildungsverläufen. Der junge Mann in dieser Konstellation bildet übertriebene Männlichkeitskonstrukte aus und verweigert sich den familiären Aufstiegserwartungen.

„Dabei kann noch in der Revolte und Abwendung von den Eltern – in der Übersteigerung und Inszenierung von Männlichkeitsklischees in der maskulinen Peergroup – der hilflose Versuch einer Rehabilitierung der entwerteten Männlichkeit der Väter zum Ausdruck kommen" (King 2005: 64).

Im Vergleich dazu gelingt es dem jungen Mann in der Konstellation „Familienmann" eine Zeit lang, die adoleszente Trennung und Individuation zu umgehen, verbunden mit der anfänglichen Annahme des elterlichen Auftrags zum sozialen Aufstieg. Doch später wird der begonnene Bildungsweg aufgegeben, um die Nähe zum Vater nicht zu verlieren. Die Konsequenz für das Männlichkeitsbild des Sohnes in dieser Konstellation ist die fürsorgende Väterlichkeit. Solche Konstellationen verbindet eine besondere Dynamik der familialen Generationenbeziehungen: Der migrationsbedingte soziale Abstieg des Vaters und dessen Erfahrungen von Missachtung motivieren den Sohn, den Vater zu retten und zu rehabilitieren. Der Vater wiederum delegiert seine nicht verwirklichten Bedürfnisse an den Sohn, von dem er einen Bildungsaufstieg erwartet. Andererseits leisten die Söhne Widerstand gegen die väterlichen Eingriffe in das eigene Leben, sozusagen als Streben nach Individuation. Dieses Grundmuster der Vater-Sohn-Beziehung strukturiert die Ablösung der jungen Männer, King umschreibt es als „abgrenzende Bezugnahme".

„Die jeweiligen Männlichkeitsentwürfe sind Ausdruck emotionaler Nähe wie des Ringens um Abgrenzung und zugleich Antworten auf die gesellschaftliche Diskriminierung und Anerkennung, die die Söhne auf unterschiedliche Weise – als Außenseiter oder als im jeweiligen Umfeld erfolgreiche oder partiell Etablierte – gemacht haben." (King 2005: 73)

Diese Ausführungen verdeutlichen, wie sich Lebensverläufe und Generationenbeziehungen als wichtiger Einflussfaktor neben anderen auf Konstruktionen von Geschlecht auswirken. Darüber hinaus ist besonders für die zweite und dritte Generation der Zugewanderten auch noch zu klären, inwiefern die Herausbildung zunehmend mehrfacher ethnisch-kultureller Zugehörigkeiten mit Konstruktionen von Männlichkeiten bzw. Väterlichkeit in Wechselwirkung stehen (vgl. Tunç 2008).

Jede Politik, Forschung und Soziale Arbeit, die sich gezielt an Männer bzw. Väter mit Zuwanderungsgeschichte wendet, steht vor der Herausforderung, sich mit kursierenden Stereotypen und Negativklischees über diese Männer/Väter mit Zuwanderungsgeschichte auseinanderzusetzen. Zu diesem Phänomen möchte ich die These formulieren, dass ethnisierende Diskurse über Männer mit Zuwanderungsgeschichte blinde Flecken produzieren/erhalten, d.h. es kommt dazu, dass durch diese Diskurse andere Themen ignoriert oder verdeckt werden: Denn es wird selten in den Blick genommen, inwiefern männliche Migranten selbst gefährdet bzw. sozial verletzbar sind, beispielsweise als (potenzielle) Opfer von Ausgrenzung und rassistischer Diskriminierung, eben nicht nur im Alltag, sondern auch in den Bereichen Bildung und Arbeitsmarkt. Zu den Erfahrungen migrantischer Jugendlicher mit ethnischer Diskriminierung ist angesichts der Shell Jugendstudie (2006) zu sagen, dass nahezu 50 % angeben, manchmal Diskriminierungserfahrungen zu machen. 15 % sagen sogar, dass sie sich oft diskriminiert fühlen (vgl. Shell Deutschland Holding 2006: 138f.). Es muss an dieser Stelle bedacht werden, dass diese Forschungsergebnisse bzgl. der Diskriminierung, die Jugendliche betreffen, auch im weiteren Lebensverlauf auch für erwachsene Männer mit Zuwanderungsgeschichte einflussreich bzw. prägend bleiben können – auch wenn das bisher nicht erforscht wurde. In diesem Sinne ist es dringend nötig, einen differenzierten Blick auf (junge) Männer bzw. Väter mit Zuwanderungsgeschichte, ihren (Familien)Alltag und ihre Problemlagen einzunehmen.

Abschließend lassen sich aus den bisher referierten Forschungsergebnissen folgende Fragen ableiten, die noch weiter zu erforschen, aber auch in der Praxis relevant und handlungsleitend sind:

Welche Männlichkeits- und Vaterschaftskonzepte und welche Verhaltensweisen von Vätern sind am ehesten für die Entwicklung der Kinder förderlich? Welche Erziehungspraxis, welche Beziehungsmuster und Generationenbeziehungen in Migrantenfamilien, einschließlich der familialen Arbeitsteilung zwischen Eltern prägen und beeinflussen die (männlichen) Jugendlichen?

5. Interkulturelle Elternarbeit und Schule

Einleitend soll den folgenden, mehr praxisnahen Ausführungen vorangestellt werden, welche Haltung für interkulturelle Elternarbeit und besonders die Arbeit mit den Vätern wichtig ist. Angesichts der leider langen Tradition der Defizitorientierung in der Migrationssozialarbeit muss betont werden, dass die Grundhaltung der Ressourcenorientierung gegenüber der Zielgruppe von zentraler Bedeutung für den Erfolg interkultureller Elternarbeit ist. Bezogen auf die Männer bzw. Väter mit Zuwanderungsgeschichte möchte ich diesen Gesichtspunkt mit folgender These zuspitzen: Nur wenn man Männern/Vätern mit Zuwanderungsgeschichte ein eigenes Interesse an einem Wandel der Geschlechterverhältnisse zutraut wird man sie mit Angeboten der Familienbildung, Elternarbeit bzw. der Männer- und Väterarbeit überhaupt erreichen bzw. Fortschritte erzielen. Das betrifft auch das Ausgestalten partnerschaftlicher Modelle von Beziehung, die aktive väterliche Beteiligung an Erziehungsverantwortung zum Wohle der Kinder sowie Lösungen für die schwierige Vereinbarkeit von Beruf und Familie. Eine solche ressourcenorientierte Haltung ist auch dann von großer Bedeutung, wenn die Eltern/Väter massive Probleme dabei haben, evtl. gewünschte Veränderungen bzgl. der genannten Aspekte und ihre Lebensentwürfe zu verwirklichen. Denn in bestimmten Milieus bemühen sich Männer/ Väter mit Zuwanderungsgeschichte um Veränderungen, die sich in der Spannung zwischen traditionellen und modernen Orientierungen befinden.

Bevor auf die Väter in der interkulturellen Elternarbeit eingegangen wird, wird einleitend das Arbeitsfeld allgemein kurz vorgestellt: Eltern und ihre Beteiligung in Schulen sind ein zentraler Faktor für den Schulerfolg der Heranwachsenden, das gilt herkunftsübergreifend aber auch besonders für Eltern mit Zuwanderungsgeschichte. Daher gehört es zu den Aufgaben von Forschung und Praxis zu verstehen und zu berücksichtigen, welche Bedeutung Eltern für die Bildung ihrer Kinder haben und wie man sie dabei unterstützen kann.

Weil auch Väter für die Bildung und Zukunft ihrer Kinder wichtig sind, müssen Schulen sie verstärkt als wichtige Akteure beteiligen. Bisher werden Väter, mit und ohne Zuwanderungsgeschichte, aber noch wenig erreicht oder eine fruchtbare Zusammenarbeit gelingt nicht immer. Außerdem gibt es noch großen Forschungsbedarf, denn bisher weiß man noch zu wenig darüber, wie Väter mit Zuwanderungsgeschichte die Bildungserfolge ihrer Kinder beeinflussen und wie sie dabei unterstützt werden können. Diesbezügliche innovative und neuere Erkenntnisse wie z.b. die der Studien von Vera King wurden ja bereits erwähnt.

Das wichtige Thema der Erziehungspraxis, der Erziehungsstile und Probleme von Eltern mit Zuwanderungsgeschichte können an dieser Stelle nicht referiert werden, lediglich eine Herkunft übergreifend vergleichende Studie soll noch kurz skizziert werden: Die Studie „Eltern unter Druck" (Merkle/ Wippermann 2008) untersuchte Milieus von Eltern in Deutschland, ihre Erziehungspraxen und Problemlagen. Sie integriert Erkenntnisse der Sinus Migranten-Milieus und kommt dabei zu dem Ergebnis, dass Elternmilieus von Menschen mit Zuwanderungsgeschichte und damit verbunden Väter mit Zuwanderungsgeschichte vielfältig sind. Eine Erkenntnis der Untersuchung war, dass die Verständnisse von einem „guten Vater" in den einzelnen Elternmilieus insgesamt sehr unterschiedlich sind. Aus den Aussagen der Befragten ließen sich folgende unterschiedliche väterliche Modelle rekonstruieren: Familienvorstand und überlegter Weichensteller, Feierabend-Papa, Geldverdiener & Chef, partizipierender Erzieher, professioneller Part-Time-Event-Papa, Entdecker fremder Welten und großer Bruder, d.h. Spiel- und Spaßvater (vgl. Merkle/Wippermann 2008: 45-48). Gleichzeitig kommt diese Sinus-Studie zu dem Schluss, dass sich Zugewanderte in allen mehrheitsdeutschen Elternmilieus finden lassen, vor allem „in den soziokulturell (und altersmäßig) jungen Milieus" (ebd.: 56). Nimmt man diese Erkenntnisse zusammen, weist diese Sinus-Studie u.a. auch auf eine Vielfalt von Modellen des Vaterseins von Zugewanderten in den unterschiedlichen Migranten-Milieus hin. Diese Tatsache möchte ich hervorheben, weil diese Vielfalt in öffentlichen und fachlichen Diskursen bisher wenig repräsentiert ist und für Politik und Pädagogik stärker handlungsleitend sein sollte. Die Studie dokumentiert zwar auch, dass in solchen vergleichenden Untersuchungen noch methodische Probleme zu lösen sind. Aber es muss positiv vermerkt werden, dass dieser Ansatz für vergleichende Forschungen zwischen Eltern mit und ohne Zuwanderungsgeschichte grundsätzlich richtungsweisend ist, insbesondere für das Verstehen des Alltags, der Probleme und Bedürfnisse verschiedener Elternmilieus von Zugewanderten der zweiten Generation.

Den großen Bedarf nach interkultureller Elternarbeit unterstreicht eine Jugendstudie: Eine Studie des Deutschen Jugendinstitutes, die sich mit dem oft schwierigen Übergang von der Schule in die Berufsausbildung befasst, fand heraus, dass die Eltern immer noch die wichtigsten Gesprächspartner für Jugendliche mit Zuwanderungsgeschichte sind. Denn häufiger als mit ihren Freunden, den Lehrkräften und anderen pädagogisch Tätigen, planen und besprechen die Jugendlichen ihre berufliche Zukunft zunächst mit ihren Eltern (vgl. Hofmann-Lun et al. 2005: 19). So wird deutlich, warum die Eltern für eine positive Entwicklung in den Bereichen Bildung und Arbeitsmarkt eine zentrale Rolle spielen, die von Schulen vermehrt unterstützt werden sollte.

Dass mitunter weniger Erfolge interkultureller Elternarbeit an Schulen erzielt werden als wünschenswert ist, liegt nicht allein an den beteiligten Aktiven vor Ort:

> „Insbesondere die ungelösten ‚Schulprobleme' der Einwanderungsgesellschaft sind unter Berücksichtigung der gesellschaftlichen Rahmenbedingungen zu betrachten. Begegnungen zwischen Eltern und Schule finden in einem gesellschaftlichen Umfeld statt, in dem Spannungen und Konflikte zwischen der Mehrheitsgesellschaft und ethnischen Minderheiten keine Ausnahmeerscheinung sind. In diesem Kontext wird Lehrerinnen und Lehrern die Anforderung aufgebürdet, Wandel voranzutreiben, zu dem sich die Politik noch viel zu wenig bekennt." (Gomolla 2009: 14)

Dieser Erkenntnis folgend, kann festgestellt werden, dass die Qualität der Elternarbeit mit Zugewanderten an Schulen auch abhängig ist vom Prozess der interkulturellen Öffnung der Schulen: Interkulturelle Schulentwicklung kann als Veränderungsprozess der gesamten Schule, verstanden als lernende Organisation, gesehen werden, die nicht nur schulische Strukturen bzw. Konzepte und Kompetenzen von Lehrer/innen auf den Prüfstand stellt, sondern auch die professionell in der Schule Tätigen als Person (vgl. Schanz 2005: 155ff.).

Zwar ist eine gute Kooperation zwischen Eltern und Schule ein zentrales Kriterium für den Schulerfolg der Kinder und Jugendlichen. Dennoch ist diese Kooperation zwischen Lehrer/innen und Eltern mit Zuwanderungsgeschichte insgesamt gekennzeichnet durch einen Mangel an Kontakt und Dialog. Je nach Situation ist es schwierig, die häufig unterschiedlichen Erwartungen aneinander in Einklang zu bringen. Um eine hohe Beteiligung der Eltern zu erreichen, ist die persönliche und individuelle Kontaktaufnahme eine wichtige Voraussetzung. In den mitunter zeitaufwendigen Aufbau eines Vertrauensverhältnisses sollte aber investiert werden, denn dann verläuft die weitere Zusammenarbeit in der Regel positiver (vgl. Bärsch 2005).

> „Ob Elternarbeit ‚funktioniert' ist bisher zu häufig gänzlich vom individuellen Engagement einzelner Lehrerinnen oder Lehrer abhängig. Wechseln beispielsweise diese Lehrer die Schule, verwaisen ganze Arbeitsfelder. Das Fehlen einer organisatorischen Basisstruktur, das die Weitergabe von Funktionen sicher stellt, ist ein schwerwiegendes Problem. So wird interkulturelle Elternarbeit oftmals nur als Hobby Einzelner erlebt und behandelt. Die Schule insgesamt fühlt sich darin nicht verpflichtet. Schulen sind Dienstleister in Sachen Bildung und Erziehung. Eltern sind die Kunden der Schulen. Schulen haben häufig eine sehr gering entwickelte Kundenorientierung. Oftmals ist es schwierig, Schulen von dem Nutzen einer aktiven, eingebundenen Elternschaft zu überzeugen. Im Vordergrund der Skepsis stehen oftmals die damit verbundenen Arbeitsbelastungen der Lehrerschaft. Seltener werden die Chancen unmittelbar gesehen, die sich mit einer solchen Kooperation bieten können" (Bärsch 2005: 8 f.).

Nach Ursula Boos-Nünning sollte eine an den Potenzialen von Eltern orientierte Elternarbeit

> „die kulturellen Voraussetzungen der Eltern mit Migrationshintergrund ernst nehmen. Hilfen müssen erkennen lassen, dass die Erziehungsvorstellungen von Eltern mit Migrationshintergrund sich von vielen deutschen Eltern, auch nicht von allen, unterscheiden. Dass sie

berücksichtigt und in ihrer Wertigkeit gesehen werden. (...) Die Kompetenzen der Eltern mit Migrationshintergrund sind in der Erziehung ihrer Kinder aufzugreifen und zu stärken" (Integrationsbeauftragter der Landesregierung NRW 2004: 16).

Für eine professionelle Elternarbeit sind darüber hinaus die Kooperation mit und die Partizipation von Migrantenorganisationen und Elternvereinen der Zugewanderten unverzichtbar, denn „mit ihrer besseren Zielgruppennähe sind ein idealer Partner, um Migranteneltern zu aktivieren, zu informieren und zu motivieren. (...) Um ihre speziellen Ressourcen in diesen Prozess einzubringen müssen sie langfristig gestärkt und qualifiziert werden" (Bärsch 2005: 7ff.).

Grundsätzlich ist für die interkulturelle Elternarbeit vor allem in benachteiligten Stadtteilen noch die Kooperation von Schule und Jugendhilfe wichtig, da viele Kinder bzw. Jugendliche von beiden Institutionen betreut werden, ebenso wie die Vernetzung mit anderen Fachdiensten.

„Der Dialog mit den Eltern ist von zentraler Bedeutung für ein fruchtbares Schulklima. Dieser Dialog muss in vorschulischen Einrichtungen einsetzen und die Eltern fortschreitend in ihre Rolle beim Bildungsprozess ihrer Kinder einführen. Sie müssen ernsthaft in Bildungs- und Integrationsprozesse einbezogen werden; je bildungsferner und je schwieriger die soziale Lage, desto notwendiger ist gute Elternarbeit" (Grassau 2003: 32)

Wichtig ist die Erkenntnis, dass die mitunter schwierige Kooperation zwischen Schulen und Eltern mit Zuwanderungsgeschichte oft weniger mit ethnisch-kulturellen Faktoren zusammenhängt als allgemein angenommen wird:

„Die Distanz vieler Eltern zur Schule ist nicht allein ein interkulturelles Phänomen, sondern hat sicherlich auch andere Ursachen. So ist es auch für die Migrantenzentren schwieriger, in Kontakt zu Eltern von Hauptschülerinnen und -schülern zu kommen, wogegen dies in Real- und Gesamtschulen sehr viel leichter gelingt. Das Bildungsinteresse und die sozialen Kompetenzen der Eltern sind in unteren sozialen Schichten generell geringer ausgeprägt – dies gilt für deutsche und ausländische Eltern gleichermaßen und wirkt sich direkt auf die schulischen Leistungen aus. Eine gute Elternarbeit wäre eventuell sogar eines der geeigneten Mittel, den sozialen Segregationstendenzen des gegliederten Schulsystems wirksam gegenzusteuern" (Bärsch 2005: 9 f.).

Zusammenfassend soll noch einmal der zentrale Stellenwert der Elternarbeit hervorgehoben werden, denn eine gute Zusammenarbeit zwischen Elternhaus und Schule ist für das Schulklima, die Entwicklung und den Schulerfolg der Kinder/Jugendlichen mit Zuwanderungsgeschichte unentbehrlich. Abschließend ist zu diesem Feld der gendersensiblen Elternbildung in der Einwanderungsgesellschaft noch zu sagen, dass gleichermaßen Genderkompetenz wie interkulturelle Kompetenz nötig sind, um die Mütter und Väter mit Zuwanderungsgeschichte professionell zu unterstützen. Nach diesen Vorbemerkungen wird es jetzt um die Väter in der Praxis interkultureller Elternarbeit gehen.

5.1 Der Coach e.V. als Beispiel guter Praxis

Im Folgenden werden Väter in der interkulturellen Elternarbeit in den Blick genommen. Dieses Arbeitsfeld steht noch ganz am Anfang seiner Entwicklung aber immerhin gibt es auch erste gute Erfahrungen, die inzwischen teilweise auch dokumentiert sind (vgl. Tunç 2008b). Bevor auf die Väter in der interkulturellen Elternarbeit des Coach e.v. näher eingegangen wird, wird nun einleitend der Verein Coach e.v. kurz vorgestellt:[7] Der Coach e.v. wurde 2004 als Kölner Initiative zur Bildung und Integration junger Migranten gegründet und ist seit 2008 eine anerkannte Beratungsstelle des Jugendamtes der Stadt Köln und des Landschaftsverbands Rheinland (LVR). Der Coach e.v. berät, begleitet und fördert junge Menschen sowie Familien mit Zuwanderungsgeschichte, damit sie sich erfolgreich in die deutsche Gesellschaft integrieren. Die Kinder und Jugendlichen der Familien, die an den Beratungs- und Bildungsangeboten von Coach teilnehmen, sind zwischen 12 und 21 Jahre alt, die Familien sind meist türkischer Herkunft. Zurzeit erreicht der Verein ca. 250 Familien.

Das Gesamtkonzept fußt auf folgenden drei Säulen:

1. Förderung und Kompetenzentwicklung im schulischen und sprachlichen Bereich. Dieses Arbeitsfeld umfasst Hausaufgabenhilfe, Sprachförderung und zusätzliche Module wie beispielsweise „Lernen lernen", d.h. die Förderung der Lernkompetenzen der Kinder und Jugendlichen.
2. Themenbezogene Gruppenarbeit: das zentrale Thema in diesem Bereich ist die Berufsorientierung. Daneben werden für die 5. bis 9. Klasse geschlechtshomogene Gruppen angeboten d.h. Mädchen- und Jungenarbeit, z.B. zum Thema der Identitätsbildung zwischen eigenen, familiären und gesellschaftlichen Erwartungen. Ab der 10. Klasse rücken dann stärker Themen wie beispielsweise politische Bildung zum Demokratieverständnis, interkulturelle/interreligiöse Bildungsangebote usw. in den Mittelpunkt der Gruppenarbeit, die dann mehrheitlich geschlechtsheterogenen angeboten werden.
3. Elternarbeit: siehe unten.

Getragen wird dieses Gesamtkonzept vom Prinzip der Freiwilligkeit gegenüber den Kindern/Jugendlichen und verbindlichen (Ziel-)Vereinbarungen mit den Eltern und den Kindern/Jugendlichen bzgl. der angestrebten Entwicklungsziele.

---

7   Weitere Informationen über den Coach e.V. sind zu finden unter http://www.coach-koeln.de

5.2 Elternarbeit im Coach e.V.

Einen wichtigen Bestandteil der Elternarbeit bilden Reflexionsgespräche über die schulische Entwicklung der Kinder/Jugendlichen, die oft mit Eltern und Kindern gemeinsam durchgeführt werden. Die konzeptionelle Basis der Arbeit des Coach e.v. ist, dass Elternarbeit und Förderung der Kinder/Jugendlichen von Anfang an systematisch ineinander greifen. Nach einem obligatorischen Aufnahmegespräch (Zielvereinbarung) werden im Verlauf der Zusammenarbeit Elternberatung und Elternseminare angeboten. Dieses systematische Ineinandergreifen von Angeboten der Jugend- und Elternarbeit kann als besonderes Qualitätsmerkmal des Konzepts des Coach e.v. hervorgehoben werden. Für den Coach e.v. ist die aktive Einbindung der Eltern und Elternarbeit ein unverzichtbarer Bestandteil der gezielten Förderung von Kindern/Jugendlichen mit Zuwanderungsgeschichte in Schule und beruflicher Bildung.

Denn Jugendliche mit Zuwanderungsgeschichte besprechen und treffen die wichtigsten Entscheidungen ihrer Berufs- und Lebensplanung hauptsächlich mit ihren Eltern. Daher sind Erfolg versprechende Problemlösungen für die Zukunft der Jugendlichen nur mit Beteiligung der Eltern zu entwerfen bzw. zu realisieren. Und die Jugendlichen können nur erfolgreich beraten, begleitet und vermittelt werden, wenn Bildungs- und Beratungsarbeit mit den Eltern gewährleistet ist.[8]

Die Eltern werden daher von Anfang an und systematisch in die Arbeit mit einbezogen. Denn die Eltern sind ExpertInnen für ihre Kinder und werden in ihrer Erziehungskompetenz gestärkt, was wiederum die Entwicklung der Jugendlichen voranbringt. Während der Elternseminare und in der Elternberatung werden daher Themen behandelt wie:

*   Schularten und Schulsystem in Deutschland;
*   Erziehungsstile, -ziele und -institutionen im Vergleich türkisch und deutsch;
*   Jugendliche, Pubertät und Sexualität;
*   Lernen lernen;
*   Drogenprävention und Umgang mit Medien;
*   Gewaltprävention.

Es gibt aber immer wieder auch Beratungsbedarfe, die unabhängig von den Kindern sind und spezielle Fragen/Probleme der Eltern bzgl. rechtlicher Fragen wie z.B. zum Aufenthaltsstatus, bzgl. elterlicher Paarkrisen, Arbeitslosigkeit, Krankheit, Trauerarbeit usw. aufgreifen.

---

8   Der Leiter des Coach e.V., Mustafa Bayram, erhielt 2007 für dieses innovative Konzept den Freiherr-vom-Stein Preis. Weitere Informationen dazu sind zu finden unter http://www.coach-koeln.de.

5.3 Der Gender-Ansatz bei Coach und die Väterarbeit

Der Coach e.V. verfolgt ein geschlechtsdifferenziertes und gendersensibles Konzept. So wird beispielsweise wie erwähnt in der Jugendarbeit nicht nur in gemischten Gruppen gearbeitet, sondern auch Jungen- und Mädchenarbeit durchgeführt. Das gilt in ähnlicher Weise für die Elternarbeit: Einerseits nahmen bisher an den Elternseminaren Mütter und Väter teil, andererseits gab es bereits besondere Angebote nur für Mütter bzw. Väter. Neben einem Sprachkurs für Mütter werden mit der Müttergruppe auch kulturelle und freizeitpädagogische Aktivitäten durchgeführt. Neben der Eltern- und Mütterarbeit wird die bisherige Väterarbeit in einem gerade beantragten Projekt vertieft und erweitert.

Im Sinne des Empowerment-Ansatzes ist es Ziel der Arbeit mit den Vätern, sie in ihrer Erziehungskompetenz zu stärken sowie Strategien und Maßnahmen zu erarbeiten, so dass die Väter ihre Interessen (wieder) eigenmächtig, selbstverantwortlich und selbst bestimmt vertreten bzw. gestalten können. Die angestrebten Veränderungen auf Seiten der Väter versteht der Coach e.V. immer auch als einen Beitrag zum Ziel der Geschlechterdemokratie bzw. Gleichstellung von Frau und Mann.

Mit seiner Väterarbeit verfolgt der Coach e.V. folgende Ziele:

* den Vätern einen Raum zu geben, ihre Fragen zu stellen und sie offen zu besprechen;
* die Reflexionsfähigkeit der Väter zu verbessern. Sie sollen ihre eigene Lebens- und vor allem Migrationsgeschichte reflektieren, um ihr Leben besser zu bewältigen und nötige Veränderungen zu erreichen;
* die Kompetenzen der Väter zu stärken, um Ängste, Unsicherheit wahrzunehmen und abzubauen;
* durch konkrete individuelle Angebote die Erziehungskompetenz der Väter zu stärken und zu erweitern;
* die Väter unterstützen, Verantwortung für sich, ihre Familie und die Gesellschaft zu übernehmen.

Fortschritte in Richtung der genannten Ziele sind ein wichtiger Beitrag dazu, dass es immer mehr Vätern mit Zuwanderungsgeschichte gelingt, aktive und engagierte Väter zu sein. Denn auch immer mehr dieser Väter wollen aktive und engagierte Väter sein und sich vermehrt an der Erziehung und schulischen/beruflichen Förderung ihrer Kinder beteiligen. Väter mit Zuwanderungsgeschichte haben aber verschiedene Probleme im Erziehungs- und Familienalltag und brauchen deshalb Unterstützung durch Bildung und Beratung, um ihre Verantwortung in Erziehung, Partnerschaft und in der Familienarbeit zu leisten, gerade auch zur guten Balancierung von Erwerbsarbeit, Familie und Freizeit.

Denn durch gesellschaftliche Umbrüche und die veränderte Situation am Arbeitsmarkt hat sich die Situation in vielen Familien stark gewandelt. Durch den Verlust der Arbeitsstelle oder das Leben mit einer prekären Arbeitssituation verlieren viele Väter ihre Rolle als Alleinverdiener bzw. Ernährer und somit als „Haushaltsvorstand". Sie fühlen einen Gesichtsverlust vor ihren Partnerinnen und Kindern sowie in ihrem sozialen Umfeld. Einige fangen an, ihren Lebensentwurf als Vater und ihr Modell von Partnerschaft zu hinterfragen und neu zu gestalten, oft fehlen ihnen aber Alternativen und Vorbilder. Diese Väter ziehen sie sich dann vielfach aus der aktiven Erziehungsarbeit zurück oder wissen nicht, wie sie mit den vielfältigen an sie als Vater gerichteten Erwartungen umgehen sollen.

Vor diesem Hintergrund sind die Aktivitäten der Väterarbeit des Coach e.V. auf zwei Ebenen angesiedelt: Der Ausgangspunkt der Väterarbeit sind konkrete Hilfestellungen für die Erziehungspraxis und auch die Partnerschaftskompetenz des (Eltern)Paares. Wie auch bei der Elternarbeit bietet der Coach e.V. flankierend Beratung für die Väter an. Auf einer zweiten Ebene geht es darum, Reflexionsräume für die Väter zu öffnen, um u.a. die weiter oben von Vera King bereits beschriebenen Prozesse (d.h. auch das Vater-Sohn-Verhältnis) bewusst zu machen und so Veränderungen und Bildungsprozesse zu unterstützen.

Was sind die besonderen Chancen dieses Ansatzes?

Der Coach e.V. verfolgt einen ganzheitlichen Ansatz, in dem die Kinder, Jugendlichen und ihre Eltern auch über schulische Bedarfe hinaus in ihrer Persönlichkeitsentwicklung gefördert werden. Das Besondere des pädagogischen Ansatzes des Vereins ist es, die Kinder/Jugendlichen über eine lange Zeit hinweg zu betreuen. Das ist nicht nur angestrebt, dieser Anspruch wird größtenteils auch umgesetzt: Mit vielen Kindern/Jugendlichen sowie Eltern arbeitet der Coach e.V. teilweise über Jahre hinweg. Das führt zu guten Erfolgen. Es gibt aber selbstverständlich auch Kinder/Jugendliche, die lediglich eine kurzzeitige Förderung wünschen oder brauchen.

Durch diese Rahmenbedingungen der Arbeit des Coach e.V. ist es möglich, in den Bereichen der Jungen- und Väterarbeit eine Schnittmenge von Teilnehmenden zu erreichen, die einer Familie angehören, also Sohn und Vater. Das gilt natürlich genauso auch für die Jugendarbeit mit gemischten Gruppen. So entsteht eine vorteilhafte Verbindung zwischen der Jugend- bzw. vor allem der Jungen- und Väterarbeit: denn mit diesem langfristigen und umfassend angelegten Ansatz, bei dem viele Kinder/Jugendliche bzw. ihre Eltern über mehrere Jahre begleitet werden/wurden, können verschiedenste Themen und Probleme mit den Kindern/Jugendlichen und ihren Eltern gemeinsam sowie getrennt voneinander bearbeitet werden. So ist es möglich, für die meisten Familien passende Lösungen zu finden, um die Integration und Bildung der Kinder/Jugendlichen zu fördern.

6. Schlussfolgerungen und Fazit

Praxisansätze der Väterarbeit stehen, wie viele theoretische und praktische Ansätze im weiten Feld von Geschlecht und Männlichkeiten, auch immer im Kontext politischer Fragen der Gleichstellung von Frau und Mann. Initiativen zur Demokratisierung von Geschlechterarrangements in der Migrationsgesellschaft dürfen sich aber nicht wie bisher fast ausschließlich an Migrantinnen richten, sondern müssen männliche Zugewanderte vermehrt als Gleichstellungsakteure wahrnehmen und ansprechen. Denn auch immer mehr Männer mit Zuwanderungsgeschichte wollen aktive Väter sein. Darüber hinaus sind Lösungen für väterliche Vereinbarkeitsprobleme zwischen Beruf und Familie ein unerlässlicher Beitrag dazu, eine echte Gleichstellung der Geschlechter zu verwirklichen. Trotz vorhandener Grenzen und Konflikte gestalten zunehmend mehr (auch muslimische) Menschen mit Zuwanderungsgeschichte Emanzipationsbündnisse zwischen Männern und Frauen, um gemeinsam traditionelle Geschlechterverhältnisse zu überwinden. Umfassende politische wie fachliche Aktivitäten zur Forcierung solcher Entwicklungen müssen sich selbstverständlich weiterhin intensiv mit allen Männern verschiedener Herkunft befassen, die hierarchische Geschlechterverhältnisse aufrechterhalten. Es gibt aber auch bei Menschen mit Zuwanderungsgeschichte positive Veränderungen, die wahrzunehmen und anzuerkennen sind. Verantwortliche in Pädagogik und Politik sollten sich dieser Zielgruppe mehr als bisher ressourcenorientiert nähern. An veränderungsbereite (neue) Männer und Väter mit Zuwanderungsgeschichte sollte man also nicht nur (berechtigte) Kritik richten, sondern ihnen verstärkt mit einer parteilichen Haltung begegnen, ihnen mehr unterstützende Angebote machen. Auch im Umgang mit Männern mit Zuwanderungsgeschichte erfordert das eine mitunter paradoxe und widersprüchliche Haltung interkultureller Kompetenz und Gendersensibilität, die einmal eine afroamerikanische Aktivistin und Autorin so ausdrückte: „Wenn du mit mir sprichst, vergiss, dass ich eine Schwarze bin. Und vergiss nie, dass ich eine Schwarze bin." (Pat Parker)

Literatur

Bärsch, Jürgen (2005): Bericht zur Interkulturellen Elternarbeit. Köln: Klaus Novy Institut. URL: www.kni.de/docs/Elternarbeit/Endbericht_Interkulturelle_Elternarbeit.pdf.

Budde, Jürgen (2008): Bildungs(miss)erfolge von Jungen und Berufswahlverhalten bei Jungen/männlichen Jugendlichen. Expertise im Auftrag des BMBF. Bonn/Berlin. URL: http://www.bmbf.de/pub/Bildungsmisserfolg.pdf

Bundesministerium für Familie, Senioren, Frauen und Jugend (2007): Die Bestimmung von Rollenbildern in der Studie „Die Milieus der Menschen mit Migrationshintergrund in Deutschland". URL: http://www.bmfsfj.de/bmfsfj/generator/Kategorien/Presse/pressemitteilungen,did=101644.html.

Döge, Peter/Volz, Rainer (2004): Männer – weder Paschas noch Nestflüchter. Aspekte der Zeitverwendung von Männern nach Daten der Zeitbudgetstudie 2001/2002 des Statistischen Bundesamtes. In: Aus Politik und Zeitgeschichte, 46, S. 13-23

Geißler, Rainer (2005): Die Metamorphose der Arbeitertochter zum Migrantensohn. Wandel der Chancenstruktur im Bildungssystem nach Schicht, Geschlecht, Ethnie und deren Verknüpfungen. In: Berger, Peter A. (Hrsg.): Institutionalisierte Ungleichheiten. Wie das Bildungswesen Chancen blockiert. Weinheim, München: Juventa Verlag, S. 71-100.

Gomolla, Mechthild (2009): Elternbeteiligung. In: Gomolla, Mechthild/Fürstenau, Sara (Hrsg.): Migration und schulischer Wandel. Elternbeteiligung. Wiesbaden: VS-Verlag, S. 21-49.

Grassau, Ulrike (2003): Zusammenfassender Bericht. Forum 1: Islam im Schulalltag. In: Kultusministerkonferenz (Hrsg.): Lerngemeinschaft. Das deutsche Bildungswesen und der Dialog mit den Muslimen. Konferenz Weimar 13. März 2003. Berlin, S. 32-34.

Hofmann-Lun, Irene/Gaupp, Nora/Lex, Tilly/Mittag, Hartmut/Reißig, Brigit (2005): Schule – und dann? Förderangebote zur Prävention von Schulabbruch und Ausbildungslosigkeit. Reihe Wissenschaft für alle. München/Halle: Deutsches Jugendinstitut.

Icken, Angela (2008): Geschlechterrollen in Migrantenmilieus. In: Hessisches Sozialministerium (Hrsg.) (2008): Dokumentation „Potenziale von Migrantinnen". Rolle der Frauen im Integrationsprozess. Wiesbaden, S. 8-18.

Integrationsbeauftragter der Landesregierung NRW (Hrsg.) (2004): Elternkongress. Dokumentation der Veranstaltung vom 14.02.2004. Düsseldorf.

King, Vera (2005): Bildungskarrieren und Männlichkeitsentwürfe bei Adoleszenten aus Migrantenfamilien. In: King, Vera/Flaake, Karin (Hrsg.): Männliche Adoleszenz. Sozialisation und Bildungsprozesse zwischen Kindheit und Erwachsensein. Frankfurt a. M.: Campus Verlag, S. 57-76.

Lutz, Helma (2004): Migrations- und Geschlechterforschung. Zur Genese einer komplizierten Beziehung. In: Becker, Ruth/Kortendiek, Beate (Hrsg.): Handbuch Frauen- und Geschlechterforschung. Theorie, Methoden, Empirie. Wiesbaden: VS Verlag für Sozialwissenschaften, S. 476-484.

Merkle, Tanja/Wippermann, Carsten (2008): Eltern unter Druck. Die Studie. In: Henry-Huthmacher, Christine/Borchard, Michael (Hrsg.): Eltern unter Druck. Selbstverständnisse, Befindlichkeiten und Bedürfnisse von Eltern in verschiedenen Lebenswelten. Stuttgart: Lucius & Lucius, S. 25-241.

Schanz, Claudia (2005): Visionen brauchen Wege. Die interkulturelle Öffnung der Schule. In: Leiprecht, Rudolf/Kerber, Anne (Hrsg.) Schule in der Einwanderungsgesellschaft. Ein Handbuch. Schwalbach/Ts.: Wochenschau Verlag, S. 110-125.

Shell Deutschland Holding (Hrsg.) (2006): Jugend 2006. Eine pragmatische Generation unter Druck. Frankfurt a. M.: Fischer Verlag.

Spohn, Margret (2002): Türkische Männer in Deutschland. Familie und Identität. Migranten der ersten Generation erzählen ihre Geschichte. Bielefeld: transcript Verlag.

Stecklina, Gerd (2007): »Kleine Jungs mit zu großen Eiern«. Männlichkeitsstereotype über junge männliche Migranten. In: Gemende, Marion/Munsch, Chantal/Weber-Unger-Rotino, Steffi (Hrsg.): Eva ist emanzipiert, Mehmet ist ein Macho. Zuschreibung, Ausgrenzung, Lebensbewältigung und Handlungsansätze im Kontext von Migration und Geschlecht. Weinheim, München: Juventa Verlag, S. 74-90.

Tunç, Michael (2004): Männlichkeit und Migration. Männlichkeiten in der Einwanderungsgesellschaft im Wandel. In: Paritätisches Bildungswerk NRW (Hrsg.): Committed Fathers. Trainer manual-working with migrant fathers in family education. German Handbook (CD-ROM). S. 3-24. URL: http://bildung.paritaet-nrw.org/pbw/content/e78/e30/e61/e477/hbgerm.pdf.

Tunç, Michael (2006): Vaterschaft in der Migrationsgesellschaft im Wandel. Intersektionelle Männerforschung im Sinne Pierre Bourdieus. In: Promotionskolleg „Kinder und Kindheiten im Spannungsfeld gesellschaftlicher Modernisierung" (Hrsg.): Kinderwelten und institutionelle Arrangements. Modernisierung von Kindheit. Wiesbaden: VS Verlag für Sozialwissenschaften, S. 37-58.

Tunç, Michael (2007): Väter mit Migrationshintergrund zwischen Skandalisierung und Vernachlässigung. Umrisse einer Väterarbeit in der Migrationsgesellschaft. In: Zeitschrift für Migration und Soziale Arbeit, 29, 1, S. 33-39.

Tunç, Michael (2008): „Viele türkische Väter fliehen von zu Hause." Mehrfache ethnische Zugehörigkeit und Vaterschaft im Spannungsfeld zwischen hegemonialer und progressiver Männlichkeit. In: Potts, Lydia/Kühnemund, Jan (Hrsg.): Mann wird man. Geschlechtliche Identitäten im Spannungsfeld von Migration und Islam. Bielefeld: transcript Verlag, S. 105-132.

Tunç, Michael (2008b): Positive Veränderungen wahrnehmen. Väter mit türkischem Migrationshintergrund der zweiten Generation. In: Forum Sexualaufklärung und Familienplanung, 2, S. 21-25 (URL: http://www.sexualaufklaerung.de/cgi-sub/ fetch.php?id=553).

Volz, Rainer/Zulehner, Paul M. (2009): Männer in Bewegung. Zehn Jahre Männerentwicklung in Deutschland. Baden-Baden: Nomos Verlag.

Westphal, Manuela (2000): Vaterschaft und Erziehung. In: Herwartz-Emden, Leonie (Hrsg.): Einwandererfamilien. Geschlechterverhältnisse, Erziehung und Akkulturation. Osnabrück: Universitäts-Verlag Rasch, S. 121-204.

Wippermann, Carsten/Flaig, Berthold Bodo (2009): Lebenswelten von Migrantinnen und Migranten. In: Aus Politik und Zeitgeschichte, 5, S. 3-11. URL: http://www.bpb.de/files/R32I01.pdf.

Bildung älterer Migranten
Ein Projekt zur Beteiligungsgerechtigkeit und interkulturellen Öffnung von Erwachsenenbildung

Hans Prömper

Ein kurzer Überblick

Unter dem Projekttitel „Förderung der Beteiligungsgerechtigkeit von Erwachsenenbildung am Beispiel älterer Migranten" führte die Katholische Erwachsenenbildung Frankfurt (KEB) von 2004 bis 2007 ein 3-jähriges Mo-
dellprojekt durch, das aus dem Innovationspool der Weiterbildung in Hessen
gefördert wurde.[1] In seiner Projektanlage und in der kooperativen Struktur
verschiedener Einrichtungen stellt es ein Projekt interkultureller Öffnung dar,
weshalb es hier dokumentiert wird. In den Phasen: Bestandsaufnahme und
Bedarfserhebung, Modellentwicklung und -erprobung, Evaluation, Dokumentation und Transfer, wurden zwischen bis dahin sich eher fremden Einrichtungen neue Wege gegenseitiger Öffnung gegangen. In Teilanalysen und
-projekten wurden in diesem Kontext ebenfalls erstmals explizit Männer einbezogen. Aus dem Kooperationszusammenhang entstanden in den Folgejah-
ren bis heute weitere gemeinsame Projekte, welche das Netzwerk verstetigen:
Ausbildung ehrenamtlicher „Wegbegleiter für Italiener";[2] Ausstellung „Heimat" 2008 im Haus am Dom mit Bildern malender Frankfurter Migranten;
Projekt „Migrantenbiografien als Medium interkulturellen Lernens" 2009-
2010 mit Biografieworkshops, öffentlicher Ausstellung und Transfermaß-
nahmen – wieder mit Förderung aus dem Innovationspool nach dem hessischen Weiterbildungsgesetz. Diese ergänzen neu entstandene Regelangebote:
Fortbildung ehrenamtlicher Multiplikatoren aus muttersprachlichen Communities „Sozialberatung für Migranten"; passgenaue Sprach- und PC-Kurse für
Migranten in deren Selbstorganisationen/Kirchengemeinden.

---

1 Mit dem Hessischen Weiterbildungsgesetz vom 25.08.2001 hat das Land Hessen die Ver-
pflichtung übernommen, im Rahmen des jeweiligen Haushaltsplans einen Innovationspool
einzurichten (§19 HWBG). Der Innovationspool hat ein Volumen von mindestens 2,5 von
Hundert des staatlichen Fördervolumens für die Weiterbildung im Sinne des Gesetzes. Mit
den Mitteln aus dem Innovationspool sollen die Entwicklung der hessischen Weiterbildung
und die Qualitätsentwicklung an den Weiterbildungseinrichtungen und ihre Zusammenarbeit gezielt gefördert sowie die Beteiligung von Weiterbildungseinrichtungen aus Hessen
an Programmen des Bundes und der Europäischen Union erleichtert werden.
2 In Zusammenarbeit von Caritas, Italienischem Konsulat, italienischen Migrantenorganisationen und KEB.

Über 30 % aller Katholiken (dies sind ca. 25 % der Gesamtbevölkerung) in Frankfurt haben einen Migrationshintergrund; diese Zielgruppe sollte im Projekt bewusst neu angesprochen werden. Über drei Jahre hinweg bildeten im sechswöchigen Rhythmus jeweils dreistündige Entwicklungs- und Evaluationsworkshops mit Multiplikatoren das Rückgrat der Projektarbeit. Aus diesen heraus wurden die Befragungen sowie die dezentralen Modellprojekte vor Ort in muttersprachlichen Gemeinden, Beratungseinrichtungen und Treffpunkten entwickelt.

Angestoßen wurde das Projekt durch Beobachtungen und Diskussionen im (ehrenamtlichen) Vorstand des Bildungswerkes. In diesem sind zwar alle, d.h. auch die muttersprachlichen katholischen Gemeinden vertreten; allerdings war es seit Jahren so, dass muttersprachliche Gemeinden unterdurchschnittlich finanzielle Zuschüsse für Bildungsmaßnahmen abriefen, dass es im Vergleich zu den deutschsprachigen Ortspfarreien eine unterdurchschnittliche Beteiligung bei den Fortbildungen von Ehrenamtlichen, aber auch bei den persönlichen Kontakten zum Bildungswerk gab. Mit dem Antrag auf Förderung durch das Land Hessen sollte bewusst ein Gegenakzent zur vorherrschenden, politisch gewollten Ausrichtung der Innovationsförderung des Landes an beruflicher Bildung, an der Verknüpfung von beruflicher und allgemeiner Erwachsenenbildung sowie der Informationstechnik – alles mit dem Leitziel Employability, also Erhöhung der Beschäftigungsfähigkeit – gesucht werden. Bei den älteren Migranten handelt es sich zudem um eine „neue" Zielgruppe in diesem Alterssegment, sofern die Mitglieder der 1. und 2. Generation der Arbeitsimmigranten sich oft erst jetzt entscheiden, ihren Lebensabend in Deutschland statt in ihrem Heimatland zu verbringen. Als „Bildungsbenachteiligte" – auf dem Hintergrund ihrer Biografie – gehören sie nicht zu den üblich erreichten Zielgruppen der Erwachsenenbildung.

Explizit ging es also um einen neuen Ansatz in der allgemeinen Erwachsenenbildung: nachberufliche Lebensphase, Migrationshintergrund, bildungsfern.

Das Projekt war insgesamt als bereichsübergreifendes Netzwerk angelegt. Die Beteiligten waren haupt- und ehrenamtliche Mitarbeiterinnen und Multiplikatoren in katholischen muttersprachlichen Gemeinden Frankfurts; in (katholischen) Einrichtungen der Bildungs- und Beratungsarbeit mit (älteren) Migranten sowie Expert/inn/en aus Forschung und Kommunalverwaltung. Die Projektleitung lag beim Leiter der KEB Frankfurt.

Dauerhaft als Projektpartner waren beteiligt Haupt- und Ehrenamtliche von: Katholische Erwachsenenbildung – Bildungswerk Frankfurt, Stadt Frankfurt am Main/Amt für Multikulturelle Angelegenheiten, Caritas Frankfurt/Fachdienst für Migration/Team Stadtmitte, Internationales Familienzentrum e.V., Institut für Sozialarbeit und Sozialpädagogik e. V. (Gerda Holz/ wissenschaftliche Begleitung), Italienische Katholische Gemeinde Frankfurt, Kroatische Katholische Gemeinde Frankfurt, Portugiesische Katholische

Gemeinde Frankfurt, Internationale englischsprachige Gemeinde Frankfurt, Spanische Katholische Gemeinde Frankfurt. Diese beteiligten sich fast durchgängig an Projektplanung und -steuerung, den Befragungen, der Modellentwicklung und -durchführung sowie an der Reflexion und Evaluation. Weiter in den Projektverlauf mit Beratung und Expertisen einbezogen waren die Planungsabteilung des Sozialdezernats der Stadt Frankfurt am Main, die Ehrenamtsagentur Büro aktiv, das Projekt „Arbeitsplätze schaffen mit Fantasie" der Katholischen Stadtkirche Frankfurt, das Evangelische Pfarramt für Ausländerarbeit/Bad Kreuznach, sowie verschiedene Beratungsstellen in der Stadt Frankfurt.

Durch Befragungen, Mailings, Informationstreffen und Kontaktegespräche wurden in einzelne Projektphasen einbezogen: Italienische Katholische Gemeinde Höchst, Spanische Katholische Gemeinde Wiesbaden, Syromalabarische Gemeinde Frankfurt (Inder), Koreanische Katholische Gemeinde, Indonesische Katholische Gemeinde, Japanische Gemeinde (überkonfessionell), Koreanische Katholische Gemeinde, Katholische Polnische Gemeinde, Rumänische Katholische Gemeinde, Katholische Slowakische Gemeinde, Slowenische Katholische Gemeinde, Katholische. Tschechische Gemeinde, Katholische Ungarische Gemeinde, Bischöfliches Ordinariat Limburg/Dezernat Pastorale Dienste, Katholisches Bezirksamt Frankfurt/Fachstelle für Interkulturelle Pastoral, Türkisches Volkshaus, Seniorenbegegnungsstätte OASI, und andere. Vergleichende Befragungen fanden in der Merkez Moschee und der Hazrat Fatima Moschee statt.

1. Fragestellungen, Ausgangslage und Motive

1.1 Bildungsbenachteiligung – ein Leben lang (das Thema)

Bildungsbenachteiligung verstärkt sich über die Lebensspanne. Empirische Studien zur Beteiligung an Erwachsenenbildung zeigen eine sich öffnende Schere in der Weiterbildungsbeteiligung, die sich über die Lebensphasen verstärkt. So nimmt die Beteiligung an Weiterbildung generell mit dem Alter ab, lediglich bei Akademikern erhöht sich die Beteiligungsrate. Vorerfahrungen mit Bildungsprozessen und das Verständnis von Bildung trennen bei der Bildungsbeteiligung stärker als die Zugehörigkeit zu sozialen Milieus. Dies gilt für Deutsche. Migrantinnen und Migranten werden in den großen Studien bislang nicht eigens erfasst.[3]

---

3   Rudolf Tippelt vermutet aufgrund eigenständiger Wertorientierungen die Untergliederung in ganz eigene Milieus, welche die Übertragung von an Deutschen gewonnenen Untersuchungsergebnissen schwierig machen. Er regt als Ergänzung zu den bestehenden For-

1.2 Bildungsbeteiligung von Migranten – eine Frage der Gerechtigkeit (die Ausgangslage)

Wir gehen davon aus, dass Arbeitsimmigranten vor allem der ersten Generation über niedrige Bildungsabschlüsse verfügen und eher dem unteren Segment der sozialen Schichtung zugehören. Das aus empirischen Studien bekannte „Matthäusprinzip" („Wer hat, dem wird gegeben"; vgl. Ehmann 2003: 144ff.) wirkt auch in der Weiterbildung. Bildungsferne wird verstärkt durch Barrieren, welche die Beteiligung an Weiterbildung erschweren und verhindern. Je niedriger das formale Bildungsniveau, desto häufiger dürfte der Satz „Ich bin zu alt für Weiterbildung" den Erwartungshorizont verstellen. Bildung wird verhindert durch fehlende Nutzenerwartung, Ablehnung formeller Veranstaltungen, Vorstellungen von Bildung als „Belastung", fehlende finanzielle Ressourcen, Schwellenängste etc. (Tippelt, u.a. 2003: 56ff.).

In einem demokratischen Gemeinwesen, welches seine Güter unter Gerechtigkeitsaspekten allen Menschen zugänglich machen will, ist dieser Ausschluss nur schwer hinnehmbar. Die kirchliche Erwachsenenbildung ist hier in besonderer Weise herausgefordert, gerade wenn sie von einer „Option für die Armen" (und Ausgeschlossenen) ausgeht, denen in einer Welt knapper Ressourcen ihre besondere Zuwendung zu gelten habe (vgl. Haslinger, u.a. 1999/2000). Dies gilt umso mehr für sie selber, sofern in Großstädten der Anteil der Katholiken anderer Muttersprachen an den Kirchenmitgliedern besonders hoch ist. Er beträgt in Frankfurt am Main ca. 30 % (vgl. Buballa 2005).

1.3 Zugänge durch Vernetzung erschließen (Grundidee und Struktur des Projektes)

Das Projekt wurde von Beginn an als Kooperationsprojekt angelegt. In der Öffnung und Vernetzung unterschiedlicher Handlungsfelder und Kompetenzen werden gute Chancen für neue Bildungsprojekte vermutet. Das Anknüpfen an vorhandene Lebensvollzüge und Kontakte (Beratungsstellen, Kultusgemeinden, Community der Migranten) soll alltagsnahe Lernsituationen ermöglichen, dadurch den Barrieren gegen organisiertes Lernen entgegenwirken und neue Bildungsangebote und -erfahrungen zugänglich machen.

Die beteiligten Institutionen stellen je eigene, getrennte Systeme mit unterschiedlichen Arbeitsaufträgen, Kernkompetenzen und Zugängen zu Migranten dar. Im Endeffekt werden verbesserte Zugangswege zu Erwachsenenbildung für Bildungsbenachteiligte sowie neuartige Lernorte und Veranstaltungstypen erwartet. Durch die Vernetzung der Subsysteme/ Bereiche

---

schungsarbeiten zu Bildung und Milieu eine große Migrantenstudie an. (Beitrag bei der Jahrestagung der katholischen Großstadtbildungswerke, München 14.5.2005; diese Notwendigkeit sieht er 2009 immer noch nicht eingelöst: Tippelt u.a. 2009: 143)

Beratung, Bildung und offene Altenhilfe soll insgesamt ein höheres Maß an Beteiligung und damit auch an Bildungsgerechtigkeit erreicht werden.

Dazu sollen im Projektverlauf exemplarisch Bildungsbedarfe ermittelt, Bildungsbarrieren erkundet und neue Zugangswege zu Bildung erschlossen werden sowie neue Lernangebote zu ausgewählten Themenfeldern exemplarisch erprobt und dokumentiert werden. Die beteiligten Institutionen stellen je eigene, getrennte Systeme mit unterschiedlichen Arbeitsaufträgen, Kernkompetenzen und Zugängen zu Migranten dar. Im Endeffekt werden verbesserte Zugangswege zu Erwachsenenbildung für Bildungsbenachteiligte sowie neuartige Lernorte und Veranstaltungstypen erwartet. Durch die Vernetzung der Subsysteme Bereiche, Beratung, Bildung und offene Altenhilfe soll insgesamt ein höheres Maß an Beteiligung und damit auch an Bildungsgerechtigkeit erreicht werden.

Dazu sollen im Projektverlauf exemplarisch Bildungsbedarfe ermittelt, Bildungsbarrieren erkundet und neue Zugangswege zu Bildung erschlossen werden sowie neue Lernangebote zu ausgewählten Themenfeldern exemplarisch erprobt und dokumentiert werden.Aus pragmatischen Gründen (Ressourcen!) erfolgt eine Beschränkung auf katholische Institutionen. Teilweise wurden islamische Moscheegemeinden als Vergleichsgruppen in die Befragungen einbezogen; beim Teilprojekt „Deutsch 50+" erfolgte der Einbezug weiterer nichtkirchlicher Bildungs- und Begegnungsstätten.

Beim Abschlussworkshop des Projekts im März 2006 forderte Prof. Gerhard Kruip vom Forschungsinstitut für Philosophie Hannover[4] das Recht auf Bildung gerade auch für ältere Migranten – aus Gründen der Gerechtigkeit: „Die Kirche ist verpflichtet, anwaltschaftlich für dieses Anliegen der Bildung älterer Migrant/inn/en einzutreten und ihre eigenen Bildungsangebote für die Zielgruppe älterer Migrant/inn/en zu öffnen und zu erweitern. Dabei sollte sie sich nicht auf die Gruppe der Katholiken beschränken." (s.a. Heimbach-Steins/Kruip 2003).

2. Arbeitsschritte und vorläufige Ergebnisse

2.1 Bestandsaufnahme und Bedarfsermittlung[5]

Für eine Bestandsaufnahme und zugleich als erstes Marketing wurden im Zeitraum Juli bis September 2004 insgesamt 33 telefonische Befragungen der

---

4   Heute Lehrstuhl für Sozialethik der Katholisch-Theologischen Fakultät der Johannes Gutenberg-Universität Mainz.
5   Die Befragungen wurden hauptsächlich von Dr. Susanna Keval als Projektmitarbeiterin durchgeführt; sie ist Kultur- und Sozialwissenschaftlerin in Frankfurt am Main.

Bildungsbeauftragten/Multiplikatoren in den katholischen muttersprachlichen Gemeinden durchgeführt.

Viele der muttersprachlichen Gemeinden sind junge Gemeinden, ihr Altersdurchschnitt ist mit 38,1 Jahren niedriger als der Durchschnitt des Bistums Limburg (43,3 Jahre). Senioren finden sich bevorzugt in den Einwanderergemeinden der ersten Generation, die durch Arbeitsimmigranten ab den 60er Jahren entstanden. Es sind die Gemeinden der Italiener, Spanier, Portugiesen und Kroaten. Hier leben heute ca. 5.500 über 60-jährige katholische Migranten dauerhaft in Frankfurt. „Bei uns gibt es keine Senioren." Diese Einschätzung prägt noch oft das Selbstbild der Gemeinden; aufgrund der „jungen" Altersstruktur gibt es bislang wenige bzw. keine Angebote im Bereich der Bildung für das 3. und 4. Lebensalter. Teilweise wurde dieser Bereich auch an die Sozialdienste von Caritas und IFZ delegiert.

Deshalb konzentrierte sich die zweite Befragungsphase zum Bildungsbedarf auf die muttersprachlichen Gemeinden der ersten Generation der Arbeitsimmigranten. Diese wurden in Form leitfadengestützter qualitativer Interviews durchgeführt, oft mit muttersprachlichen Interviewer/innen.[6]

Die Senioren und Seniorinnen dieser Gemeinden leben in der Regel in abgeschlossenen muttersprachlichen Eigenwelten. Viele sind einfache Arbeiter/innen und Hausfrauen, die nach einem arbeitsreichen Leben oft kränker und einsamer sind als der Durchschnitt der Bevölkerung. Als Lernwünsche werden Deutsch/Sprache und Kommunikation, Gesundheit und Rente/Finanzen, Computer und neue Technologien, religiöse Fragen sowie teilweise nationenspezifische Wünsche geäußert. Das Geschlecht differenziert teilweise sehr stark. Frauen erscheinen bildungsbereiter: Sie nennen mehr Wünsche und äußern eine höhere zeitliche Investitionsbereitschaft. Klassische Bildungsangebote (Kurse, Seminare, Vorträge) wirken insgesamt eher abschreckend; aufgrund der niedrigen Bildungsabschlüsse bestimmen Ängste und Befürchtungen die (fehlenden) Erwartungen: „ich bin zu alt", „ich kann nicht lernen", „das ist nichts für mich". Oft werden Wünsche nach generationenübergreifenden Angeboten geäußert.

Hieran anknüpfend sollten Bildungsangebote entwickelt bzw. gelungene Bildungserfahrungen dokumentiert werden, welche bevorzugt alltagsnah in einem „Nicht-Lern-Setting" angeboten werden. Erfahrung und Bestätigung der eigenen Kompetenzen, Geselligkeit und Kommunikation sowie Sinnstiftung im Alter sind wichtige Kriterien.

---

6   Inklusive Pretest fanden von Oktober 2004 bis Mai 2005 insgesamt 29 Einzelgespräche und 5 Gruppengespräche mit Gemeindemitgliedern bzw. Besuchern der Veranstaltungen der Caritas-Sozialdienste und des IFZ statt. Befragt wurden italienische, spanische, kroatische und portugiesische Senior/inn/en; sowie als Vergleichsgruppe türkische Frauen und Männer im Seniorenzentrum OASI/Höchst und in zwei islamischen Moscheegemeinden.

2.2 Entwicklung und Erprobung von neuen Bildungsangeboten

In den Bereichen Sprache/Konversation, Biografie/Geschichte/Identität, Kreativität/Kompetenzen/Eigenarbeit, Tandemlernen/Begegnung/Interkulturell sowie Fortbildung und Qualifizierung ehrenamtlicher Tätigkeiten werden seit Januar 2005 konkrete Kleinprojekte bei einzelnen Partnern durchgeführt, erprobt und dokumentiert.

Da es sich hier um Prozesse von Bildungsmarketing, Organisationsentwicklung und trägerübergreifender Kooperation handelt, benötigt die Implementierung und Angebotsentwicklung allerdings eine längere Zeit als geplant. Einzelne Kontakte und Aktivitäten hängen sehr stark an der Mitwirkung einzelner Personen. Gerade bei Ehrenamtlichen sind die möglichen Ressourcen und Zeitfenster hier oft begrenzt. Dies bedeutete – vor allem in der Phase des Übergangs von der Befragung zur Aktion und der Umsetzung der Ideen in konkrete Konzepte und Maßnahmen – immer wieder Geduld und die Berücksichtigung der Eigenlogik, der Eigenzeiten und Motive von Ehrenamtlichen und selbständigen Kooperationspartnern. Ein besonderes Problem waren Verzögerungen durch Umstrukturierungen und Personalwechsel in beteiligten Einrichtungen. Im Ergebnis ist die lange Projektdauer aber insgesamt eher als Erfolgsfaktor zu bewerten!

In den regelmäßigen Projekttreffen der Großgruppe wurden immer wieder Ideen für „Lern- und Bildungsveranstaltungen" zusammengetragen, präzisiert, konkretisiert sowie in einer regelmäßig fortgeschriebenen Angebotsentwicklungstafel einzelnen Akteuren zugeordnet und immer wieder überprüft. Entwickelt wurden über 40 Angebote und Ideen in den Bereichen: Vorbereitung auf den Ruhestand, Freizeit, Informationen zum Alltag in Deutschland, Sprache, Lernen als Kompetenzerweiterung, Biografiearbeit, Interreligiosität, interkulturelle Begegnung, Stadterkundung, ehrenamtliche Beratungslotsen ... Um auch Bildungsungewohnte anzusprechen, werden bevorzugt Settings gewählt, welche im Schnittbereich von Bildung und Freizeit, Bildung und Beratung, Bildung und Alltagsnähe angesiedelt sind. Die Angebote sollten „kommunikativ" sein und wenig an „Schule" erinnern. Dabei erweisen sich vertraute Zugangswege, auch über Personen als „Anker" als wichtige Bedingungen für die Beteiligung. So zeigt sich in der Portugiesischen und in der Internationalen englischsprachigen Gemeinde die Wichtigkeit der Berücksichtigung vertrauter Orte beim Zustandekommen des jeweiligen Kursangebotes. Es findet ein PC-Kurs mit 25 Personen und einigen gebrauchten Computern in der Portugiesischen Gemeinde statt, obwohl diese überhaupt nicht als professioneller PC-Schulungsraum ausgestattet ist! Für einen Deutschkurs der Internationalen Englischsprachigen Gemeinde ist es wichtig, sich zum Ortswechsel in ein fremdes Gebäude vorab gemeinsam am vertrauten Ort zu treffen und dann zum neuen Kursraum zu gehen. Umgesetzt und begonnen werden ein Pilotprogramm „Deutsch mit 50plus – für ältere

Migrantinnen und Migranten" (Kooperation Amt für multikulturelle Angelegenheiten der Stadt Frankfurt und KEB), ein „Biografiewochenende für
Frauen", eine Gesprächsgruppe für ältere Männer, aber auch „Tandem-Pro-
jekte" zwischen muttersprachlichen Gemeinden und örtlichen Pfarreien: so
planen die Spanische Gemeinde und die Pfarrei Allerheiligen einen deutsch-
spanischen Seniorenclub, woanders gibt es „Deutsch für Italiener" und „Italie-
nisch für Deutsche". In der Kroatischen Gemeinde wird sogar ein Englisch-
Kurs gewünscht. Die Internationale Englischsprachige Gemeinde realisiert
Deutsch- und PC-Kurse.

Als innovativ und produktiv erweist sich die in der Spätphase des Projektes begonnene Fortbildung „Alltagsnahe Sozialberatung für Migranten", welche die KEB in Kooperation mit dem Amt für multikulturelle Angelegenheiten und dem Caritasverband anbietet. Multiplikatoren aus über 12 verschiedenen muttersprachlichen Communities erwerben Wissen und diskutieren Erfahrungen und Probleme ihres sozialen Umfeldes zu den Themenfeldern: Beratung und Beratungsstellen bei verschiedenen Problemen; muttersprachliche
Rentenberatung; Hartz IV, SGB 2 und Sozialhilfe; Pflege, Pflegeheime und
Pflegestufen; Schuldnerberatung.

Fazit: Insgesamt werden ca. 50 Ideen für Bildungsprojekte entwickelt. 12
Einrichtungen beteiligen sich mit eigenen Maßnahmen an der Realisierung.
In über 20 verschiedenen Teilprojekten werden über 800 Unterrichtsstunden
durchgeführt.

2.3 Öffentlichkeit und Networking

Das Projekt wird wiederholt bei haupt- und ehrenamtlichen Multiplikatoren
und bei Fachkonferenzen kommuniziert. Im Projektverlauf können immer
wieder weitere Partner einbezogen werden. Ein Studientag zur Interkulturellen Pastoral und der Abschlussworkshop „Bildung und Beteiligungsgerechtigkeit" mit Prof. Gerhard Kruip sind genauso wie Projektdarstellungen in der
Frankfurter Seniorenzeitung Stationen der Kommunikation, Verbreiterung
und Würdigung einer Idee und ihrer Realisierung.

Eine Reihe von Maßnahmentypen werden in den „Regelbetrieb" übernommen werden. Im Netzwerk sind schon jetzt weitere gemeinsame Projekte
in der Pipeline.

3. Bildung als Glück und Medium der Anerkennung (Bewertung und Würdigung)

„Ich bin so stolz. Jetzt haben wir im Gottesdienst unsere Fürbitten auf Deutsch vorgetragen. Das hätte ich mich früher nie getraut."

„Ich bin Ihnen sehr dankbar für diesen Kurs. Es ist so schade, dass wir das nicht viel früher erfahren haben. Es hätte uns sehr geholfen."

Ich habe selten so viel Glück, Zufriedenheit und Anerkennung selber empfunden sowie bei Anderen gespürt als in diesem Projekt. Signifikantes, für die Biografie und die Lebensgestaltung bedeutsames Lernen – hier wurde und wird es deutlich. Bildung wird erfahrbar als das, wovon man bislang ausgeschlossen war. Beteiligung an Bildung und durch Bildung wird für Migranten der 1. und 2. Generation zu einem Feld der Anerkennung, das Zugänge und Teilhabe erschließt. Und in welchem sie mit ihrer Biografie und als Personen von den Anderen, d.h. auch von der Mehrheitsgesellschaft gesehen werden.

Das Projekt ist in einer Netzwerkstruktur angelegt. Durch die Beteiligung verschiedener Professionen und Fachkräfte, durch die gegenseitige Öffnung und Vernetzung von Einrichtungen der Erwachsenenbildung, Beratung und offenen Sozialarbeit entstehen Pfade zu einer tragfähigen Struktur gegenseitiger Verweisung, gemeinsamer Ressourcennutzung etc.. Dies erscheint umso sinnvoller und notwendiger, sofern in Zeiten allgemeiner Sparprozesse diese Ressourcenbündelung oft als einzige Chance erscheint, bestimmte Angebote dauerhaft abzusichern, die einer allein nicht mehr zustande bringt.

Unter der Perspektive lebensbegleitenden Lernens für alle schließt das Projekt eine Wissens- und Angebotslücke in der allgemeinen Erwachsenenbildung. Sozialethisch wie bildungstheoretisch ist dies ein wichtiger Beitrag zur Bildungsgerechtigkeit für alle – weit jenseits der üblichen Nutzen- und Arbeitsmarktorientierung. Bildung als Menschenrecht wird erfahrbar und gestärkt. Das katholische Prinzip umfassender Bildung realisiert sich in der Parteinahme und im bewussten Zugang auf von der „Mainstream-Erwachsenenbildung" Ausgeschlossene: Arbeitsimmigranten der 1. und 2. Einwanderergeneration in ihrer nachberuflichen Lebensphase, denen durch Bildung ein Mehr an gesellschaftlicher Teilhabe und personaler Entwicklung ermöglicht wird.

Literatur

Buballa, Gerhard (2005): Entwicklungen des Bistums Limburg. Eine statistische Analyse von 1994 bis 2003. Limburger Texte 27. Limburg.

Ehmann, Christoph (2003): Bildungsfinanzierung und soziale Gerechtigkeit. Vom Kindergarten bis zur Weiterbildung. 2. überarb. Aufl., Bielefeld: W. Bertelsmann Verlag.

Haslinger, Herbert, u.a. (Hrsg.) (1999/2000): Praktische Theologie. 2 Bde. Mainz: Matthias-Grünewald-Verlag.

Heimbach-Steins, Marianne/Kruip, Gerhard (Hrsg.) (2003): Bildung und Beteiligungsgerechtigkeit. Sozialethische Sondierungen. Bielefeld: W. Bertelsmann Verlag.

Tippelt, Rudolf/Weiland, Meike/Panyr, Sylva (2003): Weiterbildung, Lebensstil und soziale Lage in einer Metropole. Bielefeld: W. Bertelsmann Verlag.

Tippelt, Rudolf/ Schmidt, Bernhard/Schnurr, Simone/Sinner, Simone/Theisen, Catharina (2009): Bildung Älterer. Chancen im demografischen Wandel. Bielefeld: W. Bertelsmann Verlag.

Ausblick

Inklusion durch Bildung?
Konsequenzen, offene Fragen und pädagogische Impulse für die (Erwachsenen)Bildungsarbeit mit männlichen Migranten

Hans Prömper

Die Artikel dieses Sammelbandes sind erste Versuche der Thematisierung und Reflexion eines in der Erwachsenenbildung bislang wenig beachteten Handlungsfeldes. Die Forschungsarbeiten über Menschen mit Migrationshintergrund stehen vielfach erst am Anfang. Die sozialwissenschaftliche Datenlage ist eher bescheiden. Oft sind die erhobenen Daten ungenau und nicht repräsentativ, nur selten werden sie der Komplexität des Gegenstandsbereichs gerecht. Vielfach fehlen die Analyseinstrumente. Welche „Ausländer" oder „Migranten" sind gemeint? Wer sind die „Deutschen"? Wie werden „Menschen mit Migrationshintergrund" und „Migrationsfolgegenerationen" empirisch erfasst? Eine Sonderauswertung des Mikrozensus zeigt zum Beispiel, „dass der Anteil der Wohnbevölkerung mit Migrationshintergrund und deutscher Staatsangehörigkeit bei 10 %, der der ausländischen Bevölkerung bei 9 % liegt" (Bandorski/Harring/Karakasoglu/Kelleter 2009: 11), für die städtischen Ballungsräume wie Berlin, Stuttgart, Frankfurt oder Köln werden bei den Kindern unter 6 Jahren ein Anteil von ca. 60 % Kinder mit Migrationshintergrund errechnet, in der Gesamtbevölkerung nähert sich der Anteil der Menschen mit Migrationsgeschichte (rechtlich „Ausländer" und „Deutsche") der 40 %-Marke. Der Wissensstand über diesen Teil der Bevölkerung Deutschlands gleicht oft eher kulturalistischen und pauschalisierenden Zuschreibungen denn einer empirisch gehaltvollen Analyse (vgl. Uslucan 2009: 13).

Dies gilt insbesondere auch dem Wissen über Männer mit Migrationshintergrund. In der aktuellen Studie „Männer in Bewegung" (Volz/Zulehner 2009) wurde im Forschungsdesign zwar an die Berücksichtigung des Merkmals Migration gedacht, für eine migrationsspezifische Analyse und Interpretation waren die erhobenen Daten allerdings nicht hinreichend treffsicher und repräsentativ, sodass auf eine Auswertung verzichtet werden musste. Die aktuelle Sinus-Studie über Männer (Wippermann/Calmbach/Wippermann 2009) hat ihren Schwerpunkt auf der „deutschsprachigen Wohnbevölkerung" (ebd.: 218); die dortigen Milieubeschreibungen sind nicht migrationsspezifisch. Die von der Sinus-Forschungsgruppe erhobenen Daten zu Migrantenmilieus wurden bislang eher „am Rand" veröffentlicht (Wippermann/Flaig 2009; Icken 2008, BMFSFJ 2007, Sinus 2008). In der Sinus Eltern-Studie im Auftrag der Konrad-Adenauer-Stiftung „Eltern unter Druck" (Merkle/Wippermann 2008) finden wir zwar eine eigenständige Differenzierung nach

Migrantenmilieus und den Blick auf die dort vorherrschenden Vorstellungen von Familie, Partnerschaft und Elternschaft; dieses ist der eigentlichen Studie allerdings eher vorgeschaltet.

Dem Fehlen theoretischer Analysen zu den Grenzlinien, Zusammenhängen und Verflechtungen von Geschlecht und Migration, speziell Männlichkeit und Migration, entspricht ebenfalls ein Fehlen handlungsbezogenen Praxiswissens und pädagogischer Reflexion auf Bildungsprozesse im Schnittfeld von Männlichkeit und Migration. Soweit sich Bildungseinrichtungen bislang migrationsspezifisch aufgestellt haben, geschieht dies häufig mit einem besonderen Bezug auf Frauen. Als Zielgruppe mit einem besonderen Förderbedarf gelten in Einrichtungen der Erwachsenenbildung vielfach eher noch Migrantinnen, denen über Bildungsangebote integrierende Zugänge zur Gesellschaft erschlossen werden sollen. „Mama lernt deutsch" steht exemplarisch für diese Bildungsinitiativen, welche klassisch die Ehefrauen der arbeitenden Migranten im Blick haben.[1] Jungen und Männer werden allenfalls dann zur Zielgruppe pädagogischen Handlungsbedarfs, wenn soziale Auffälligkeiten wie ihre Gewaltausübung dazu drängen. Männlichkeit und Migration ist von daher bislang eher eine Konfliktperspektive.

Insofern sind die Beiträge dieses Sammelbandes (erste) kleine „Leuchttürme" im Nebel des Nichtwissens über Migration, Männlichkeit und Bildung. Der Titel „Was macht Migration mit Männlichkeit?" sollte allerdings nicht zu einem binären und homogenen Denken über Männer im Bezugsfeld von Migration verleiten. Männlichkeiten sind im Plural zu denken. Die verbindende Perspektive der Beiträge ist die Überzeugung von der vielfachen Heterogenität der „Migrantenmänner" und der entsprechenden Notwendigkeit einer differenziert anzulegenden pädagogischen Praxis und Bildungswissenschaft.

1. Migration meets Gender

1.1 Soziale Ungleichheiten und Geschlechtergerechtigkeit im Kontext von Migration

Die Beseitigung von Diskriminierungen und Exklusionen (zum Begriff: Kronauer 2010) sowie die Förderung der Gleichstellung von Frauen und Männern werden von der Frauen-, Männer- und Geschlechterforschung als strategische Ziele geteilt. In der Begründung und Ausgestaltung der Praxis von Pä-

---

1   „Papa lernt deutsch" ist eher eine Ergänzungsperspektive denn selbstverständlicher Ausdruck eines zur Gewohnheit gewordenen Gender-Mainstreamings in der Migrationspädagogik.

dagogik und Erwachsenenbildung ergeben sich allerdings Differenzen hinsichtlich des Verständnisses und der Einschätzung von Geschlecht bzw. Gender, hinsichtlich der Beiträge von Frauen und Männern zu geschlechtlich konnotierter Ungleichheit und Macht sowie hinsichtlich der daraus zu begründenden Bildungskonzepte, Politiken und Förderbedarfe. Und gerade (muslimische) Migrant/inn/en unterliegen oft noch immer einem stereotypen Vorurteil von retraditionalisierten Männern als „Blockierern" und „Störern" einerseits und an ihrer Entfaltung gehinderten „emanzipationswilligen" Frauen andererseits.

Gegenüber einer solchen dualen Sicht zweier Geschlechter, von denen das eine (*die* Männer) das andere (*die* Frauen) dominiert – unabhängig von sozialem Status, Ethnie oder Milieu –, hat sich vor allem in der Geschlechterforschung die Sichtweise durchgesetzt, von Geschlechterverhältnissen mit vielfältigen Über- und Unterordnungen zu sprechen, welche zwar Männer im Allgemeinen privilegieren, andererseits aber auch Unterordnungen und Differenzen innerhalb der beiden biologischen Geschlechter ausmachen und diese mit anderen Formen und Gründen sozialer Ungleichheit verknüpfen. Insbesondere die kritische Männerforschung hat auf die Differenz einer hegemonialen Männlichkeit (als gesellschaftlicher Strukturkategorie) und der Lebenslage einzelner Männer hingewiesen und deutlich gemacht, dass sich die gesellschaftliche Bevorteilung von Männern im Allgemeinen auch gegen die Männer selbst richten kann, sofern bestimmte Männlichkeiten durchaus mit einem hohen Preis bezahlt werden (frühere Sterblichkeit, männerspezifische Krankheiten, Männer als Opfer von Gewalt, psychische Probleme etc.). Die konstruktivistische Geschlechterforschung weist dem Doing Gender durch alle Beteiligten eine tragende Bedeutung bei der immer wieder neu vollzogenen Herstellung geschlechtlicher Rollen, Selbstbilder, Ungleichheiten, Machtverhältnisse etc. zu. Die empirische Forschung zeigt heute eine Vielfalt gelebter und sich im Generationenvergleich verändernder Männlichkeiten und Weiblichkeiten.[2] Und die zaghaft beginnende Erforschung des Zusammenhangs von Migration und Gender entdeckt vielfältige Geschlechterbilder, Lebenslagen und Einstellungen zu Familie, Erziehung, Partnerschaft oder der Frage der Vereinbarkeit von Beruf und Familie gerade auch in der Abfolge von Migrationsfolgegenerationen (Merkle/Wippermann 2008; Wippermann/ Flaig 2009).

Sozialwissenschaftlich teilen Migration und Männlichkeit ein ähnliches Schicksal: Männer wie Migranten sind untereinander so verschieden, dass die

---

2   Als Referenzpunkte aus der Fülle der Forschung über Männer und Männlichkeiten: Connell 1999, Meuser 1998, Behnke/Meuser 1999, Janshen 2000, Brandes 2001, Brandes 2002, Böhnisch 2004, Bourdieu 2005, Döge 2001, Döge 2006, Tunç 2006, Meuser/Neusüß 2004, Volz/Zulehner 2009, Wippermann/Calmbach/Wippermann 2009. Meine eigene pädagogische Position habe ich dargelegt in Prömper 2003; zuletzt in Neuhoff/Prömper 2008, Prömper 2009.

im Alltagsbewusstsein immer wieder vorgenommenen Identifizierungen als geschlossene Gruppe, als über ein bestimmtes Merkmal wie Geschlecht oder Migrationshintergrund einheitlich beschreibbare „Männer" und „Migranten" sich als kulturalistische und essentialistische Zuschreibungen verstehen lassen, welche Fremdheiten und Geschlechterbilder konstruieren, aber nicht als realitätstaugliche, analytische Beschreibungen von Gruppen mit Ähnlichkeiten. Die Unterschiede überwiegen! Ähnlich wie die Männerstudien innerhalb des Genustyps der Männer eine größere Heterogenität der Einstellungen, Werte und Lebensorientierungen belegen, als wir diese zwischen Frauen und Männern mit ähnlichen Einstellungen zu Geschlechterrollen finden (Volz/Zulehner 2009, Wippermann/Calmbach/Wippermann 2009), so differenzieren auch die neueren Sinus-Forschungsarbeiten die Migrantenmilieus in Deutschland (Wippermann/Flaig 2009, Icken in diesem Band).

„Die Menschen mit Migrationshintergrund in Deutschland sind keine soziokulturell homogene Gruppe. Vielmehr zeigt sich eine vielfältige und differenzierte Milieulandschaft. Insgesamt 8 Migrantenmilieus mit jeweils ganz unterschiedlichen Lebensauffassungen und Lebensweisen konnten identifiziert werden. Die Migrantenmilieus unterscheiden sich weniger nach ethnischer Herkunft und sozialer Lage als nach ihren Wertvorstellungen, Lebensstilen und ästhetischen Vorlieben. Dabei finden sich gemeinsame lebensweltliche Muster bei Migranten aus unterschiedlichen Herkunftskulturen. Mit anderen Worten: Menschen des gleichen Milieus mit unterschiedlichem Migrationshintergrund verbindet mehr miteinander als mit dem Rest ihrer Landsleute aus anderen Milieus." (Wippermann/Flaig 2009: 7)

Wippermann/Flaig verstehen deshalb das Sinus-Modell der Lebenswelten von Migranten als „eine empirisch fundierte Sehhilfe", „um das Selbstverständnis und die Alltagskulturen der Menschen mit Migrationshintergrund besser zu verstehen und allzu beliebten Projektionen, Pauschalierungen und Präjudizierungen vorzubeugen" (Wippermann/Flaig 2009: 9).

Migration und/oder Männlichkeit sind folglich keine allzeit gültigen Filter oder Trichter der Wahrnehmung, sondern bestimmte Muster der Selbstidentifikation und Wahrnehmung von Männern und/oder Migranten, die in ihrer jeweiligen inhaltlichen Bestimmtheit und Valenz für die eigene Identität, Weltauffassung oder pädagogische Ansprechbarkeit erst noch genauer zu untersuchen wären. Es sind wahrscheinlich nur bestimmte Gruppen von Männern und/oder Migranten, die sich über dieses Merkmal bevorzugt ansprechen lassen. Eben jene, denen ihr Mannsein bzw. ihr Migrationshintergrund signifikantes Moment ihrer Identität ist. Dies kann sich lebensgeschichtlich, aber auch im Übergang zwischen verschiedenen Lebenssegmenten sehr schnell ändern. Erforderlich ist überhaupt eine Ausweitung der Forschungs- und Praxisperspektiven von sozialen Lebenslagen auf den Lebenslauf, welche das Prozesshafte von Ausgrenzung und ausgrenzenden biografischen Erfahrungen genauso in den Blick nehmen wie die Verfügbarkeit und Verletzbarkeit von Bewältigungsressourcen und persönlichen Widerstandspotentialen. Der von Castel geprägte Begriff der „Zone der Verwundbarkeit" verweist auf diese Fragilität und „Zufälligkeit" stabiler Lebensverhältnisse, in denen objektiv prekäre Lagen und Unsicherheiten wie z.b. Arbeitslosigkeit oder unsichere, geringfügige Beschäftigungsverhältnisse je nach Verfügbarkeit stützender, kompensierender Netzwerke oder sozialer Beziehungen schnell in subjektive Verunsicherungen oder gar Erkrankung, sozialen Rückzug oder anderes umschlagen können. (vgl. Kronauer 2010a)

1.2 Transsektionalität und Inklusion als Anforderungen für die Bildungspraxis

Ein perspektivischer, transsektioneller Ansatz, wie er von mir und anderen Autor/inn/en dieses Sammelbandes vertreten wird, verknüpft nun das Geschlecht mit Klasse, Schicht, Ethnie, Milieu, Kultur und anderen bedeutsamen sozialen Unterscheidungen als Fixpunkten zu gemeinsamen sozialen Lagen von Personengruppen, welche dann pädagogisch als Ressourcen, Erfahrungsräume, Benachteiligungen, zu fördernde soziale Gruppen, Kommunikations- und Lernstile und vielem Anderen in den Blick kommen.

„Die Anforderung dabei ist, dass stets mehr als eine Differenzlinie betrachtet wird; denn soziale Gruppen sind kaum homogen, sondern eher heterogen. Unangemessen sind Strategien, die etwa alle Handlungen eines Menschen nur aus der Klasse, dem Geschlecht, der Kultur, der Religion etc. ableiten. Nur genaue Kenntnisse über die konkreten Menschen, über ihre Lebenslage und Situation, über ihre subjektiven Begründungsmuster erlauben Ableitungen aus den Makrostrukturen; hingegen sagen allgemeine Merkmale wie etwa Religiosität noch nichts über die besonderen Verhältnisse des Individuums, seine Möglichkeiten und sein Behinderungen, aus." (Uslucan 2009: 13)

Im Sinne des pädagogischen Konstruktivismus (als erkenntnis- und lerntheoretisch begründeter innerer Haltung den lernenden Subjekten gegenüber) gehe ich zudem davon aus, dass Erwachsenenbildung Lernangebote arrangiert und gestaltet, welche von den Lernenden angenommen, aber auch als „nicht viabel" abgelehnt werden können (vgl. Siebert 1997, Siebert 1999).

In der konkreten Analyse kann sich dann ergeben, dass einzelne Männer und Gruppen von Männern genauso wie Frauen und Gruppen von Frauen als zu fördernde und in ihrer Bedürftigkeit zu berücksichtigende Subjekte angesehen werden können und müssen. Dies bedeutet konsequent einen Wechsel des Blicks von einer einseitigen Diskriminierung und Benachteiligung von Frauen durch Männer auf vielfältige Diskriminierungen und Benachteiligungen von Frauen und Männern, welche auch auf Grund des Geschlechts oder des ethnischen Hintergrunds erfolgen können, aber oft auch mit anderen sozialen Merkmalen und Lebenslagen verknüpft sein können.

Pädagogisches wie gesellschaftliches Ziel ist dann nicht mehr Integration, sondern Inklusion (zur Begrifflichkeit: Schwarz 2009). Was wie ein Wortspiel klingt, meint einen Paradigmenwechsel des pädagogisch-politischen Blicks.

„Der deutlichste Unterschied zwischen dem Begriff der ‚Integration' und dem der ‚Inklusion' (...) besteht darin, dass Integration von einer vorgegebenen Gesellschaft ausgeht, in die integriert werden kann und soll, Inklusion aber erfordert, dass gesellschaftliche Verhältnisse, die exkludieren, überwunden werden müssen." (Kronauer 2010a: 56)

Während eine Integrationspolitik und -pädagogik primär auf die zu integrierenden Migrant/inn/en schaut, geht eine Inklusionspolitik und -pädagogik viel stärker vom Gesamten der Gesellschaft aus. Sie fragt nach einer Überwindung exkludierender Ursachen und Zustände, sie kann dann sogar (reflexiv) „die ausgrenzenden Institutionen selbst infrage" stellen (Kronauer 2010a: 57). Pädagogisch geht es dann nicht mehr nur allein um die Didaktik und Methodik einer der jeweiligen Zielgruppe angemessenen Integrationspädagogik, sondern um eine kritische Analyse der exkludierenden Bildungseinrichtungen selbst mit ihren Weiterbildungsmärkten, Angebotsprofilen, Personalstrukturen, Zielgruppenmarketings, Öffentlichkeitsstrukturen und Lehr-Lern-Arrangements. Überwindung von Exklusion ist hier zunächst eine Aufgabe der politischen Steuerung des Weiterbildungssystems und des Weiterbildungsmanagements als Leitungshandeln, welche die kritischen Analysen in strategische Handlungsaufgaben und Pilotprojekte umsetzt. Auf die institutionelle Reichweite dieser Inklusionsperspektive durch Erwachsenenbildung werde ich weiter unten eingehen.

Der sowohl emphatische wie normative Blick einer inkludierenden Bildungspraxis gilt den Ausgeschlossenen und Unterprivilegierten jeglicher Art. Dies können Frauen wie Männer sein, Migranten ebenso wie Kinder oder Alte. Benachteiligung wird als eine Frage des Kontextes, der spezifischen sozialen Lage oder des konkreten Zugangs zu Ressourcen verstanden, aber nicht als quasi automatische Folge eines einzelnen, gar eindeutig definierten Merkmals.

Dabei sollten die Ziele bescheiden bleiben. Gesellschaftliche Gerechtigkeit und Gleichheit sind durch Pädagogik nicht herstellbar. Realistischerweise kann es in der Bildungspraxis um eine Reduktion von Ungleichheiten (Oelkers 2008: 33) gehen, um Beiträge zu einer größeren Fairness im Zugang zu Bildung, um Angebote einer die Heteronomie berücksichtigende Pädagogik der Vielfalt (Prengel 1993). Wir können und sollten also versuchen, Diskriminierungen und Exklusionen (aufgrund des sozialen Geschlechts) abzubauen, Zugangsbarrieren zu Chancen und Kompetenzen (für Migrantinnen und Migranten beider Geschlechter) zu minimieren und Lernangebote migrations- und gendersensibel zu gestalten. Letzteres meint die Berücksichtigung der auch geschlechtlich oder migrationsspezifisch geprägten Voraussetzungen und Bedürfnisse, um ein Mehr an Gerechtigkeit in Hinblick auf Chancen der Lebensführung, auf die Zugänglichkeit von gesellschaftlichen Sphären und Positionen und auf eine gesteigerte soziale Teilhabe aller Bürger/inn/en zu erhalten.

1.3 Vielfalt von Männlichkeiten als Ausgangspunkt

Eine die Heterogenität moderner Gesellschaften berücksichtigende Theorie und Praxis einer migrations- wie männersensiblen Erwachsenenbildung muss sich also von einfachen Zuschreibungen und Problemdefinitionen verabschieden. Die begriffliche wie theoretische Ausfaltung einer der sozialen Realität unangemessenen, stereotypen Wahrnehmung „des Mannes" oder „der Männer" (in Entgegensetzung zu „der Frau" bzw. „den Frauen") in die Differenzierungen verschiedener „Männlichkeiten" vervielfältigt sich enorm, sofern nun „Migration" und „Migrationshintergrund" als weitere Merkmale dazukommen. So wenig die heutige Männerforschung nicht mehr in vernünftiger Weise von einer gemeinsamen sozialen Lage „des Mannes von heute" ausgehen kann – es sei denn um den Preis starker Wirklichkeitsverluste in der Beschreibung –, umso weniger kann eine Migration berücksichtigende Männerforschung von einem sinnvollen Bild „des männlichen Migranten" ausgehen. Jegliche Forschung und Praxis zum Zusammenhang von Männlichkeiten und Migration hat eine Fülle von Differenzierungen, Brechungen und Transsektionalitäten zu berücksichtigen, die zwar einerseits eine männerspezifische Empathie als Leitorientierung in der Wahrnehmung von Problemlagen und Ausschlüssen erfordert, die aber zugleich gegenüber vorschnellen und vermeintlichen Verallgemeinerungszumutungen selbstkritisch immer den Filter und das Wissen um eine Vielfalt sozialer, kultureller, ethnischer, religiöser, generationeller, milieuspezifischer Brechungen und Legierungen dieser Männlichkeiten mit anderen sozialen Merkmalen in Stellung bringen muss. Gegenüber einer Orientierung an einheitlich ethnisch geprägten Männlichkeiten („der türkische Mann von heute", „typisch mediterraner Macho-Mann") ist die Vielzahl von Männlichkeiten zu erspüren und wahrzunehmen; und daraufhin zu untersuchen, ob es denn überhaupt die „Männlichkeit" oder nicht eher zum Beispiel die materielle soziale Lage, die Verfügbarkeit von Ausbildungsplätzen oder Arbeit, ein Generationenkonflikt oder die Stigmatisierung von Hautfarbe, Name, Sprache oder Anderes ist, welches als erklärendes Moment des Verhaltens und der Lerninteressen einer Gruppe/Kohorte männlicher Migranten in Frage kommt.

Kurt Möller hat dies in seinem vorstehenden Beitrag überzeugend am Zusammenhang von Männlichkeit, Migration und (Jugend-)Gewalt expliziert. Was auf den ersten Blick als migrationsspezifisch erscheint – die höhere Gewaltaffinität jugendlicher Migranten –, erweist sich bei genauerer Analyse als Ausdruck einer sozialen Lage mehrfacher Exklusion (Lernort Hauptschule, Arbeitsplätze, Wohnquartiere etc.), welche dann als „migrantisch" gelabelt erscheint. Die pädagogische „Bearbeitung" dieser Problemlagen erfordert zwar einerseits ein Eingehen auf die Männlichkeitskonzepte der Jugendlichen mit Migrationshintergrund, erforderlich sind aber zugleich die „Bearbeitung" der „Bildungsmüdigkeit" (Bude 2008: 93ff.), der Übergänge in den Arbeitsmarkt und der sozialen Verbesserung des Wohnquartiers als differenzierte Ansatzpunkte einer inkludierenden Pädagogik, Sozialen Arbeit und Politik.

1.4 Differenzierte Benachteiligungen, Pluralität der Migrationskulturen, neue Vielfalt

Vieles ist anders als gestern. Soziale Exklusion, Bildungsbenachteiligung, pädagogische Förderbedarfe und verfügbare Bildungsmotive und Ressourcen sind heute nicht mehr so eindeutig verteilt und sozialen Einheiten zuordenbar, wie dies noch vor Jahrzehnten üblich und möglich war. Pädagogische Praxis hat ihr Wissen um Figuren sozialer Benachteiligungen heute entsprechend sehr differenziert zu entwickeln.

„Vor der Bildungsexpansion in den 1950/1960er Jahren galt in Deutschland ‚das katholische Bauernmädchen vom Lande' als Inbegriff der Bildungsferne und Bildungsbenachteiligung. Hier trafen sich geografische Entlegenheit und infolgedessen mangelnde Bildungsgelegenheit mit schichtspezifischer Benachteiligung und familiärer Arbeitsbelastung, diskriminierenden Geschlechterrollen und religiös-konservativen Vorstellungen. Mit der Bildungsexpansion erfuhren die Bildungsmöglichkeiten aller sozialen Schichten einen enormen Zuwachs – mit genderspezifischen Auswirkungen: Die Mädchen zogen im Bereich der institutionalisierten Bildung (Schul-, Aus- und (Fach-)Hochschulbildung) zunehmend mit den Jungen gleich. Inzwischen haben sie sowohl beim Besuch höherer Schulen als auch beim Erwerb von Abschlusszertifikaten bis in den tertiären Bildungsbereich hinein die Jungen hinter sich gelassen.

Die genderspezifischen Ungleichheiten haben sich damit in zweifacher Hinsicht verschoben: Zum einen besetzen Frauen trotz ihres zahlenmäßigen wie qualitativen Vorsprungs bei den Bildungsabschlüssen nach wie vor deutlich weniger Spitzenpositionen als Männer und sind mehrheitlich in befristeten, geringverdienenden oder Teilzeit-Arbeitsverhältnissen beschäftigt. Außerdem wird das Thema der Vereinbarkeit von Familie und Beruf nach wie vor in der Regel als Frauenproblem thematisiert.

Zum anderen ist auch die herkunftsspezifische Bildungsungleichheit weiterhin aktuell, allerdings hat sie ein anderes Gesicht bekommen: Es ist nicht mehr das ‚katholische Bauernmädchen vom Lande', sondern etwa ‚der türkische Junge in einem Großstadtkiez'. Das heißt, die ungleichen Bildungschancen nach sozialer und regionaler Herkunft haben noch immer Bestand; ‚hinzugekommen ist die ethnische Herkunft als Determinante des Schulerfolgs'." (Neuhoff, in Neuhoff/Prömper 2008: 240f.)

Solche Verschiebungen der pädagogischen Aufmerksamkeit auf einzelne Zielgruppen sind so richtig wie falsch zugleich. Sie sind richtig, sofern sie die Aufmerksamkeit auf eine benachteiligte Zielgruppe oder eine veränderte Problemlage lenken. Sie sind falsch, sofern sie zu der Annahme verleiten, nun seien etwa „alle" türkischen Jungen in der Großstadt sozial benachteiligt. Diese Einheitlichkeit einer ethnischen Gruppe ist gesellschaftlich immer weniger vorzufinden. „Supervielfalt" ist der Begriff, mit dem eine Studie des Amtes für multikulturelle Angelegenheiten der Stadt Frankfurt die neue Vielfalt und Differenziertheit der sozialen Lagen und Lebenssituationen von

Migrantengruppen in der Metropolregion Frankfurt/Rhein-Main zu beschreiben versucht (Stadt Frankfurt am Main 2009).

„Als internationaler Wirtschaftsstandort mit einer hochmobilen Bevölkerung ist Frankfurt seit langem auch für seine besonders ausgeprägte kulturelle Vielfalt bekannt. Bislang wurde diese Vielfalt jedoch vorwiegend an den unterschiedlichen nationalen Herkünften der Bevölkerung festgemacht, wobei das Bild beherrscht wird von den Nationalitäten der Arbeitsmigranten aus den Mittelmeerländern (insbesondere der Türkei) und von den unterschiedlichen Gruppen von Spätaussiedlern aus dem Osten Europas (insbesondere aus der ehemaligen Sowjetunion und aus Polen). In der statistischen Erfassung und in den sich auf diese Zahlen beziehenden Untersuchungen, etwa der Frankfurter Integrationsstudie (Halisch 2008), wird weiterhin zwischen ‚Ausländern‘ (verschiedener Nationalität) und ‚Deutschen‘ unterschieden, ergänzt durch die neuere Unterscheidung zwischen Deutschen mit und ohne Migrationshintergrund. Wie die nachfolgenden Ausführungen, die auf neuen wissenschaftlichen Konzeptionen (...), eigenen Berechnungen und Recherchen beruhen, zeigen, wird diese herkömmliche Betrachtungsweise der tatsächlichen Vielfalt in der Stadt nicht gerecht.

So verdeckt der Blick auf nationale Herkunftsgruppen deren innere kulturelle, religiöse, soziale Differenzierungen: Unterschiede, die für den Alltag der Menschen und ihre tatsächliche Orientierung weit relevanter sein können als eine (statistisch konstruierte) nationale Herkunftsidentität. Daraus abgeleitete Aussagen, etwa über ‚die‘ Türken, sagen genauso wenig über die sich dahinter verbergenden sozialen Schichten, Lebensstile, religiösen Haltungen etc. aus wie vergleichbare Aussagen über ‚die‘ Deutschen.

Vor allem verhindern diese nationalen bzw. ethnischen Grobkategorien die wesentlich interessantere Betrachtung von kulturellen und sozialen Überschneidungen zwischen den Nationalitäten – eine Perspektive, wie sie etwa das neue Interesse an (transethnischen) Szenen, Netzwerken, Milieus in den Mittelpunkt stellt. In der herkömmlichen Betrachtungsweise gilt zwar auch den sozialen Interaktionen und dem kulturellen Austausch zwischen Ausländern und Deutschen mit und ohne Migrationshintergrund besonderes Interesse – ohne dass die entsprechenden Befunde bislang jedoch zu einer Veränderung der zugrunde gelegten Bezugsgruppen geführt hätten. So wird das Bild einer statischen Gegenüberstellung von ‚Deutschen‘ und ‚Migranten‘ beständig reproduziert, ohne die sozialen und kulturellen Dynamiken, die durch Einbürgerung und neue transethnische Orientierungen, insbesondere in den nachfolgenden Generationen der ehemaligen Einwanderer entstehen, zu berücksichtigen. Die sich hier abzeichnende Vielfalt ist vor allem auch auf Annäherungen zwischen Menschen mit unterschiedlichen Migrationshintergründen zurückzuführen – und nicht nur auf eine kulturelle Annäherung von Migrantinnen und Migranten an eine ‚deutsche‘ Mehrheitskultur, wie sie das nationale und das europäische Integrationsmodell in den Vordergrund stellt.

Eine alltags- und realitätsnahe Integrationspolitik muss über nationale und ethnische Kategorien hinausweisende ‚Supervielfalt‘ und die sich daraus entwickelnden neuen sozialen und kulturellen Konstellationen in der Stadtgesellschaft angemessen berücksichtigen. Dazu gehört auch, dass zukünftig neue und ergänzende Forschungen durchgeführt werden, die über eine quantitative Erfassung von ‚Herkunftsgruppen‘ hinaus Erkenntnisse über die Entwicklung sozialer und kultureller Milieus in der Stadt liefern." (Stadt Frankfurt am Main 2009: 37ff.)[3]

Diese Multiplikation der Vielfalt zu einer „Supervielfalt" entspricht dem, was Michael Tunç in seinem Beitrag im vorliegenden Sammelband als intersek-

---

3 Federführende Autoren des Konzepts sind Regina Römhold und Steven Vertovec.

tionale Analyse beschrieben und für die pädagogische Praxis als Leitfigur erörtert hat. Eine dieser modernen Vielfalt und Transsektionalität von Männlichkeiten und Migration gerecht werdende Erwachsenenbildung muss deshalb zu sehr differenzierenden Urteilen und Praxen kommen. Wie neu dieser
Ansatz noch ist, zeigen neuere Veröffentlichungen zu Migration oder Gender
in der Erwachsenenbildung, welche den Begriff der Intersektionalität kennen,
aber noch nicht analytisch oder praxisbezogen mit ihm arbeiten (Hamburger
2010, Budde/Venth 2010).

Fragen wie „Was macht Migration mit Männlichkeit?" sind folglich eine
heuristische, entdeckende Eröffnung eines Fragenhorizontes, sie sollten aber
keinesfalls als eindeutige Eröffnung eines linearen Zusammenhangs oder als
Erwartung eindeutiger Antworten verstanden werden, etwa in dem Sinn:
Migration setzt eine gewordene Männlichkeit unter Druck und modernisiert
sie. Oder: Migration retraditionalisiert und verstärkt eine gewordene Männlichkeit. Vielfältige Stabilisierungen und Veränderungen sind möglich. Entsprechend zeigen auch die neueren Sinus-Studien zu Migranten eine Vielfalt
von Differenzierungen in einzelne Migrantenmilieus, aber auch Entwicklungen und Differenzierungen innerhalb der einzelnen Hauptmilieus. Dabei entwickeln sich Männlichkeiten und Geschlechterverhältnisse in Paarbeziehun-
gen sehr unterschiedlich. Wir finden sowohl Angleichungen an Entwicklungen und Selbstbilder moderner, geschlechterdemokratische orientierter „west-
licher" Männer der Mittelschichten als auch „Rückfälle" in frauenfeindliche
Machomännlichkeiten mit sich verstärkender Aufspaltungen der Geschlech-
tersphären und erneuter Unterordnungen von Frauen unter dem Vorrang einer
Höherwertigkeit von Männern (vgl. BMFSFJ 2007).

1.5 Hybride Identitäten

Angehörige von Migrationsfolgegenerationen bilden häufig hybride Identitäten aus. „Hybride Identität bedeutet, dass ein Mensch sich zwei oder mehreren kulturellen Räumen gleichzeitig zugehörig fühlt" (Foroutan/Schäfer
2009: 11), ihre Träger „sind zweiheimisch, bi- oder trinational" (ebd.: 12).
Sie leben in Situationen kultureller Überschneidungen mit oft gegensätzli-
chen Sinngehalten und Handlungslogiken. Wenn ihre Bedürfnisse nach Anerkennung und Zugehörigkeit ins Leere laufen, weil sie von der Mehrheitsgesellschaft als „Fremde" identifiziert werden, kann diese Dilemma-Situation
soziale und personale Desintegration, Radikalisierung und – bei muslimischen Jugendlichen – einen anti-westlichen Islamismus bewirken. Selbstver-
achtung, vor allem auch Verachtung der eigenen Väter, und Aggressionen
gegenüber der Außenwelt sind die Folge. Der Islamismus wird zur Möglichkeit, die Opfer-Rolle abzustreifen und eine eigene Gegen-Identität neu zu definieren. „Der soziale Ausschluß tritt in diesem Fall nicht als erlittener Zu-
stand, sondern als soziale Geste auf." (Bude 2008: 84) Zu dieser Geste gehört

auch die Herausbildung einer neuen expressiven Macho-Männlichkeit, welche sich gegen das Bild der eigenen Väter wendet, die als geduldige und ausgebeutete „Gastarbeiter" und ausrangierte „Helden der Arbeit" in den Augen ihrer Söhne entwürdigt und entehrt sind. Hier tun sich also auch Gräben zwischen den Migrantengenerationen auf. (vgl. Bude 2008: 86ff.; Foroutan/ Schäfer 2009: 13ff.).

Die Reibungen und Energien hybrider Identitäten können sich gleichwohl aber auch völlig entgegengesetzt in positive Entwicklungen und Qualifikationen umsetzen. Fähigkeiten im Umgang mit Differenz und im Austarieren kultureller Gegensätze, Mehrsprachigkeit oder interkulturelle Empathie verschaffen vielen Migrant/inn/en Chancen und Vorteile, welche sie bildungserfolgsreich machen und sie höhere Qualifikationen und Positionen erreichen lassen als der Durchschnitt der autochthonen Deutschen. Diese Entkoppelung von Migrationshintergrund, sozialer Lage und Bildungserfolg lassen (männliche) Migranten der 2. und 3. Einwanderergenerationen sowohl am oberen wie am unteren Ende der Bildungs- und Berufserfolgsskala erscheinen. (zum Berufserfolg vgl. Öztürk 2009: 29)

2. Qualitätskriterien einer inkludierenden Bildungspraxis mit Migranten – im Blick auf die Beiträge des Sammelbandes

In den theoretischen und pädagogischen Beiträgen des vorliegenden Sammelbandes lassen sich als Essentials eine Reihe von Qualitätskriterien bestimmen, welche eine Jugend- und Erwachsenenbildung mit Migranten anleiten sollten. Die Reihenfolge stellt keine Gewichtung dar, sie spiegelt lediglich meine persönliche zufällige Wahrnehmung und Lesart der Anforderungen.

2.1 Berücksichtigung von Vielfalt / Diversity

Unabdingbarer Ausgangspunkt einer „passgenauen" Bildungsarbeit ist die enorme Heterogenität und Vielfalt der Menschen mit Migrationshintergrund. Vor allem Angela Icken und Michael Tunç weisen auf die vielfältigen Differenzierungen hin, welche nicht nur zwischen ethnischen Kulturen, sondern gerade auch innerhalb dieser ethnischen Kohorten zwischen sozial-ästhetischen Milieus, Generationen oder Geschlechterorientierungen starke Unterschiede setzen. Jüngere, vor allem auch bi-kulturelle Migranten sind dabei den „deutschen" Milieus oft näher als den Milieus ihrer Elterngenerationen. Die Bildungsangebote sollten deshalb sehr unterschiedlich und milieugerecht entwickelt werden; zumindest sollten sie die große Heterogenität berücksichtigen und mit dieser rechnen, z.b. in der Formulierung von Programmausschreibungen.

2.2 Orientierung am einzelnen Subjekt

Dies korrespondiert dem Ausgangspunkt der Vielfalt. Ohne jetzt nur noch „Einzelfallarbeit" zu machen oder das Lernen völlig zu individualisieren, sollte es dennoch darum gehen, sich in der Entwicklung und Gestaltung von Veranstaltungsdesign, Lernmaterialien oder „Themen" an den Voraussetzungen, Motiven und Interessen der Zielgruppen zu orientieren. Dazu gehört auch die Berücksichtigung der Sprache, auch als muttersprachliche oder bilinguale Lernangebote. Kahraman Gündüzkanat etwa empfiehlt, sich konkret mit der Lebenssicht der zu Beratenden vertraut zu machen. Subjektorientierung im Lernprozess zielt über die Berücksichtigung individueller Lernvoraussetzungen und Lebensbedingungen auf die Freisetzung und gesteigerte Verfügbarkeit von Fähigkeiten zur aktiven, eigenständigen, selbstbestimmten Lebensgestaltung (Meueler 2001).

2.3 Ressourcenorientierung

Dies klingt schon fast wie ein Zauberwort, das von allen benutzt wird. Gemeint ist damit zunächst einmal nichts anderes als die Intention, sich nicht von Zuschreibungen (gewalttätig, problembeladen) und Defiziten (lernschwach, unmotiviert) leiten oder gar anstecken zu lassen; denn selbst die wohlmeinende Benennung von Schwächen und Problemen verstärkt zunächst einmal eben diese Selbstwahrnehmung als „schwach", „problembeladen", „anders", „nicht normal". Ressourcenorientierung meint positiv allerdings mehr, nämlich ein Ansetzen am Gelingenden, am Können, am Widerständigen, an Anerkennungswünschen, Stärken und Potentialen. Hüseyn Ayvaz nennt als Ressourcen unterstützende Orientierungen: Stärkung von Selbstvertrauen, Ermutigung zum eigenständigen Handeln, Einbezug von belebenden Emotionen, Förderung der Freude an Selbstorganisation und aktiver Gestaltung von gemeinsamen Projekten, überhaupt auch Gemeinschaftlichkeit, gegenseitige Solidarität und Respekt. Kahraman Gündüzkanat weist auf die mit der Migration oft verbundene Pionierleistung des Aufbaus eines neuen Lebens in der Fremde hin, was von „einem hohen Maß an Veränderungsbereitschaft, Neugier und Mut" zeuge, an dem Beratung und Pädagogik ansetzen könne. Auch die Bilingualität und Bikulturalität gilt es, als Stärke aufzugreifen (so Ahmet Toprak).

2.4 Anerkennung und Akzeptanz

Ohne das Medium wechselseitiger Anerkennung dürfte pädagogisch nicht viel laufen. Dies bringen alle Beiträge zum Ausdruck. Anerkennung meint einen wechselseitigen Prozess gegenseitigen Erkennens und Achtens, wobei sich Selbstanerkennung nur über Fremdanerkennung, also Anerkennung durch Andere entwickeln kann, und zwar letztlich als handlungsfähige Subjekte (Mecheril 2000, Mecheril 2005). „Man muss die Männer nehmen, wie sie sind", so drückt Kahraman Gündüzkanat die pädagogische und beraterische Akzeptanz aus, welche erst einmal keine Bedingungen an das Sosein der Männer richtet. Das ist mir, für sich allein genommen, fast zu minimalistisch. Anerkennung meint auch mehr als den Wunsch, gesehen zu werden. Anerkennung zielt im Vollsinn auf die Subjekthaftigkeit des/der Anderen, deren Beitrag für das Gelingen des gemeinsamen Prozesses unabdingbar und unverzichtbar ist. Pädagogisch bedeutet dies die Abkehr von einer „paternalistischen" Instruktionspädagogik hin zu Pädagogik der Mitgestaltung im gemeinsamen Lernprozess. Erst im gemeinsamen Prozess prinzipiell wechselseitiger Rollenübernahme von „Lehrer" und „Schüler" (Paulo Freire) wird Erwachsenenbildung zu einem Feld sozialer wie personaler Anerkennung. Dies erfordert institutionell neben der Teilnehmerorientierung die prinzipielle Offenheit und Gestaltungsfähigkeit von Lernprozessen durch alle Beteiligten. Politisch wie rechtlich setzt dies Gleichheit voraus.

2.5 Konfrontation und Fordern

Gerade die Beispiele aus dem Umfeld der sozialen Arbeit mit Straffälligen, mit Gewalttätern und anderen jungen Männern „in Schwierigkeiten" betonen den Nutzen einer konfrontierenden, fordernden Pädagogik (vgl. Ahmet Toprak). Nichts beschönigen. Die Dinge ansprechen, wie sie sind. Die Täter mit der eigenen Tat konfrontieren. Auch mit dem Druck der Gruppe arbeiten und Verhaltensweisen einklagen und fordern. Es ist eine harte Pädagogik, die in der Härte allerdings auch Zuwendung ermöglicht – und die Entwicklung neuer Kräfte fordert. Wenn Karl Wolf seine Arbeit mit Straftätern in der KZ-Gedenkstätte durchführt und sie zum Malen ihrer Konflikte, Geschichten und Sehnsüchte nach Liebe und Anerkennung bringt, dann tritt noch etwas anderes zu Tage: die eigenen Verletzungen, Ängste und Bedürftigkeiten, welche durch Robustheit, Martialität, Kontrolle und Machtausübung auch mittels Gewalt verdeckt werden sollen. Und es gilt, eine eigene Sprache für das bislang Nichtfühlbare und Unaussprechbare zu finden. Konfrontationen mit dem Opfer und mit dem Leiden der Opfer wecken Verantwortungsübernahme und vielleicht auch Sensibilität. Über gezielte Provokationen werden Grenzen der Selbstkontrolle verdeutlicht und alternative Reaktionsmuster trainiert. Eine non-direktive Pädagogik im Sinne von Carl Rogers, wie sie häufig in der wissenschaftlichen Aus- und Weiterbildung gelehrt wird, ist dies sicherlich nicht. Attraktiv sind andere Formen: körperbetonte Übungen, Rollenspiele, Wettbewerb und Belohnung.

2.6 Geschlechtsreflektierend

Vor allem Kurt Möller fordert explizit „geschlechtsreflektierende Bearbeitungsmodi" z.b. von Gewaltakzeptanz, er spricht von der Notwendigkeit der „Problematisierung und Reflexion des Hegemonialmusters interpersonaler Dominanz". Ahmet Toprak formuliert etwas schwächer „Konfrontation mit Männlichkeitskonzepten". Mit solchen Begrifflichkeiten können sich viele Missverständnisse verbinden, soweit sie nicht einfach nur überlesen werden. Damit kann nach meiner Meinung und Erfahrung nicht gemeint sein, dass es immer um eine „rationale, kognitive Reflexion" von Verhalten gehen soll, evtl. sogar analog einer „seminaristischen Veranstaltung" mit „queerer Dekonstruktion" oder dem Einüben einer „inkludierenden, nicht-sexistischen Sprache"; oder dass Jungen und Männer ihr Verhalten soziologisch als von „hegemonialer Dividende" gesteuert verstehen lernen. Was kann aber dann damit gemeint sein?

Wenn wir Reflexion als Rückspiegelung, als Rückbezug auf das handelnde (oder auch leidende!) Subjekt verstehen und nicht immer nur auf „Bedenken", „Nachdenken", „Denken" engführen, können sehr viel mehr Modi des Denkens, Fühlens, Handelns oder Erlebens darunter gefasst werden. „Geschlechtsreflektierend" und „männerbildend" wäre es dann auch, wenn Jungen und Männer sich in ihrem Erleben nicht nur an den dispositiv in Geschlechterstereotypen vorgegebenen Männlichkeitsmustern orientieren, sondern davon frei zum Beispiel: über einen Verlust trauern, Versagen zugeben, Unsicherheiten empfinden und kommunizieren, Freude und Liebe zeigen, jemand Schwächerem helfen, sich über den eigenen Vater schämen. Also Erlebens- und Verhaltensweisen aktivieren, die eine größere Variationsbreite aufweisen und darin eben nicht dem stereotypen Muster erlernter Männlichkeit entsprechen.

Eine Reflexion, eine Brechung gewohnter Muster und damit Neulernen geschlechtsbezogenen Wahrnehmens, Erlebens, Fühlens, Urteilens und Verhaltens wird (pädagogisch) dort möglich, wo sich Spielräume eröffnen im Sinne von: Es geht auch anders. Ich muss nicht so reagieren. Ich kann mich auch anders verhalten.

Meine innere Haltung wie auch meine pädagogische Erfahrung sind: Geschlechtergerechtigkeit und Vielfalt von Lebensentwürfen machen die Subjekte schon selber. Sie brauchen keine „Verschreibung" oder „Definition" von Zielen und Leitorientierungen, zu denen Menschen „hingeführt" werden, sondern es genügt das zugewandte Öffnen eines unverstellten Erlebens- und

Erfahrungsraums, damit gegenderte Reaktionsweisen, Stereotype oder gar Dispositionen ins Fließen kommen.

In einem qualitativen Durchgang durch zahlreiche theoretische wie praktische Konzeptionierungen von Männerbildung habe ich (Prömper 2003: 268-339) verschiedene, sich teilweise ausschließende und gegeneinander abgrenzende Konnotationen von Männerbildung herausgearbeitet und für einen weiten Begriff von Männerbildung plädiert: „alle Formen von Lernarrangements von und mit Männern, in welchen Männer an der Wahrnehmung, Erweiterung und Umgestaltung von männerspezifischen Lebensvollzügen arbeiten" (Prömper 2003: 276). In der radikalen Subjektorientierung, im Zutrauen von Lernen für eine Fülle vielfältiger Lebensgestaltungsmöglichkeiten liegt für mich der einzig tragfähige, lebenspraktische Ausweg der faktischen Dekonstruktion geschlechtsbezogener Verhaltensmuster. Sie wird wahrscheinlicher, je vielfältiger wie viabler sie sind.

Alle empirischen Männerstudien belegen einen Wandel von Rollen, Selbstverständnissen und Identitäten von Frauen und Männern. Erwachsenenbildung als ein Modus der lernenden Erneuerung kann persönlichen wie sozialen Wandel unterstützen, aber – im strengen Wortsinn – nicht bewirken.

Gleichwohl können und müssen sich Bildungsinstitutionen und Lehrende über ihr eigenes Doing Gender, Doing Ethnicity oder Doing Exclusion aufklären – im Modus von Fortbildung, Organisationsentwicklung, Qualifizierung in Genderfragen etc. Hier ist Gendersensibilität, ein reflektierter Umgang mit Geschlechterfragen oder interkulturelle Kompetenz unabdingbarer Teil eines modernen Qualitätsmanagements von Bildungsinstitutionen (Zech 2008, Budde/ Venth 2010, Grünhage-Monetti 2006). In diesem Sinn fordert Sven Sauter Selbstreflexivität ein – als Bringschuld der Sozialarbeiter, Pädagogen oder Forscher gegenüber den Schülern, Teilnehmenden und Erforschten.

2.7 Homosoziale Gruppen

Die Frage des Stellenwerts homosozialer Gruppen und Lernkontexte ist nicht eindeutig beantwortbar. So fragt Kurt Möller in seinem Beitrag, ob die Jungengruppe bzw. die jugendliche Peergroup unter Jungen der geeignete Ort pädagogischer Intervention sei, wenn doch gerade auch hier die Orientierung an gewaltfördernden Männlichkeitsbildern kultiviert würde (vgl. auch Möller 2009). Andererseits stellen die Beiträge von Ahmet Toprak, Hüseyn Ayvaz und Karl Wolf gerade den homosozialen Raum der Jungen- bzw. Männergruppe ins Zentrum ihrer Anti-Gewalt-Pädagogik. Hier wird der Raum „unter Männern" zum Ort alternativer, oft die fehlende väterliche Anerkennung nachholender Anerkennung und „männlicher" Resonanz, der zwar einerseits die in den Gruppen geltenden Normen „richtiger" (oft traditioneller, auch migrantischer) Männlichkeit aufgreift, diese aber in partnerschaftliche, gewaltfreie, selbstbewusste Formen „männlicher" Konfliktaustragung umformt.

Die Männerstudie 2009 (Volz/Zulehner 2009) weist insgesamt eine Milde-
rung der Homophobie und eine gestiegene Akzeptanz der „Männergruppe"
bzw. des Arrangements „unter Männern" nach. Diese Räume können und
sollten also verstärkt genutzt werden, soweit sie eine authentische, herr-
schaftsfreie und offene Kommunikation über Lebenssituationen, Konflikte,
Erlebens- und Verhaltensweisen unter Männern ermöglichen, die frei ist vom
Druck der Anpassung an „richtige", also hegemoniale Männlichkeiten. Gerade der Raum unter Männern kann auf (neue) Identitätsprozesse äußerst stüt-
zend und begleitend wirken! Hubert Frank empfiehlt homosoziale Räume vor
allem auch für Männer mit Gewaltproblemen.

Am Beispiel des Boxens (vgl. Ayvaz in diesem Band) lässt sich zeigen,
dass dessen Erlernen eingebunden ist in einen sozialen und kulturellen Kontext, in welchem vieles implizit gelernt wird, weil „der Habitus des Lernenden und des Lehrenden aufeinander abgestimmt sind, miteinander korrespon-
dieren" (Bremer 2007: 267).

Gemischtgeschlechtliche Arrangements werden damit nicht zur „zweiten
Wahl". Sie haben in ihrer möglichen Heterogenität wie auch geschlechter-
übergreifenden Homogenität von Lebenseinstellungen und Erfahrungen
ebenfalls ihren eigenen Wert. Hier bedarf es einer gender- wie milieusen-
siblen pädagogischen Interpretation und Steuerung, um das jeweils am besten
Passende zu entdecken und zu realisieren (Prömper 2009: 382ff.). Dies können Jungen- und Männerprojekte genauso sein wie Gender-Trainings oder
überhaupt nicht geschlechtlich konnotierte Lernarrangements. Wichtiger als
eine dogmatische Vorfestlegung auf bestimmte Lernsituationen ist mir hier
die gender- und kultursensible Qualifikation der pädagogischen Fachkräfte,
welche auf dem Hintergrund einer Vielfalt von Möglichkeiten das jeweils
Passende wählen lässt – passend für die lernenden Subjekte, deren Bedürfnisse und attraktiven Ansprechbarkeiten.

2.8 Emotion und Kognition

Oft geht es um Emotionen und Emotionales Lernen. Respekt und Anerkennung, Zugehörigkeit; Aggressionen und Entwurzelung; Traumatisierungen,
Verletztheiten und Verunsicherungen; Scheitern und Entfremdung; Streitver-
halten und Schulversagen; Ängste, Depressionen, Kontakthemmungen, übermäßige Liebe; Suchtverhalten und Leistungsmotivation; Gewalterleiden wie
Gewaltausübung; Vaterverachtung, Väterlichkeit, Partnerschaftlichkeit etc.,
die Liste ließe sich noch lange fortsetzen. Alle Beiträge des Sammelbandes
zeigen: Es sind Emotionen, welche bilden und Bildungsanlässe bieten. Es
sind Emotionen, welche attraktives Lernen ermöglichen und neue Rollenbilder absichern. Es sind Emotionen, welche dem Lernen Richtung und Gerich-
tetheit geben, welche signifikante Lernprozesse ermöglichen. Wirkungsvolle
Pädagogik wie Soziale Arbeit lebt vom reflektierten und gekonnten Umgang

mit Emotionen beim Lernen. Gerade weil diese oft gender-, kultur- und milieusensibel ausgeprägt und gewichtet sind, ist ein gekonnter Umgang mit ihnen wichtig. Gewalt geht oft mit einem Mangel an emotionalen Ressourcen und Ausdrucksfähigkeiten einher. Dies beschreibt Hubert Frank für die Täterarbeit.

Männerbildung ist über weite Strecken emotionale Bildung, Bildung der emotionalen Erlebnis- und Ausdrucksfähigkeit. „Compassion" als Leitbegriff einer befreienden Pädagogik bringt gerade auch dies zum Ausdruck: Kognition und rationales Urteilen reichen für moralisches Handeln und gesellschaftliches Engagement nicht aus, es braucht die Unterfütterung durch eine letztlich emotionale Identifikation mit dem/der Anderen als Co-Subjekt. Dies alles wird nur durch in ihrer emotionalen Kompetenz gebildete Fachkräfte in Pädagogik, Beratung oder Sozialer Arbeit möglich sein. In deren emotionaler Aus- und Fortbildung ist zu investieren. Der große Nachholbedarf einer einseitig an „Aufklärung", „Mündigkeit", „Rationalität" oder „Reflexion" orientierten Erwachsenenbildungswissenschaft ist zum Glück in den letzten Jahren entdeckt worden (Ciompi 1999, Arnold 2005, Gieseke 2007, Arnold/Holzapfel 2008).

2.9 Interkulturelle Kompetenz

Das ist eigentlich selbstverständlich. Die Beweglichkeit von Personen und Institutionen in und zwischen Kulturen, deren Akzeptanz und Anschlussfähigkeit an verschiedene Kulturen und Milieus erfordern interkulturelle wie intersektionale Kompetenz. Dies kann von Einzelnen gelernt werden, ist aber sicherlich nicht von jedem in gleicher Weise zu leisten. Wir können unsere Herkünfte, unsere emotionalen und kognitiven „Sprachen", unsere ästhetischen Vorlieben, Ansprechbarkeiten und Kompetenzen nicht beliebig ausbilden und erweitern. Das Management der hohen Diversität der potenziell Teilnehmenden erfordert von den Institutionen eine interkulturelle Öffnung: durch gemischte Teams, durch Angebote in verschiedene Sprachen, durch unterschiedliche Werbewege und Angebote etc. „Monologische" Institutionen haben ausgedient bzw. sind nur ein Teilsegment eines größeren Ganzen. Interkulturelle Kompetenz zielt letztlich auf eine Öffnungsstrategie von Einrichtungen.

2.10 Zugänge ermöglichen / Interkulturelle Öffnung

„Wir sind offen für alle." Und doch kommen nicht „alle". Der erste Schritt zu einer inkludierenden Erwachsenenbildung ist oft die Einsicht, dass trotz anderem Anspruch eine Einrichtung ihr „Stammpublikum" hat und viele Zielgruppen nicht erreicht. Zugangshindernisse für Menschen mit Migrationshintergrund sind neben sprachlichen Barrieren und mangelnder Information über

Angebot und Möglichkeiten der Bildungseinrichtungen oft „lern-kulturelle"
Differenzen. „Bildung", „Lernen", „Weiterbildung"; „Volkshochschule",
„Akademie", „Bildungswerk" und andere Begrifflichkeiten sind zugleich immer Codierungen eines Kontextes, der auch mit Lebensverhältnissen, Le-
bensperspektiven und Bildungsmotiven verbunden ist. Die Nichtteilnahme
gerade „bildungsferner" Schichten mag so nicht allein an fehlenden Informationen, mangelnden finanziellen Ressourcen, formalen oder motivationalen
Voraussetzungen liegen, sondern auch daran, dass sich bestimmte Zielgruppen mit ihrer Lerngeschichte, ihren Lernstilen, Ausdrucksformen und Lerninteressen eben nicht akzeptiert und angenommen fühlen; oder dass sie für sich
keinen Nutzen, auch keine erfolgreiche Teilnahme erwarten können (vgl.
Bremer 2007). Seitens der Bildungseinrichtungen sind es oft ebenfalls Unsicherheiten, Vorurteile, aber auch eingespielte „Erfolgsmuster", welche die
Institutionen gegenüber nicht erreichten Zielgruppen verschließen.

Strategien der Öffnung von Einrichtungen setzen deshalb oft zunächst an
einer Überprüfung eigenen Strukturen an (Angebots- und Personalstruktur,
Kommunikationswege, Sprache, etc.), bevor sie neue Zugangswege zu bislang nicht erreichten Zielgruppen erschließen und nutzen. Der Abbau von
Zugangsbarrieren und Ausgrenzungsmechanismen erfordert oft länger an-
dauernde Prozesse der Personal- und Organisationsentwicklung, der Vernetzung von Einrichtungen, der bereichsübergreifenden Zusammenarbeit und
Kommunikation sowie des Einbezugs von Vertrauenspersonen und vertrauten Kontexten der Zielgruppe, z.B. von Migrantenselbstorganisationen (vgl.
Grünhage-Monetti 2006; im vorliegenden Band: Tunç zur Väterarbeit, Prömper zur Seniorenbildung, Karatepe zur Gesundheitsbildung; Gündüzkanat zur
Familienberatung; Ayvaz zur Jugend- und Kulturarbeit).

2.11 Vernetzung und Kooperation

Die – in einem weiten Sinn – interkulturelle Öffnung von Bildungs- und Beratungseinrichtungen für eine größere Vielfalt von Zielgruppen erfordert
meistens eine Vernetzung und Kooperation verschiedener Einrichtungen und
Handlungsfelder. Hier sind vielfach institutionelle Fremdheiten und Eigen-
logiken, Konkurrenzen und Abgrenzungen zu überwinden. Da aber Bildungs-,
Beratungs- oder Kultureinrichtungen immer nur bestimmte Profile ausbilden,
aufgrund ihrer Kerngeschäfte und Grundaufträge eben nur in bestimmten
Handlungsfeldern tätig sind, sind bewusste Kooperationen mehr als eine
„Verlegenheitslösung". In den Beiträgen werden vielfache Kooperationsfel-
der zwischen Schule und Jugendhilfe, zwischen Behörden und Selbsthilfeein-
richtungen, zwischen Bildung und caritativen Einrichtungen, zwischen Kindertageseinrichtungen und Sportvereinen benannt. Damit diese mehr als einen Pilotcharakter haben, erfordert dies eine Dauerhaftigkeit der Netzwerke
und Kooperationen.

2.12 Ethnicity-Mainstreaming

Das von Michael Tunç eingeforderte Ethnicity-Mainstreaming als Ergänzung zum Gender-Mainstreaming ist eine Führungsaufgabe, die eine Verankerung in Leitbildern, Organisationszielen, Ablaufstrategien, Führungsvereinbarungen, Evaluationen etc. benötigt. Im Sinne der intersektionalen Analyse und Praxis sollten allerdings auch weitere unterscheidende und ausschließende „Merkmale" einbezogen werden. Diversity und Vielfalt im Kontext von Migration und Gender als Leitmarken für Bildungs- und Sozialeinrichtungen erfordern einen Fächer von Maßnahmen und Instrumenten über alle Bereiche des organisationalen Handelns: von der regelmäßigen Datenerhebung der Teilnahmestruktur über eine Vielfalt abbildende und fördernde Personalgewinnung und -fortbildung, die Verbesserung von Organisationsabläufen, Angebotsstruktur, Kundenkommunikation oder Lehr-Lern-Prozessen bis hin zur gezielten Steuerung über innovative Projekte oder Budgetvorgaben (zum Gender Mainstreaming: Meuser/Neusüß 2004). Meine Ausführungen weiter unten wollen dazu einige, sicherlich unvollständige Anregungen geben.

3. Einwurf: Die Unsichtbarkeit untergeordneter, marginalisierter, auch migrantischer Männlichkeiten

Zur habituellen Orientierung am Normbild hegemonialer Männlichkeit, welche die meisten Menschen verinnerlicht, ja inkorporiert haben, gehört als Kehrseite die gesellschaftliche Unsichtbarkeit der Aspekte von Mannsein und Männlichkeiten, welche dieser Norm nicht entsprechen. Doing Gender bezieht sich nicht nur auf die aktive, quasi „aggressive" Ausgestaltung von geschlechtlich geprägten Rollen, sondern geschieht auch im stummen, sprachlosen Erleiden und in der Geringschätzung, Nichtwahrnehmung oder auch dem Nichtfühlen von all dem, was nicht dem Bild vom starken und erfolgreichen Mann entspricht; letzteres Nichtfühlen oft auch in Bezug auf sich selbst! Untergeordnete Männlichkeiten haben also ein besonderes Problem in ihrer gesellschaftlichen Unsichtbarkeit, welche sich im subjektiven Erleben als verstärkte Angst äußert, diese tabuisierte Schwäche öffentlich zu präsentieren. Die gesellschaftliche Skandalisierung „gefährlicher" Männlichkeiten (gewalttätige Männer, Macho-Männer, Workaholics, Kinderlose und Familienflüchter, etc.) trägt verstärkend zum Verschwinden anderer männlicher Problemlagen bei.

Tendenziell gesellschaftlich unsichtbar sind: viktimisierte Männer mit Opfererfahrungen, sexuell anders orientierte Männer (Homosexuelle, Männer mit gestörter Sexualität), „weiche" emotionale Männer, „schwache" unterprivilegierte Männer mit geringer Ausstattung an kulturellem und sozialem Kapital und mangelnden Ressourcen für eine öffentlich nachhaltige (Re-)Präsentation. Sie alle unterliegen einer Marginalisierung durch Nichtwahrnehmung und Nichtbeachtung. Die eigene Orientierung an Bildern hegemonialer Männlichkeiten verstärkt die Scham, diesem Bild nicht zu genügen und führt zum stetigen Bemühen, alles „Ungenügende" besser zu verbergen und aus dem öffentlichen Diskurs herauszuhalten, um nicht noch mehr beschämt zu werden.

Gerade männliche Migranten und Männer mit Migrationshintergrund sind vielfach (traumatisierte) Opfer von körperlichen, psychischen, auch sexualisierten Gewaltwiderfahrnissen (vgl. zu Gewaltwiderfahrnissen von Männern allgemein: Jungnitz et. al. 2007: insb. 259ff.; zum Klima der Erziehungsgewalt in türkischen Familien: Uslucan 2008, auch Gündüzkanat in diesem Band; zum Erleben als homosexueller türkischer Mann: Haeger 2008). Dazu gehören Asylsuchende und anerkannte Asylanten aus Kriegsgebieten und Bürgerkriegen; politisch verfolgte Männer, welche in der Aufnahmegesellschaft zudem oft einen gesellschaftlichen wie familiären Macht-, Positions- und Ansehensverlust erleiden und verarbeiten müssen; körperlich ausgebeutete Wirtschaftsflüchtlinge und Zwangsarbeiter; Klimaflüchtlinge; religiös verfolgte Männer; sexuell verfolgte und misshandelte homosexuelle Männer; (jugendliche) Opfer von körperlicher und sexueller Gewalt beim Militär, im Gefängnis, aber auch in Einrichtungen der Jugendhilfe oder am Arbeitsplatz. Migranten haben hier ein erhöhtes Risiko des Gewalterleidens. In vielen Migrantenfamilien der unteren sozialen Schichten ist der Einsatz körperlicher Gewalt und Züchtigung häufig Mittel der Erziehung.[4] Hinzukommt die Gefahr, als mit Hautfarbe, Sprache, Kleidung erkennbarer Migrant Opfer rechtsradikaler Gewalt zu werden. Die mit sozialer Benachteiligung oft einhergehende mangelnde Resilienz und fehlende Ausdrucksfähigkeit verstärken Scham und Diskriminierung angesichts „schwacher" und „unsicherer" Männlichkeiten.

4. Das Menschenrecht auf Bildung als Leitmarke

Eine sich normativ vom Menschenrecht auf Bildung leitende Erwachsenenbildung wird unter Aspekten der Beteiligungsgerechtigkeit fragen müssen: 1. Wem ist Bildung zugänglich? Wer kommt in den Genuss von Bildung als öffentlichem Gut? 2. Wie angemessen ist das vorhandene Bildungsangebot auf die Bedürfnisse und Voraussetzungen der Teilnehmenden? 3. Eröffnet Bildung ein Mehr an Gerechtigkeit in der Gesellschaft?

---

4   Der normative Vorrang der Familie vor den einzelnen Familienmitgliedern, das Hüten von „Familiengeheimnissen", das Bewerten einer Intervention von außen in Familienangelegenheiten als Anzeichen einer „Schwäche" der Familie verstärken den Druck. „Zusätzlich wird die Intervention Dritter als Beweis für die Schwäche der männlichen Familienmitglieder, vor allem der Ehemänner, angesehen." (vgl. Baobaid 2008; Zitat:195)

Ich wähle diesen menschenrechtlichen Ansatz, weil er weitaus mehr als materiale, z.b. an Mündigkeit oder Beschäftigungsfähigkeit orientierte Bildungstheorien den diskriminierungsfreien Zugang zu Bildung über alle Altersstufen hin begründet und fordert (vgl. Heimbach-Steins/Kruip/Kunze 2007; Münk 2008; Heimbach-Steins/Kruip/Neuhoff 2008).[5] „Bildung ist ein Recht an sich", das sich nicht auf politische oder ökonomische Opportunität zurückstufen lässt (Munoz 2008: 71, 84, passim)[6].

„Im Licht des Menschenrechts auf Bildung (...) wird die Orientierung an der Bedeutung von Bildung für die Konstitution des Subjekts im biographischen Prozess zum zentralen Referenzpunkt der quantitativen und qualitativen Ausformung des Bildungssystems mit seinen vielfältigen Institutionen und Akteuren." (Heimbach-Steins 2008: 21)

Als soziales Zugangsrecht ist Bildung nicht nur allen – als negatives Recht – diskriminierungsfrei zu gewähren, sondern im Sinne eines positiven Rechts ist die Bildung aller durch Gesellschaft und Staat zu unterstützen: als Befähigung, als Ermöglichung der Entfaltung umfassender Lebensführungskompetenzen aller (Kunze 2007, Mandry 2008). Als Ausdruck der Menschenwürde ist Bildung – in Anlehnung an Hannah Arendt – ein unverfügbares Vollzugsrecht (tätigen) Lebens, unabhängig von den Eigenschaften und Leistungen der Subjekte, frei von Zweckerwägungen und Nützlichkeitsforderungen (Dressler 2010). Bildung als Entdeckung und Entfaltung von Potenzialen ist letztlich selbstzweckdienlich. Die Beteiligung an Bildung ist zugleich Grundvoraussetzung gesellschaftlicher Inklusion (Heimbach-Steins 2007: insb. 39ff.). Zusammenfassend lässt sich festhalten:

„Das Menschenrecht auf Bildung hat drei Dimensionen: (1) das Menschenrecht *auf* Bildung (jede/r hat das Recht auf Bildung), (2) das Menschenrecht *durch* Bildung (Bildung zielt auf die Ausbildung eines Bewusstseins für die eigene Würde und die eigenen Rechte sowie auf die Achtung vor der Würde und den Rechten anderer Menschen – Stichwort: Menschenrechtsbildung) und (3) das Menschenrecht *in* Bildung (Bildungsvollzüge müssen menschenrechtskonform organisiert und durchgeführt werden)." (Neuhoff 2008: 220)

Bildung muss für alle verfügbar (Availability), zugänglich (Accessibility), annehmbar und relevant (Acceptability) sein sowie individuell passend, adaptierbar (Adaptability) sein (ebd.).

Wenn wir nun diese Aspekte als Filter an die heutige Bildungspraxis in Deutschland legen, müsste bei einem unvoreingenommenen Blick sowohl die Unterbeteiligung von Migrantinnen und Migranten als auch insbesondere die mangelnde Berücksichtigung männerspezifischer Bedürfnisse und Bildungsräume in der allgemeinen Erwachsenenbildung auffallen. Dies ist bislang in

---

5   Das sozialethisch motivierte DGF-Projekt „Das Menschenrecht auf Bildung" (ab 2006, siehe Heimbach-Steins/Kruip/Kunze 2007) ist nach meiner Kenntnis in der erziehungswissenschaftlichen wie erwachsenenpädagogischen Fachöffentlichkeit bislang leider kaum wahrgenommen und rezipiert worden.

6   Vernor Munoz ist Sonderberichterstatter der Vereinten Nationen für das Menschenrecht auf Bildung.

der Bildungspraxis kaum der Fall. Ansatzweise deutlich geworden ist diese Frage in der Schule (zusammenfassend Motakef 2007). Langsam in den Blick kommt sie in Kindertages- und Familienbildungseinrichtungen. Wenig oder gar nicht explizit berücksichtigt werden männliche Migranten in der allgemeinen Erwachsenenbildung, der Seniorenarbeit oder Gesundheitsbildung. Männer gelten, so sie denn in der allgemeinen Erwachsenenbildung in den Blick geraten, häufig immer noch als „bildungsresistent".

Dies ändert sich langsam. Häufig bedarf es allerdings der fragenden, suchenden, männersensiblen Aufmerksamkeit und Empathie. Es bedarf – so meine These – einer Art hartnäckiger Zuwendung, um die Männer-Lücke im Themenfeld Migration und Bildung zu entdecken und zu schließen. Aus der persönlichen Erfahrung zugänglich ist mir das Feld der kirchlichen Erwachsenenbildung. Hier sehe ich in den letzten Jahren eine steigende Aufmerksamkeit für unser Thema, aber auch die Notwendigkeit, den Blick beengende Scheuklappen abzulegen.

Inklusion gelingt letztlich nur als wechselseitiger Prozess aller, der Subjekte wie der Institutionen. Dabei hängt die Realisierung, besser: das Gelingen des Menschenrechts auf Bildung für Migranten und Migrantinnen wesentlich an der Selbstverständlichkeit der Inklusion:

„Eine erfolgreiche Bildungsbeteiligung setzt die Gewissheit und Selbstverständlichkeit der Zugehörigkeit voraus. (...) Das erfordert eine ‚Entdramatisierung der Differenz' zugunsten der Anerkennung der Multireferentialität der Bezüge, in denen nicht nur Migrant/inn/en sondern *alle* Menschen in der modernen Gesellschaft stehen." (Neuhoff 2008: 227)

5. Als pädagogischer Baukasten: Elemente einer (Erwachsenen-)Bildung als Vernetzung von Vielfalt

Die eigene institutionelle Praxis unter eine Option für die Ausgeschlossenen stellen.

Am Anfang steht die pädagogische Selbstverpflichtung als Institution zur Orientierung des eigenen Handelns an einer Option für die Ausgeschlossenen. Sie ist arbeitsfeld- und trägerspezifisch zu entfalten. Als Option meint sie nicht die ausschließliche Orientierung und Bündelung aller Angebotsressourcen auf die entsprechenden Zielgruppen. Eher verstehe ich diese Option als normative Leitfigur und permanenten Korrekturfaktor einer sich emanzipatorisch, subjektorientiert verstehenden, dem Menschenrecht auf Bildung für alle, in allen Lebenslagen und Lebensphasen verpflichteten Erwachsenenbildung. Deren dauerhafte Wirksamkeit bedarf letztlich der nachhaltigen Absicherung in einer Professionstheorie und -ethik einerseits, sowie institutionell in Leitbildern, Satzungen und Förderrichtlinien, in Projektvorgaben, Arbeitsplatz- und Aufgabenbeschreibungen, Jahreszielen und Evaluationsvorgaben andererseits.

Es geht letztlich nur als Entscheidung und Aufgabe des Managements einer Einrichtung, die dauerhaft die gesamte Organisation einbeziehen und mitnehmen muss. Denn es geht um Prozesse, die Jahre, wenn nicht Jahrzehnte dauern – und dafür Energie und einen „langen Atem" benötigen.

Aus meiner eigenen Praxis als Leiter einer kirchlichen Bildungseinrichtung referiere ich im Folgenden wiederholt auf das Beispiel eines vom Land Hessen geförderten Innovationsprojekts zur Beteiligungsgerechtigkeit von und mit Migrant/inn/en (Prömper in diesem Band), das zum Ausgangspunkt einer weiteren Öffnung und Vernetzung im Bereich Migration und Erwachsenenbildung wurde, auch über Folgeprojekte. Die Einrichtung (Katholische Erwachsenenbildung Frankfurt) selbst verfolgt seit dem Jahr 2000 ein Konzept der Öffnung und Vernetzung im Blick auf Bildungsbenachteiligte, das vor allem durch die Mitwirkung an bundes- und landesweiten Innovations- und Organisationsentwicklungsprojekten angestiftet, verfolgt, evaluiert und reflektiert wurde (vgl. Bergold/Mörchen/Schäffter 2002, dort insb. Prömper 2002; Schäffter/Weber 2002: 333-338).

Die „Förderung der Beteiligungsgerechtigkeit in der allgemeinen Erwachsenenbildung am Beispiel älterer MigrantInnen" war der Titel dieses mehrjährigen Pilotprojektes, in welchem trägerübergreifend neue Wege in der Bildungsarbeit mit Migranten und Migrantinnen gegangen wurden. Die Erfahrungen und Vernetzungen dieses Projekts flossen in weitere Kooperationsprojekte ein, welche allesamt eine größere Beteiligung von Migranten an Maßnahmen allgemeiner, in diesem Fall kirchlicher Erwachsenenbildung zum Fokus hatten. Eine der wesentlichen Bedingungen war der ausdrückliche, institutionell verankerte Wille, in diesem Feld überhaupt tätig zu sein.

Die soziale Selektivität der eigenen pädagogischen, auch institutionellen Praxis wahrnehmen und zum Anlass für Bemühungen und Suchbewegungen nehmen.

Am Anfang unserer Projektarbeit in Frankfurt stand der Blick auf die Jahresstatistik und die Frage: Entsprechen die erreichten Zielgruppen der Bevölkerungsstruktur? Dies war noch gar nicht im Blick auf Alterskohorten, soziale Schichtung und soziale Milieus gedacht, sondern in Bezug auf die Beteiligung von Migrant/inn/en war es die einfache Frage: Wenn über 35 % der Stadtbevölkerung, speziell ca. ein Drittel aller Frankfurter Katholiken einen Migrationshintergrund aufweisen, drückt sich dies bei den durchgeführten Veranstaltungen und den erreichten Zielgruppen aus? Es war nicht so. Schnell wurde klar, dass staatliche und kirchliche Fördergelder inklusive der damit verbundenen personellen Ressourcen der Erwachsenenbildung überwiegend die „deutschen" Territorialgemeinden und weibliche „Bildungsbür-

gerinnen" erreichten, aber kaum den sog. „muttersprachlichen" Gemeinden
oder Personen mit Migrationshintergrund zu Gute kamen. Weiter fiel auf: Soweit (muttersprachliche) Gemeinden Bildungsangebote machen, erreichen
diese fast überwiegend Frauen. Auch im Altenclub sind fast ausschließlich
Frauen anzutreffen. Und soweit explizit geschlechtsbezogene Angebote gemacht werden, zielen diese auch eher auf Frauen. In Gesprächen mit Mitarbeiterinnen betroffener Sozial- und Bildungseinrichtungen wurde zudem
deutlich, dass diese ungleiche statistische Verteilung sich in Bildern und Annahmen der Mitarbeiterinnen in Bezug auf die erreichbaren Zielgruppen
spiegeln. Gerade im konkreten Fall der älteren Migranten wurden von den
befragten Mitarbeiterinnen die Frauen als agilere, interessiertere, „bildsame-
re" Zielgruppe eingeschätzt. Dazu einige typische Aussagen: „Wenn die
Männer hierher kommen, dann spielen die den ganzen Tag nur Karten." „So
ein Biografie-Wochenende geht mit Frauen. Aber mit Männern? Ich glaube,
da kommt keiner." „Ja sicher, viele ältere Migranten sind kränker, körperlich
kaputter und biologisch älter als die deutschen Vergleichsgruppen. Viele dieser Männer sind einsam und haben jetzt im Ruhestand keine sozialen Kontakte mehr. Aber ich weiß nicht so recht, was ich mit diesen Männern anfangen
soll."

Die Wahrnehmung der sozialen Selektivität von Erwachsenenbildung
muss solchen oft impliziten, erfahrungsbasierten Einstellungen und Selbst-
verständlichkeiten misstrauen. Zumindest sollten sich Bildungseinrichtungen
immer wieder selbstkritisch hinterfragen, ob ihre Annahmen und Erwartungen zu erreichten und erreichbaren Zielgruppen „der Wahrheit entsprechen",
also angemessen und tragfähig sind, oder ob sie nicht selbst durch ihre eigene
Angebotspraxis diese Ungleichheit erst herstellen. Bildungseinrichtungen
müssen also ihr eigenes Doing Gender und ihr eigenes Doing Ethnicity immer wieder in den Blick nehmen und kritisch überprüfen.

Dem eigenen erfolgreichen „Geschäft" misstrauen!

Jede Bildungseinrichtung entwickelt über die Jahre hin ein Profil, ein „Kerngeschäft" und einen Bildungsmarkt, auf dem sie erfolgreich tätig ist. Dabei
kann der Erfolg Innovation und Weiterentwicklung behindern. Einrichtungen
bieten das an, was „ankommt" und nachgefragt wird. Dies kann einen trich-
terähnlichen Sog entwickeln, mit dem bestimmte Zielgruppen immer besser
erreicht und bedient werden, andere Zielgruppen aber immer mehr ausgeschlossen werden. Dies zeigt sich grob in den unterschiedlichen Themenpro-
filen verschiedener öffentlicher und freier Bildungsträger, aber auch im De-
tail in der Angebotsentwicklung einzelner Einrichtungen. Ich vermute zum
Beispiel, dass eine Einrichtung, die explizit Frauenangebote macht, wahrscheinlich von Männern weniger als eine Einrichtung erlebt werden wird,
welche speziell ihre Bedürfnisse berücksichtigt. Oder eine ausschließlich

monokulturell und monolingual deutsche Einrichtung wird von Migrant/inn/en wahrscheinlich kaum als für sie „geeignet" wahrgenommen werden.

Eine kontinuierliche selbstkritische Hinterfragung der Erfolge von gestern und heute sollte eine entwicklungsoffene und innovative Einrichtung kennzeichnen und z.B. in der Jahres- und Mehrjahresplanung, der Praxisreflexion und Leitbildarbeit, aber auch der Personalentwicklung Berücksichtigung finden. Dieses selbstkritische Misstrauen kann sich sogar gegen das eigene „Kerngeschäft" wenden. „Bildung" und „Lernen" sind hochgradig sozial selektierende Begriffe! Sie sprechen „Bildungswillige" an, bei „bildungsfernen" und „bildungsarmen" sozialen Milieus können sie oft eher abschreckende Wirkungen entfalten, sofern biografisch Bildung und Lernen emotional mit negativen Erfahrungen von Druck, Stress, Misserfolg, Scheitern besetzt sind und als Begriffe dann eher Abwehr nach dem Motto „Das ist nichts für mich", „Da gehöre ich nicht hin", „das macht mir keinen Spaß" etc. auslösen! Von „Erwachsenenbildung" verlangt dies dann, vielleicht auf solche Begrifflichkeiten zu verzichten und/oder „Veranstaltungsformate" zu wählen, welche solchen Emotionen entgegenwirken.

Auf die Migranten und Migrantinnen „hören"!

Bei unserem Frankfurter Projekt stand zu Beginn eine Befragung von Migrant/inn/en, welche mit einer offenen Begrifflichkeit versuchte, mögliche Lerninteressen, Lernorte und Lernmotive überhaupt zu eruieren, nach dem Motto: „Wenn Sie in ihrem Alter noch einmal etwas Neues lernen könnten, was würde ihnen Spaß machen?" Wir haben also versucht, von Vertretern der Zielgruppe zu erfahren, welches für sie mögliche Themen, Formate, Interessen sein könnten, zu denen sie ansprechbar sind. Dieses „Hören" auf die Migrant/inn/en gilt nicht nur ihren Themen, sondern vor allem auch ihren Verständnissen und Typen von Lernen. Eine Pädagogik, welche sich vom Interesse an der Überwindung sozialer Ungleichheit leiten lässt, muss die habituelle Milieugebundenheit von Lehren und Lernen in den Blick nehmen und differentiell berücksichtigen.

„Wenn der Habitus als ein Ensemble von Dispositionen und Einstellungen verstanden wird, zu denen auch Bildung und Lernen gehört und das eine vielschichtige Einheit bildet, dann ist mit dem Typ des Habitus zugleich auch ein Typ der Bildung und des Lernens beschrieben." (Bremer 2007: 15)

Im Gespräch mit Migrant/inn/en können solche habituellen Barrieren wie Schleusen der Bildung erfragt und erschlossen werden, um diese dann in eine differenzierte wie passende Planung von „Bildungsangeboten" umzusetzen. Dies mögen dann – gerade im von der Freiwilligkeit der Teilnahme geprägten Feld der Erwachsenenbildung – im Einzelfall durchaus Veranstaltungsformate sein, welche wenig an klassische Bildungsformate erinnern, z.B. als „Urlaub", „Ausflug" oder „Besichtigung".

Zugänge erschließen und Vertrauenswege nutzen.

Auch das steht am Anfang: Die Suche nach Partnern, Netzwerken und Zugängen zur Zielgruppe. Um bislang nicht oder nur wenig erreichte Zielgruppen anzusprechen, genügt es meistens nicht, Werbemaßnahmen zu steigern wie z.b. durch mehr gedruckte Flyer oder optisch gestylte Broschüren; auch das mehrsprachige Faltblatt ist nicht immer zielführend. Entsprechend der sozialen Segregation und damit einhergehend der Bildungssegregation sind die Programme und Angebote der Bildungsträger wie Volkshochschulen, Bildungswerke der Kirchen oder Gewerkschaften nicht bekannt – und wenn bekannt, dann häufig nicht im Einzugsbereich der eigenen Interessen und Identität. Eine an Inklusion orientierte Bildungseinrichtung wird sich also auf den Weg machen.

Eine solch „aufsuchende" Bildungsarbeit stellt sich darauf ein, dass gerade das Erreichen bislang „bildungsungewohnter" Zielgruppen nur über Aufbau und Nutzen milieunaher Vernetzungen und über differenzierte, „passgenaue" Konzepte geht. Entsprechend der „Situiertheit" von Wissen und Erfahrungen und deren Bindung an einen sozialen Raum, in dem sich ein Milieu bewegt, sind „Bildung" und „Bildungseinrichtungen" oft etwas, was zu einem anderen sozialen Raum gehört, dem ‚man/frau' nicht zugehört. Netzwerke mildern diese Fremdheitszumutungen ab.

Bildungseinrichtungen sollten sich also vernetzen, um bestimmte Zielgruppen besser erreichen zu können. Es bieten sich an: Migrantenselbstorganisationen wie muttersprachliche Treffpunkte/Cafés, Sport- und Kulturvereine, Kirchengemeinden oder Moscheevereine; der Community vertraute migrationsspezifische/muttersprachliche Beratungsstellen, z.B. Migrationsdienste der Wohlfahrtsverbände, migrationsspezifische Beratungsdienste, aber auch Migrantenärzte. Manchmal sind (bekannte) Einzelpersonen wichtige Anker. Migrationsspezifische kirchliche oder kommunale Fachstellen und Ämter sind oft gute Vermittler von Kontakten zu Migrantenselbstorganisationen. Interessant wären die Medien der Migrantencommunity. Bekannt ist mir die Zusammenarbeit mit dem zuständigen Konsulat bei einem Projekt aufsuchender ehrenamtlicher sozialer Beratung und Hilfe für die nationale Migrantenpopulation.

Nach Möglichkeit sollten Bildungseinrichtungen immer wieder versuchen, aktiv auf Zielgruppen zuzugehen, diese einzuladen. Neben der aktiven, persönlichen Einladung von Gruppen und Einzelpersonen sind Projektausschreibungen, Förderrichtlinien, auch Wettbewerbe und Preise sinnvolle Steuerungsmomente einer aktivierenden Erwachsenenbildung. In diesem Fall stinkt Geld nicht! Ich habe jedenfalls die Erfahrung gemacht, dass über die Ausschreibung und Zuweisung außerordentlicher finanzieller Mittel für Projekte, über die Unterstützung mit personellen Ressourcen oder mit Sachmitteln Migrantenorganisationen oder andere Zielgruppen zur Mitwirkung gewonnen werden können, die sonst von Bildungseinrichtungen kaum erreicht werden. Dies sollte allerdings partnerschaftlich erfolgen und den Mitwirkenden die Möglichkeit der freien, eigenmotivierten Gestaltung von Lernprozessen lassen.

Auf jeden Fall ist Sprache ein Zugang: Dies zeigen Programme wie „Mama und Papa lernt deutsch" oder „muttersprachliche Rentenberatung" des Amtes für multikulturelle Angelegenheiten der Stadt Frankfurt.

Solche Netzwerke sind aber weder Einbahnstraßen noch leicht zu haben. Dabei geht es immer um mehr als um Kontakt und Kennenlernen. Nach meinen vielfältigen Projekterfahrungen muss gerade zu Beginn viel Zeit und Energie in vertrauensbildende Begegnungen und Maßnahmen investiert werden. Denn es geht auch um Claims zwischen Einrichtungen, um Verteilung von Geld und Ressourcen, um Anerkennung und legitime Berechtigungen. Deshalb stehen am Anfang oft Unsicherheiten, Ängste, Unverständnis und Konflikte, die ausgetragen und ausgehalten werden wollen und müssen.

Partnerschaftlichkeit funktioniert zudem nur unter prinzipiell Gleichen, die einen gegenseitigen Nutzen voneinander haben. Und gerade (bislang) Ausgeschlossene sind sehr sensibel gegenüber paternalistischen Zumutungen und „Hilfsangeboten". Aber ich meine: Anders geht es nicht!

Die Bildungsformate mit den Betroffenen entwickeln.

Wie kommen Bildungseinrichtungen und Netzwerke zu ihren neuen „Formaten", welche mit einer gewissen Wahrscheinlichkeit dann auch genommen werden? Ich empfehle Entwicklungsworkshops, Rolf Tippelt nannte es „Produktkliniken", Siglinde Naumann spricht von „transkulturellen Lernsettings" (Barz/Tippelt 2007; Tippelt/Reich/von Hippel/Barz/Baum 2008; Naumann 2006). Gemeint sind partizipative, Vielfalt abbildende gemischte Teams oder Workshop-Folgen, in denen explorativ-erkundend zusammen mit Betroffenen Ideen für „Bildungsmaßnahmen" entwickelt und optimal auch erprobt werden. Dabei sollte auf die Mischung der Altersgruppen, sozialen Herkünfte oder Ethnien geachtet werden, denn durch den aktiven Einbezug von Vertreter/inn/en verschiedener sozialer Milieus kommen deren verschiedene Bildungsvoraussetzungen, Lernstile, Kommunikationswege und Sprachen zum Tragen.

Sinnvoll sind auch sog. „Fokusgruppeninterviews" mit Betroffenen, in denen z.B. auch geeignete Themen, Werbewege, Lernorte etc. erkundet werden können. Dieser Verständigungsprozess sollte von Respekt für die Leistung und Kompetenz der Betroffenen getragen sein. Migrantenbiografien sind Bildungsbiografien (Naumann 2006: unter Bezug auf Seitter 2004). Migration und die Bewältigung des Lebens in der neuen Heimat bedeutet oft ein hohes Maß an erfolgreicher (informeller) Selbstbildung, die geschätzt und abgerufen werden sollte. Ohne diese Lebensleistung des „Zurechtfindens" und „Neulernens" wäre ihre neue Beheimatung überhaupt nicht möglich gewesen.

An diese Kompetenz und lebensweltlichen Expertisen der Betroffenen kann und sollte angeknüpft werden.

Dabei ist bei Milieuverschiedenheit mit Widerständen zu rechnen: Sozial Benachteiligte sind sehr feinfühlig gegenüber den Zumutungen von „denen da oben". Sie haben ihre Gründe für einen anderen Geschmack, den es wertzuschätzen gilt. Die Betonung der sozialen Kluft, des Wissens- und Kompetenzvorsprungs gegenüber Anderen, insbesondere den sozial Benachteiligten und den bildungsfernen Schichten ist riskant. Sie birgt die Gefahren eines „Paternalismus" und mangelnder Wertschätzung, welche diese nicht mehr als gleichberechtigte und kompetente Akteure anspricht. Gerade in Lernsituationen mit inhomogenen Gruppen kann es leicht zu Kränkungen kommen, weil Einzelne überfordert sein können, sich nicht berücksichtigt und wertgeschätzt sehen etc. Die neueren, noch rudimentären Studien zu den emotionalen Komponenten beim Lernen versuchen gerade auch, solchen Lernhindernissen und -störungen, die oft biografisch tief verankert sind, nachzuspüren. Sie spielen vor allem bei Lernungewohnten und sog. Bildungsfernen eine größere Rolle, aber auch in Migrationskontexten bzw. zwischen kulturell Verschiedenen (vgl. Arnold 2005, Giesecke 2007).

Sektionalität und Gender berücksichtigen.

Zur Unterschiedlichkeit der Milieus gehört auch die unterschiedliche Ausprägung von Männlichkeiten. Auch wenn sich infolge der Veränderungen in der Arbeitswelt und durch die Erfahrung der Migration die gelebten Unterschiede zwischen Frauen und Männern abschleifen, so orientieren sich Frauen und Männer nach wie vor sehr stark an geschlechterstereotypen Vorstellungen von „Weiblichkeit" und „Männlichkeit". Diese berühren das Selbstkonzept und das Verhältnis zum eigenen Körper, insb. etwa auch Gesundheits- und Ernährungsverhalten oder Umgang mit Krankheit, Kommunikationsmuster, Werte, Lebensziele oder den Umgang mit Krisen (vgl. Volz/Zulehner 2009; Wippermann/Calmbach/Wippermann 2009). Solche Selbstkonzepte erscheinen uns in der Regel als „normal"; und in dieser „Normalität" oft als nicht geschlechtlich geprägt. Denn sie gehören zum meist nicht bewussten Habitus.

Aber gerade deswegen ist die bewusste Berücksichtigung solcher habituell geprägter geschlechterdifferenter Sichtweisen, Erlebensweisen und Bildungsbedürfnisse sinnvoll und notwendig. Nichtdiskriminierung meint auch, soziale, geschlechtlich konnotierte Exklusionen abzubauen – durch die Berücksichtigung habitueller Prägungen! Dies bedeutet, Bedürfnisse und Kompetenzen von Vertreter/inne/n des jeweils ausgeschlossenen Geschlechts jeweils bewusst anzusprechen bzw. im Angebot zu berücksichtigen. Statt Defizite von Männern zu beklagen, sollten deren Bedürfnisse nach Beteiligung bei Erziehung und Hausarbeit, deren Lust am Spielen und Kämpfen, deren

Streben nach selbstbestimmter Lebensführung, deren Wünsche nach Gesundheit oder einem ethisch verantworteten Lebensstil angesprochen werden. Leitperspektive sollte die Praxis der Herstellung von Gerechtigkeit sein. Die Berücksichtigung geschlechtlich geprägter Gewohnheiten, Kommunikationsmuster; Lernstile oder auch Anerkennungsbedürfnisse kann sehr unterschiedlich erfolgen: durch Teilnahmemarketing, durch homosoziale Lerngelegenheiten, durch Berücksichtigung geschlechtlich geprägter Umgangsweisen, durch explizite Angebote und Hinweise „für Frauen" und „für Männer". Die Frage ist letztlich aber nicht: Wie muss etwas *ausgedrückt* werden, damit es Männer mehr anspricht? Sondern: Welche *Bedürfnisse* haben Männer? Und wie können diese Bedürfnisse angesprochen und berücksichtigt werden? Dazu können folgende Fragen gestellt werden?

* Wie wirken Texte und Gestaltung von Ausschreibungen auf Männer?
* Spricht dies Migranten an? Welche?
* Werden männliche Vorlieben und Probleme angesprochen?
* Werden männlichen Lebenslagen thematisiert? Wie geschieht dies?
* In welchen Kontexten können Männer angesprochen werden? Wo tauchen Männer auf? (Fußball, Fitness-Studio, Baumarkt, Moschee ..., als stereotyp einfallende Orte)
* Wie bedingen Lebensumstände und Lebensgewohnheiten von Männern deren Ressourcen und Kompetenzen? Was weiß ich darüber?
* Sind die Lernangebote kompetenzorientiert? Greifen sie Fähigkeiten und Interessen von Männern auf? (Kompetenzerwerb, Bestätigung, Kommunikation und sozialer Kontakt, ...)
* Sind interkulturelle Lernsettings für Männer interessant?
* Gibt es einen „heimlichen weiblichen Lehrplan", der Männer eher abschreckt bzw. sie als nicht Gemeinte erscheinen lässt? (Und wie merke ich das? Rechne ich damit? Wie kann ich es überprüfen?)
* Wie werden migrantische Männer über Werbung und Marketing direkt als Zielgruppe angesprochen? Auch sprachlich oder in der Bildauswahl?
* Wo ist die Personalstruktur „männerfreundlich" – und migrantenfreundlich?

Sich auf einen langen Weg einstellen, mit Jahren rechnen.

Interkulturelle Öffnung ist ein langwieriger und umfassender Prozess, der einen längeren Zeitabschnitt umfasst als ein Veranstaltungsprogramm, eine Projektlaufzeit oder eine Teamentwicklung. Es geht um die Veränderung von Organisationen mit all ihren Aspekten und Prozessen. Sie muss alle mitnehmen. Dies braucht Zeit, um das Neue in selbstverständliche Abläufe zu verwandeln. Dies bedeutet immer wieder Rückschläge und Frustrationen. Es muss letztlich auch Personalwechsel überdauern, um zum selbstverständli-

chen Repertoire der Praxis einer Institution zu gehören. Eine langfristige Pädagogik der Vernetzung braucht neben Geduld und liebevoller Ausdauer vielleicht auch eine politische, öffentliche Rahmung durch medial wirksame
Großveranstaltungen, durch kulturelle Events oder auch Preisverleihungen,
um zum selbstverständlichen Kontext einer neuen, anderen Normalität der
Vielheit zu werden.

Deshalb möchte ich hier abschließend fünf einfache Fragen formulieren, welche immer wieder gestellt werden können:

> ⇒ Kennen Sie den männerorientierten Bedarf an Angeboten? (Bildung, Bera-
>   tung, Freizeit, ...)
> ⇒ Führen Sie eine Genderstatistik Ihrer Veranstaltungen? (Optimal verknüpft
>   mit anderen Merkmalen! Und was machen Sie damit?)
> ⇒ Wie entwickeln und sichern Sie eine zielgruppenspezifische Angebotsviel-
>   falt? (egal ob Bildung, Beratung, Soziale Arbeit, ...)
> ⇒ Welche Möglichkeiten haben Sie, über Projekte, finanzielle und personelle
>   Anreize und Ressourcen Innovationen zu steuern?
> ⇒ Womit überprüfen Sie Ihre Anerkennungskultur?

6. Zum Abschluss: Vermutungen zur höheren Belastung von Männern mit Migrationshintergrund

Der Hinweis von Wippermann/Flaig auf die gegenüber der autochthonen
deutschen Bevölkerung ausgeprägtere Bereitschaft zur Leistung und der Wille zum gesellschaftlichen Aufstieg („69 % sind der Meinung: Jeder der sich
anstrengt, kann sich hocharbeiten", gegenüber 57 % in der Gesamtbevölkerung, die dieser Aussage zustimmen; Wippermann/Flaig 2009: 11) verleitet
mich zu der These, dass sich die in meinem Kommentar zur Männerstudie
„Männer in Bewegung" von Volz/Zulehner beschriebenen Dilemmata unent-
rinnbarer Widersprüchlichkeiten umso mehr bei Migranten zeigen (Volz/Zu-
lehner 2009; Prömper 2009). Ich vermute, dass die Zunahme vielfältiger
Drucksituationen sich bei vielen männlichen Migranten noch stärker ereignet
als beim Durchschnitt der männlichen Bevölkerung. Die in den vorstehenden
Beiträgen von Karatepe und Gündizkanat berichteten höheren Gesundheitsprobleme und tiefgehenden Konfliktsituationen in Familien können als Indizien für diesen höheren Druck gelesen werden. Hier wäre etwa auch zu prüfen, wie hoch der Anteil von Männern mit Migrationshintergrund am Typ des
sog. „Balancierers" ist, der sehr unterschiedliche, wenn nicht konträr-
unverträgliche Werte und Lebenskonzepte zu vereinen sucht.

Dies sind Fragen zukünftiger Forschungen. Für die Praxis von Bildung, Beratung und Sozialer Arbeit bedeutet es die Herausforderung, gerade bei Migranten äußerst sensibel hinzuschauen und zu spüren, wie sich Lebensorientierungen, Emotionen und Bewältigungsressourcen darstellen. Dies gilt insbesondere auch im Blick auf die ausgeübte, vor allem aber auch erlittene Gewalt. Hier wäre interessant zu sehen, wie hoch der Migrantenanteil unter dem Männertyp der „Unsicheren" ist. Es könnten sich in dieser Typgruppe der Unsicheren auch eine ganze Reihe von jugendlichen Migranten finden lassen, die über eine sowohl konfrontative wie auch partnerschaftliche, ressourcenorientierte Soziale Arbeit und Bildungsarbeit ansprechbar sind. Hinweise geben die Erfahrungen z.B. des deutsch-türkischen Jugendclubs KOSMOS in Frankfurt-Sossenheim, wo pädagogische Angebote wie der Boxclub, aber auch die Kochgruppe unter Jungs wichtige Felder von personaler Anerkennung „unter Männern" sind.

Praxis wie Forschung zu Migration, Männlichkeit, Bildung, Beratung und Sozialer Arbeit stehen noch weit in den Anfängen. Es mehren sich die Anzeichen, dass sich dies ändert. Ich wünsche den Beiträgen dieses Sammelbandes, dass sie ihren Teil dazu leisten.

Literatur

Arnold, Rolf (2005): Die emotionale Konstruktion der Wirklichkeit. Beiträge zu einer emotionspädagogischen Erwachsenenbildung, Baltmannsweiler: Schneider Verlag Hohengehren.

Arnold, Rolf/Holzapfel, Günther (Hrsg.) (2008): Emotionen und Lernen. Die vergessenen Gefühle in der (Erwachsenen-)Pädagogik. Baltmannsweiler: Schneider Verlag Hohengehren.

Baobaid, Mohammad A. (2008): Einstellungen muslimischer Männer zu familialer Gewalt gegen Frauen und Kinder. Eine explorative Studie. In: Potts/Kühnemund 2008, S. 177-199.

Bandorski, Sonja/Harring, Marius/Karakasoglu, Yasemin/Kelleter, Kai (2009): Der Mikrozensus im Schnittpunkt von Geschlecht und Migration. Möglichkeiten und Grenzen einer sekundär-analytischen Auswertung des Mikrozensus 2005. Berichtszeitraum 01.10.2006-15.12.2007. Durchgeführt durch die Universität Bremen/Arbeitsbereich Interkulturelle Bildung in Kooperation mit dem Statistischen Bundesamt, Wiesbaden. Forschungsreihe Band 4. Hrsg. vom Bundesministerium für Familie, Senioren, Frauen und Jugend. Baden-Baden: Nomos Verlag.

Barz, Heiner/Tippelt, Rudolf (Hrsg.) (2007): Weiterbildung und soziale Milieus in Deutschland. Praxishandbuch Milieumarketing, Bielefeld: W. Bertelsmann Verlag.

Behnke, Cornelia/Meuser, Michael (1999): Geschlechterforschung und qualitative Methoden, Opladen: Leske + Budrich.

Bergold, Ralph/Mörchen, Annette/Schäffter, Ortfried (Hsrg.) (2002): Treffpunkt Lernen – Ansätze und Perspektiven für eine Öffnung und Weiterentwicklung von

Erwachsenenbildungsinstitutionen. Bd.1. Treffpunkt Lernen – ein lernendes Entwicklungsprojekt. Gesamtbericht, Dokumentation, Evaluation. Recklinghausen: Bitter-Verlag.

Böhnisch, Lothar (2004): Männliche Sozialisation. Eine Einführung. Weinheim, München: Juventa Verlag.

Bourdieu, Pierre (2005): Die männliche Herrschaft. Frankfurt a. M.: Suhrkamp Verlag.

Brandes, Holger (2001): Der männliche Habitus. Bd. 1: Männer unter sich. Männergruppen und männliche Identität. Opladen: Leske + Budrich.

Brandes, Holger (2002): Der männliche Habitus. Bd. 2: Männerforschung und Männerpolitik. Opladen: Leske + Budrich.

Bremer, Helmut (2007): Soziale Milieus, Habitus und Lernen. Zur sozialen Selektivität des Bildungswesens am Beispiel der Weiterbildung. Weinheim, München: Juventa Verlag.

Bude, Heinz (2008): Die Ausgeschlossenen. Das Ende vom Traum der gerechten Gesellschaft. München: Carl Hanser Verlag.

Budde, Jürgen/Venth, Angela (2010): Genderkompetenz für lebenslanges Lernen. Bildungsprozesse geschlechterorientiert gestalten. Bielefeld: W. Bertelsmann Verlag.

Bundesministerium für Familie, Senioren, Frauen und Jugend [BMFSFJ] (Hrsg.) (2007): Lebenswelten von Migrantinnen und Migranten in Deutschland. Rollenbilder in Migrantenmilieus. Material für die Presse. Berlin, 16.10.2007.

Buyurucu, Ümit Gürkan (2008): „Haben wir dich auch schon zum Mann gemacht?" Über das Volk der Männer. In: Potts/Kühnemund 2008, S. 93-103.

Ciompi, Luc (1999): Die emotionalen Grundlagen des Denkens. Entwurf einer fraktalen Affektlogik, 2. Aufl.. Göttingen: Vandenhoeck und Ruprecht.

Connell, Robert W. (1999): Der gemachte Mann. Konstruktion und Krise von Männlichkeiten. Opladen: Leske + Budrich.

Döge, Peter (2001): Geschlechterdemokratie als Männlichkeitskritik. Blockaden und Perspektiven einer Neugestaltung des Geschlechterverhältnisses. Bielefeld: Kleine Verlag.

Döge, Peter (2006): Von der Gleichstellung zur diskriminierungsfreien Gestaltung von Geschlechterkulturen. In: Burbach, Christiane/Döge, Peter (Hrsg.): Gender Mainstreaming. Lernprozesse in wissenschaftlichen, kirchlichen und politischen Organisationen. Göttingen: Vandenhoeck und Ruprecht, S. 25–35

Dressler, Bernhard (2010): Zu nichts nütze – zweckfreie Welterschließung und religiöse Bildung. In: Ramb, Martin W./Valentin, Joachim (Hrsg.): Natürlich Kultur. Postsäkulare Positionierungen. Paderborn, München, Wien, Zürich: Ferdinand Schöningh, S. 117-128.

Foroutan, Naika/Schäfer, Isabel (2009): Hybride Identitäten – muslimische Migrantinnen und Migranten in Deutschland und Europa. In: Aus Politik und Zeitgeschichte 2/2009, S. 11-18.

Gieseke, Wiltrud (2007): Lebenslanges Lernen und Emotionen. Wirkungen von Emotionen auf Bildungsprozesse aus beziehungstheoretischer Perspektive. Bielefeld: W. Bertelsmann Verlag.

Grünhage-Monetti, Matilde (Hrsg.) (2006): Interkulturelle Kompetenz in der Zuwanderungsgesellschaft. Bielefeld: W. Bertelsmann Verlag.

Haeger, Kaja Swanhilt (2008): Repräsentationen von Männlichkeiten. Bekir, der „andere" Mann. Eine Einzelfallanalyse. In: Potts/Kühnemund 2008, S. 79-92.

Halisch, Judith (2008): Frankfurter Integrationsstudie 2008. Frankfurt a. M.: Amt für multikulturelle Angelegenheiten. URL: http://www.frankfurt.de/sixcms/detail. php?id=441487&_ffmpar%5B_id_inhalt%5D=5160323 (Stand: 6.3.2010).

Hamburger, Franz (2010): Weiterbildung von Migranten. In: Tippelt, Rudolf/von Hippel, Aiga (Hrsg.): Handbuch Erwachsenenbildung/Weiterbildung. 4., durchgeseh. Aufl.. Wiesbaden: VS Verlag für Sozialwissenschaften, S. 881-888.

Heimbach-Steins, Marianne (2007): Hintergründe und Kontexte der aktuellen Diskussion um das Menschenrecht auf Bildung in Deutschland. In: Heimbach-Steins/Kruip/Kunze 2007, S. 11-47.

Heimbach-Steins, Marianne/Kruip, Gerhard/Kunze, Axel Bernd (Hrsg.) (2007): Das Menschenrecht auf Bildung und seine Umsetzung in Deutschland. Diagnosen – Reflexionen – Perspektiven. Bielefeld: W. Bertelsmann Verlag.

Heimbach-Steins, Marianne (2008): Das Menschenrecht auf Bildung zwischen Empirie und Normativität. In: Heimbach-Steins/Kruip/Neuhoff 2008, S. 13-39.

Heimbach-Steins, Marianne/Kruip, Gerhard/Neuhoff, Katja (Hrsg.) (2008): Bildungswege als Hindernisläufe. Zum Menschenrecht auf Bildung in Deutschland. Bielefeld: W. Bertelsmann Verlag.

Icken, Angela (2008): Geschlechterrollen in Migrantenmilieus. In: Hessisches Ministerium für Arbeit, Familie und Gesundheit (Hrsg.): Potenziale von Migrantinnen. Rolle der Frauen im Integrationsprozess. Wiesbaden, S. 8-19.

Janshen, Doris (Hrsg.) (2000): Blickwechsel. Der neue Dialog zwischen Frauen- und Männerforschung. Frankfurt a. M./New York: Campus Verlag.

Jungnitz, Ludger/Lenz, Hans-Joachim/Puchert, Ralf/Puhe, Henry/Walter, Willi (Hrsg.) (2007): Gewalt gegen Männer. Personale Gewaltwiderfahrnisse von Männern in Deutschland. Opladen/Farmington Hills: Verlag Barbara Budrich.

Kronauer, Martin (Hrsg.) (2010): Inklusion und Weiterbildung. Reflexionen zur gesellschaftlichen Teilhabe in der Gegenwart. Bielefeld: W. Bertelsmann Verlag.

Kronauer, Martin (2010a): Inklusion – Exklusion. Eine historische und begriffliche Annäherung an die soziale Frage der Gegenwart. In: Kronauer 2010, S. 24-58.

Kunze, Axel Bernd (2007): Unverzichtbar für die Subjektwerdung des Menschen. Gehalt und Grenzen des Menschenrechts auf Bildung. In: Heimbach-Steins/Kruip/Kunze 2007, S. 177-197.

Mandry, Christof (2008): Vom Wert der Bildung und dem moralischen Recht auf Bildung. In: Münk 2008, S. 73-89.

Mecheril, Paul (2000): Anerkennung des Anderen als Leitperspektive Interkultureller Pädagogik? Perspektiven und Paradoxien. URL: http://www.ida-nrw.de/projekte-interkulturell-nrw/such_ja/12down_1/pdf/mecheril.pdf (Stand: 16.02.2010).

Mecheril, Paul (2005): Pädagogik der Anerkennung. Eine programmatische Kritik. In: Hamburger, Franz/Badawia, Tarek/Hummrich, Merle (Hrsg.): Migration und Bildung. Über das Verhältnis von Anerkennung und Zumutung in der Einwanderungsgesellschaft. Wiesbaden: VS Verlag für Sozialwissenschaften, S. 311-328.

Merkle, Tanja/Wippermann, Carsten (2008): Eltern unter Druck. Selbstverständnisse, Befindlichkeiten und Bedürfnisse von Eltern in verschiedenen Lebenswelten. Eine sozialwissenschaftliche Untersuchung von Sinus Sociovision GmbH im Auftrag der Konrad-Adenauer-Stiftung. Hrsg. v. Christine Henry-Huthmacher u. Michael Borchard. Stuttgart: Lucius & Lucius.

218 *Hans Prömper*

Meueler, Erhard (2001): Art. Subjektorientierung. In: Wörterbuch Erwachsenenpädagogik. Hrsg. von Arnold, Rolf/Nolda, Sigrid/Nuissl, Ekkehard. Darmstadt: Wissenschaftliche Buchgesellschaft, S. 292-293.

Meuser, Michael (1998): Geschlecht und Männlichkeit. Soziologische Theorie und kulturelle Deutungsmuster. Opladen: Leske + Budrich.

Meuser, Michael/Neusüß, Claudia (2004): Gender Mainstreaming. Konzepte, Handlungsfelder, Instrumente. Bonn: Bundeszentrale für politische Bildung.

Möller, Kurt (2009): Männergewalt – ein nachwachsender Rohstoff? Befunde, Deutungen, Schlussfolgerungen. In: Volz/Zulehner 2009, S. 357-370.

Motakef, Mona (2007): Das Menschenrecht auf Bildung und der Schutz vor Diskriminierung. Exklusionsrisiken und Inklusionschancen im deutschen Bildungssystem. In: Heimbach-Steins/Kruip/Kunze 2007, S. 97-114.

Münk, Hans Jürgen (Hrsg.) (2008): Wann ist Bildung gerecht? Ethische und theologische Beiträge im interdisziplinären Kontext. Bielefeld: W. Bertelsmann Verlag.

Munoz, Vernor (2007): Das Menschenrecht auf Bildung in Deutschland. Die Umsetzung der internationalen Verpflichtungen. In: Heimbach-Steins/Kruip/Kunze 2007, S. 69-96.

Naumann, Siglinde (2006): „Transkulturelle Lernsettings" – Verknüpfen von selbstreflexivem Lernen mit Methoden rekonstruktiver Forschung. In: Voesgen, Hermann (Hrsg.) (2006): Brückenschläge. Neue Partnerschaften zwischen institutioneller Erwachsenenbildung und bürgerschaftlichem Engagement. Bielefeld: W. Bertelsmann Verlag, S. 133-180.

Neuhoff, Katja (2008): Das Menschenrecht auf Bildung für Migrant/inn/en realisieren. In: Münk 2008, S. 215-230.

Neuhoff, Katja/Prömper, Hans (2008): Bildung und Beteiligung. Warum Gleichheit nicht immer gerecht ist. In: Walz, Heike/Plüss, David (Hrsg.): Theologie und Geschlecht. Dialoge querbeet. Wien, Zürich, Berlin, Münster: Lit-Verlag, S. 240-260.

Oelkers, Jürgen (2008): Bildung und Gerechtigkeit: Zur historischen Vergewisserung der aktuellen Diskussion. In: Münk 2008, S. 23-48.

Öztürk, Halit (2009): Weiterbildung von Menschen mit Migrationshintergrund. In: Aus Politik und Zeitgeschichte 5/2009, S. 24-30.

Potts, Lydia/Kühnemund, Jan (Hrsg.) (2008): Mann wird man. Geschlechtliche Identitäten im Spannungsfeld von Migration und Islam. Bielefeld: transcript Verlag.

Prengel, Annedore (1993): Pädagogik der Vielfalt. Verschiedenheit und Gleichberechtigung in Interkultureller, Feministischer und Integrativer Pädagogik. Opladen: Leske + Budrich.

Prömper, Hans (2002): „EMI – Engagement trifft Internet". Treffpunkt Lernen Frankfurt. In: Bergold/Mörchen/Schäffter 2002, S. 123-159.

Prömper, Hans (2003): Emanzipatorische Männerbildung. Grundlagen und Orientierungen zu einem geschlechtsspezifischen Handlungsfeld der Kirche. Ostfildern: Schwabenverlag.

Prömper, Hans (2009): Männer im Lernfeld. Bildungsanlässe und pädagogische Szenarien (Vermutungen, Forderungen, Konsequenzen). In: Volz/Zulehner 2009, S. 378-389.

Reddy, Prasad (2010): Inklusive Weiterbildungsforschung und –praxis in der Migrationsgesellschaft. In: Kronauer 2010, S. 102-140.

Schäffter, Ortfried/Weber, Christel (2002): Bericht der wissenschaftlichen Evaluation. In: Bergold/Mörchen/Schäffter 2002, S. 295-349.

Schwarz, Andreas (2009): Inklusion und Integration. Klärung der Begrifflichkeiten aus sozialwissenschaftlicher Perspektive. In: Erwachsenenbildung 4/2009, S. 183-185.

Seitter, Wolfgang (2004): Migrantenvereine als polyfunktionale Lernorte. In. Brödel, Rainer (Hrsg.): Weiterbildung als Netzwerk des Lernens. Differenzierung der Erwachsenenbildung. Bielefeld: W. Bertelsmann Verlag.

Siebert, Horst (1997): Didaktisches Handeln in der Erwachsenenbildung. Didaktik aus konstruktivistischer Sicht. Neuwied, Kriftel: Luchterhand Verlag.

Siebert, Horst (1999): Pädagogischer Konstruktivismus. Eine Bilanz der Konstruktivismusdiskussion für die Bildungspraxis. Neuwied, Kriftel: Luchterhand Verlag.

Sinus Sociovision (2008): Zentrale Ergebnisse der Sinus-Studien über Migranten-Milieus in Deutschland. 9.12.2008. URL: http://www.sociovision.de/service/downloadcenter.html (Stand: 6.3.2010)

Stadt Frankfurt am Main, Dezernat XI – Integration (2009): Entwurf eines Integrations- und Diversitätskonzepts für die Stadt Frankfurt am Main. Frankfurt a. M.

Tippelt, Rudolf/Reich, Jutta/von Hippel, Aiga/Barz, Heiner/Baum, Daniela (Hrsg.) (2008): Weiterbildung und soziale Milieus in Deutschland. Bd.3. Milieumarketing implementieren, Bielefeld: W. Bertelsmann Verlag.

Tippelt, Rudolf/Schmidt, Bernhard/Schnurr, Simone/Sinner, Simone/Theisen, Catharina (2009): Bildung Älterer. Chancen im demografischen Wandel. Bielefeld: W. Bertelsmann Verlag.

Tunç, Michael (2006): Migrationsfolgegenerationen und Männlichkeiten in intersektioneller Perspektive. Forschung, Praxis und Politik. In: Heinrich-Böll-Stiftung (Hrsg.): Migration und Männlichkeiten. Dokumentation einer Fachtagung des Forum Männer in Theorie und Praxis der Geschlechterverhältnisse und der Heinrich-Böll-Stiftung am 9./10. Dezember 2005 in Berlin. Schriften zur Geschlechterdemokratie Nr. 14, Berlin: Heinrich-Böll-Stiftung, 17-31.

Tunç, Michael (2009): Alles nur fremd oder anders? Väter mit Zuwanderungsgeschichte in der Forschung und der Praxis interkultureller Elternbildung. In: Forum Erwachsenenbildung 2/2009, S. 14-21.

Uslucan, Haci-Halil (2008): Risiken und Ressourcen in der Sozialisation von Jugendlichen mit Migrationshintergrund. In: Potts/Kühnemund 2008, S. 153-176.

Uslucan, Haci-Halil (2009): Erziehungsstile und Werte in muslimischen Familien. In: Forum Erwachsenenbildung 2/2009, S. 9-14.

Volz, Rainer/Zulehner, Paul M. (2009): Männer in Bewegung. 10 Jahre Männerentwicklung in Deutschland. Ein Forschungsprojekt der Gemeinschaft der Katholischen Männer Deutschlands und der Männerarbeit der Evangelischen Kirche in Deutschland. Forschungsreihe Band 6. Hrsg. vom Bundesministerium für Familie, Senioren, Frauen und Jugend. Baden-Baden: Nomos Verlag.

Wippermann, Carsten/Flaig, Bethold Bodo (2009): Lebenswelten von Migrantinnen und Migranten. In: Aus Politik und Zeitgeschichte 5/2009, S. 3-11.

Wippermann, Carsten/Calmbach, Marc/Wippermann, Katja (2009): Männer: Rolle vorwärts, Rolle rückwärts? Identitäten und Verhalten von traditionellen, modernen und postmodernen Männern. Opladen u. Farmington Hills: Verlag Barbara Budrich.

Zech, Rainer (2008): Handbuch Qualität in der Weiterbildung. Weinheim, Basel: Beltz Verlag.

Anhang

Die Autoren

Hüseyin Ayvaz
Lebt seit 1977 in der Bundesrepublik Deutschland. Nach Magisterstudium der Politik, Slawistik und Pädagogik in Marburg 1986 Abschluss als Politologe. Seit 1994 Jugendsozialpädagoge und Leiter des Jugendtreffs KOSMOS in Frankfurt Sossenheim, dessen Träger das Deutsch-Türkische Jugendwerk ist.

Kahraman Gündüzkanat
Diplompädagoge, Dr. phil. Geb. 1959 in Dersim (Türkei), 1980 Migration nach Deutschland, Studium der Pädagogik in Frankfurt am Main, Promotion, langjährige Tätigkeit in der Jugendhilfe und Familienberatung, zurzeit selbstständig als gesetzlicher Betreuer.

Hubert Frank
52 Jahre, verheiratet, zwei Söhne, Pastoralreferent, Diakon, Männerseelsorger des Bistums Mainz und Gewaltberater in eigener Praxis. Ehrenamtliche Mitarbeit bei der deutschsprachigen Gewalthotline „Euline".

Angela Icken
Diplom-Agraringenieurin, Dr. phil. Geb. 1954. Von 1977 bis 1984 Referentin für Presse- und Öffentlichkeitsarbeit und Soziale Sicherung beim Deutschen Landfrauenverband. Seit 1986 in der Abt. Gleichstellung des Bundesministerium für Familie, Senioren, Frauen und Jugend, aktuell Leiterin des Referats Referat ‚Gesellschaftliche Teilhabe, Vielfalt, Sozialer Fortschritt‘ sowie kommissarische Leitung des Referates ‚Gleichstellung für Jungen und Männer‘.

Mechtild M. Jansen
Erziehungswissenschaftlerin, Leiterin des Referats Frauen / Gender Mainstreaming / geschlechtsbezogene Pädagogik und Migration an der Hessischen Landeszentrale für politische Bildung, Wiesbaden. Lehrbeauftragte an der Katholischen Hochschule Nordrhein-Westfalen in der Abteilung Köln.

Haydar Karatepe
Facharzt für Allgemeinmedizin. 1957 geb. in Karatepe/Türkei, 1966 Übersiedlung in die Bundesrepublik Deutschland. Ab 1979 Studium der Humanmedizin an der Universität Hamburg und Frankfurt, 1987 Ärztliche Prüfung und Einbürgerung mit Erwerb der deutschen Staatsbürgerschaft. Seit 1991 Niederlassung mir eigener Praxis in Frankfurt.

Kurt Möller
Dr. phil. Professor für Soziale Arbeit an der Hochschule Esslingen, Fakultät Soziale Arbeit, Gesundheit und Pflege und Privatdozent an der Universität Bielefeld, Fakultät für Pädagogik. Mitherausgeber der Reihe „Konflikt- und Gewaltforschung" im Juventa-Verlag. Arbeits- und Forschungsschwerpunkte: Jugendforschung und Jugendarbeit, Soziale Arbeit und Polizei, (Rechts-) Extremismus, Gewalt, Menschenfeindlichkeit.

Helga Nagel
Politologin und Germanistin, Leiterin des Amtes für multikulturelle Angelegenheiten der Stadt Frankfurt am Main .

Hans Prömper
Jg. 1950, Dr. phil., Dipl.-Päd., Promotion in Katholischer Theologie. Bildungsreferent und Lehrbeauftragter 1977 bis 1999, seither Leiter der Katholischen Erwachsenenbildung – Bildungswerk Frankfurt. Arbeitsschwerpunkte sind: Bildungsmanagement, Fortbildung von Ehrenamtlichen, Männerbildung sowie Erwachsenenbildung mit Migrant/inn/en.

Andreas Ruffing
Jg. 1959, Dr. theol., leitet die Kirchliche Arbeitsstelle für Männerseelsorge und Männerarbeit in den deutschen Diözesen e.V., eine Einrichtung der Deutschen Bischofskonferenz. Veröffentlichungen zur Männerpastoral und zu Fragen der Geschlechtergerechtigkeit, Koordinator der beiden empirischen Männerstudien „Männer im Aufbruch" (1998) und „Männer in Bewegung" (2009).

Sven Sauter
PD Dr. Kultur-, Sozial- und Erziehungswissenschaftler. Privatdozent an der FernUniversität in Hagen und Sekundarstufen-Lehrer am Montessori Campus Friedberg

Ahmet Toprak
Dr. phil., Diplom-Pädagoge, Professor für Erziehungswissenschaften an der Fachhochschule Dortmund, Fachbereich angewandte Sozialwissenschaften. Forschungs- und Interessensgebiete: Gewalt, Gewaltprävention, Jungen und Männer im Kontext von Migration.

Michael Tunç
Diplom-Sozialpädagoge und Stipendiat der Hans-Böckler-Stiftung mit einem Dissertationsprojekt zu Vätern der zweiten Generation türkischer Immigranten; forscht und arbeitet zu den Themen Männlichkeit/Väterlichkeit und Migration. Er engagiert sich für die Entwicklung interkultureller Männer- und Väterarbeit: Väter-Experten-Netz Deutschland e.V., Verein „Väter in Köln", Männer- und Väterforum Köln.

Karl W. Wolf
Dipl. Analytischer Psychologe, katholischer Priester und Tanztherapeut. Er arbeitet in einer psychotherapeutischen – psychiatrischen Praxis in Zürich sowie in der Kirchgemeinde St. Georg in Küsnacht am Zürichsee als Pfarradministrator. Beteiligt an einem Forschungsprojekt der Universität Zürich über Gewalt und Biografie; Seminare mit straffälligen jungen Männern im Alter von 14-19 Jahren in Frankfurt am Main.